跟著佛陀去旅行

印度12大聖地完全制霸、人文史蹟千年一歎，
以及沒說你不知道的佛陀人生小劇場！

陳師蘭、林許文二／著

林許文二／攝影

Seeker.10

跟著佛陀去旅行
恆河12大聖地完全制霸、人文史蹟千年一歎，以及沒說你不知道的佛陀人生小劇場！

作　　者　陳師蘭、林許文二
攝　　影　林許文二
封面設計　林淑慧
美　　編　劉玉堂
主　　編　高煜婷
總 編 輯　林許文二

出　　版　柿子文化事業有限公司
地　　址　11677臺北市羅斯福路五段158號2樓
業務專線　（02）89314903#15
讀者專線　（02）89314903#9
傳　　真　（02）29319207
郵撥帳號　19822651柿子文化事業有限公司
投稿信箱　editor@persimmonbooks.com.tw
服務信箱　service@persimmonbooks.com.tw

業務行政　鄭淑娟、陳顯中

初版一刷　2008年04月
二版一刷　2013年03月
三版一刷　2023年11月
定　　價　新臺幣599元
I S B N　978-626-7198-72-8

國家圖書館出版品預行編目（CIP）資料

跟著佛陀去旅行：印度12大聖地完全制霸、人文史蹟千年一歎，以
及沒說你不知道的佛陀人生小劇場！／林許文二、陳師蘭著.
-- 三版. -- 臺北市：柿子文化事業有限公司，2023.11
　　面；　公分. --（Seeker；10）
ISBN 978-626-7198-72-8（平裝）

1.CST: 旅遊 2.CST: 聖地 3.CST: 寺院 4.CST: 印度

737.19　　　　　　　　　　　　112012735

好評推薦

印度，是佛陀的祖國，要認識佛陀，從這部書可以認識佛陀的聖德和慈悲。

——佛光山開山宗長、國際佛光會創辦人　**星雲**大師

印度，虛空中的文明古國，夢幻的國度充滿著神祕色彩，你想了解印度的教育、文化、飲食與民俗風情嗎？想知道印度聖地的過去與現況嗎？想認識覺悟的聖者——佛陀的一生嗎？千年的印度古國等你來一窺它的風貌。

《跟著佛陀去旅行》是探索印度的工具書，是前往印度旅行者必備的參考書。俗語云：「飯可以少吃、話可以少說。」而這本書不能少看，因為書裡有讓人意想不到的豐富內容，或許你想要的答案就在其中。

——國際佛光會理事　**心培**和尚

如何才能拉近兩千五百年時空距離，使我們得以重新聆聽並體驗古聖人的教誨——佛陀說「苦」及「苦的解脫」？在此我推薦林許文二和陳師蘭精心合著的這本書，相信它將成為你進行一趟心靈之旅的最佳嚮導。

——名作家、畫家、美學家　**溪淞**

本書確實是旅遊工具書，不過往返的地點是過去和現在。本書讓讀者回到佛陀弘法時期身歷其境，同時縱觀歷史滋養知識之田。世尊踏足過的輝煌聖地尚且無常，何況我們？

——Youtube「蛙蟲米Rottenamimi」佛學頻道主　**阿米**

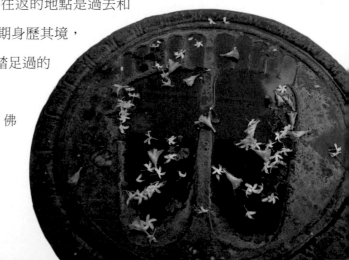

多年前至印度參訪時，帶的就是這本書，它不只實用，更有「法」的啟發。很高興得知本書將改版更新，相信各方面都會更提升，實為有志讀者們的福音。

——台灣正念工坊執行長 **陳德中**

印度，是佛陀生長、探尋充滿難解疑惑的生命答案、達到無上正覺、建立僧伽團體、弘化那引領全世界人們心靈道路的教法，以及最後涅槃入滅的土地。因此，印度從二千多年以前，就一直是佛弟子們朝禮參訪的神聖大地。其中，菩提迦耶、鹿野苑和拘尸那羅是所有朝聖旅人們必訪之地，因為她們是佛陀正覺、初轉法輪和大般涅槃之處；而印度重要的佛法修學中心那爛陀，在過去數百年間，曾經吸引著世界各地的學者前來求學，如今則被重建為一座國際大學；憍賞彌因佛陀曾履足而神聖，是座古老的城市，有著重要的歷史和心靈意義；僧迦施據信是佛陀到天上為母親說法後，下降回到人間之地。

《跟著佛陀去旅行》的作者林許文二與陳師蘭，另外還著有《印度謎城》和《圖解桑奇佛塔》，是真正的印度聖地專家。他們為朝聖者和旅行者創作了一部充滿美麗圖片、豐富資訊和實用祕訣的好書，對所有到印度聖地旅行的人們，無疑是本極具價值的旅遊指南。

——印度—台北協會前會長

造訪佛陀淨土

印度！

一個籠罩在迷霧中的地名，一片古老神祕的黃土大陸。

在人類初始之際，她已邁出了文明的步履，但是，直到二十一世紀的今日，世人依舊拂不去她的神祕面紗，宛如面對一位千年人瑞，明知她曾度過悠遠的歲月，卻對她了解甚少……

恆河！

流貫數千年的時空、歷經無數次的乾涸與氾濫。

這通達天堂之門的滔滔大水，沖積出一片沃土平原，不僅養活了無數仰賴它維生的大地之子，也安頓了人們惶惑不安的無知身心。

在這大水之畔，孕育有多少心靈的導師！然而，只有這位聖者的教說，穿越了時空的隔礙，二千五百年來，依然慈悲地灌溉著人們心中乾渴的靈魂。

他，就是無上的覺者——佛陀！

大約一百年前、西元十九世紀末，一位法國考古學家與他的工作小組，在荒涼貧窮的北印度、一個地名早已消失的小農村附近，意外地發現了一個磚石土塚，他們在土塚的底層深處，挖掘到五個裝有人類遺骨的容器，其中一個滑石製的容器罐上刻著古老的文字，簡約地述說著：

「這是釋迦族佛陀世尊的舍利容器，乃是有名的釋迦族兄弟與其姊妹、其妻子等共同奉祠之處。」

這個看似平淡的古物刻文發現，為當時西方爭論以久的議題——佛陀是否真有其人，還是他只是存在於神話傳說中的杜撰人物——確立了一個肯定的答案！

佛陀是「人」，有著真實生命的「人」！

他和所有的平凡人一樣，在這片
古老大陸上，度過必然的生、老、病、
死，留下了生命的足跡；因此，長久以
來，只要是佛弟子，就會有一個一生的
渴望；於此生中，至少一次，親自前往
印度，循著古老的史蹟，一步一腳印地
朝禮這片佛陀生長、正覺、弘化乃至於
入滅的土地。而熱愛旅遊探險的人，也
總會有一個按捺不住的嚮往；期望能親
身探索這擁有數千年歷史的神祕古國，
一窺她深不可測的文化圖層，與純化昇
華的性靈世界。

然而，長久以來由於台灣對印度的
資訊嚴重匱乏，加上以訛傳訛的種種誤
解，使得有心的旅行者只能藉著參加偶
爾舉辦的朝聖團來圓夢，而對於不想受
限於旅遊團的佛弟子與旅人而言，這份
渴望竟成為一個不可能的任務。

於是，我們以親身的經驗及一顆誠
摯的心，撰寫了這本書！

為了讓人們能親切而深入地了解佛陀這位人間聖者，我們透過佛陀在二千五百多年前曾經親履而使之意義非凡的土地，依循著朝聖旅程的路線，逐一探訪湮沒在時光洪流中的千年古蹟，藉著這些珍貴的世界級建築遺產，並配合樸實卻深邃的經典文學，全面性地介紹聖地史物的每一個面相。

　　我們想要以「人」的角度，平實地訴說這位生活實踐家從出生到入滅的生命事蹟，期許能讓世人了解，佛陀之所以偉大，不是因為他有多麼的神通幻化，而是因為他覺明地看清世間萬法的真實，真正放下生命中的占有和貪求，堅毅無私地走完智慧的一生！只是，由於印度的民族性本來就不重視歷史記述，許多史蹟景點的考據都乏人研究且眾說紛紜，許多所謂的歷史，甚至是以神話傳說為基礎的。因此，我們決定依著英國考古學家以西方治學態度所留下的珍貴史料為基礎，盡量選擇研究學者的實地調查報告或史實確有記載的部分，來做經得起考證的客觀介紹，以期讀者們不論是實地走訪或是書中臥遊，都能如置身聖境親識聖者，在心靈上有豐足的收穫。

　　謹以此書祝福每一個人，都能有一趟美好的生命旅程。

目錄
Contents

黎明的第一道陽光

從恆河的水面散放而出

河邊已站滿了虔敬的人們

慎重地沐浴、祈禱

期待著能以潔淨身心

解開纏繞糾葛的生命謎團

為何美好的事物從不長久

為何悲痛之事一再發生

為何所親愛的人終將分離

為何多采的生命無法永恆

「我」

究竟從何而來

又將往何處去

如是「生滅」的意義

又在哪兒

只要世間有人存在

這些疑問就不會消失

多少思想家

提出了多少的哲學思辨

但人們依舊浮沉於苦惱之海中

不停的從嗆水吐泡的喉間

嘶喊出這些問號

西元前六世紀

漫漫無際的恆河平原上

出現了一位年輕的行者

他曾享受過最浮華尊崇的生活

也曾極盡所能地殘虐自己的身心

體驗那無可忍受的極致苦痛

最後

在身心平穩的專精思維中

他終於找到問題的源頭

超越了亙古的迷惑
淨住於苦盡寧悅的身心之中

這位不再執著生命的智慧覺者
踏遍了恆河流域的每個角落
在餘生的每一個當下
都認真地將自己所體悟到的事實
平等地分享於眼前的每一個人
直到寂滅的
最後一刻

雖然並非每一位與他交會的人
都能看見那真實
雖然許多的人們依然寧願
繼續在煩惱中浮沉
但他終究為世間
指出了一條明確的道路

只要願意踏上那道路
就有機會和他一樣
得到清涼自在的解脫身心

無常的世間、無惑的生命
無我的分享、無願的教化
構建出無可取代的
人間至聖導師

佛陀

喜馬拉雅山

KAPILAVASTU
迦毗羅衛

尼格利瓦 (可能為迦毗...
■NIGLIHWA

舍衛城 ■ P.148
SRAVASTI

■藍毗尼園 LUM...

釋迦族
RAPTI SAKYA

■畢波羅瓦 (可能...
PIPRAHWA

KOSALA
憍薩羅國

拘尸...
KU...
(現名 KUSH...

GOMATI

SAL

KASI
迦尸國

憍賞彌 P.172
KAUSAMBI
■

鹿野苑
P.074 SARNATH ■
KASI 迦尸
(現名 VARANASI 瓦拉那西)

恆 河
GANGA

YAMUNA

VATSA
拔沙國

N
NOT TO SCALE

佛陀主要遊化區域

址） P.034

MALLA

末羅國

P.238

尸那羅）

GANDAK 干達河

波婆
pava

HARA

VAJJI

跋耆國

八個部族組成的聯邦

離車族

LICCHAVI

吠舍離 P.212

VAISHALI

恆河
GANGA

波吒釐村
PATALIGRAMA

（現名 patna 巴特那）

P.198

現名 PHALGU 帕爾古河

那爛陀 P.134

王舍城 P.098

RAJAGRHA

（ 現名 RAJGIR ）

Son 縈河

尼連禪河
NAIRANJANA

加耶
GAYA

烏留頻羅村 P.016

URUVELA

（ 現名 BODHGAYA 菩提加耶 ）

MAGADHA

摩揭陀國

林許文二 繪製

藍毗尼

Lumbini 聖地之一

一佛陀誕生一

摩耶為世間，生下喬達摩；
無明惱苦者，聞法斷迷惑！

大愛道　長老尼偈

佛陀誕生

天上天下，唯我獨尊。

今茲而往，生分已盡。

——玄奘《大唐西域記》——

在一般經典佛傳中，故事是這樣說的：西元前六世紀的某一年，雨季前的4、5月間，喜馬拉雅山下的迦毗羅衛城正值仲夏節，全城上下一片歡騰。釋迦族（Sakya）的王后摩耶夫人（Maya Devi）參加了六天的節慶，疲累地靠在御榻上，這天正是滿月時分，一輪銀白的圓月高高掛在空中，散發出柔和的光芒，歡慶的歌舞聲從遠方隱隱約約傳來，仲夏夜的暖風輕輕拂上臉龐，王后漸漸垂下了眼簾……

朦朧間，忽然一片金色光束自天而降，在奪目光明中，出現了一隻有著六根修長尖牙的碩大白象，銀白色的鼻子捲著一朵白色的蓮花，緩緩地凌空而降，落在王后的御榻旁，輕輕吼了一聲，並繞著臥榻走了三圈，然後在夫人的右脅邊撞了一下，就這樣鑽進她的身體中。夫人大吃一驚，猛然醒來，才知道原來這只是一個奇特的夢。

第二天，王后忐忑不安地把夢境告訴國王，淨飯王便召集了數十位碩學的祭師前來，用最上等的乳糜與蜂蜜宴請他們，還送他們各種禮物。極盡款待以後，國王就把王后的夢告訴祭師們，請他們占卜吉凶，一陣燃香捻花、唸咒卜卦後，祭師們開口了：

「不必擔心，國王！這是一個吉兆。」

「沒錯！因為您的王后已經有身孕了。」

西元前六世紀左右，這個在天氣晴朗時可以遠眺喜馬拉雅山覆雪白頭的美麗花園——藍毗尼，參與了一個生命降臨的盛事。

園中誕生的嬰孩，後來成了世人心靈光明的導師，人們稱呼他為「覺悟的人」——佛陀（Buddha）！

🔼 小佛陀石像。

◀ 巨木參天的菩提樹，標示著當時無憂樹的位址，樹下是摩耶夫人沐浴池，乍現適時經過的母子旅人，不禁讓人有千古的傳說正在搬演的錯覺。

前頁 傳說中摩耶夫人沐浴、釋尊淨身的聖池與阿育王石柱。

聖地小百科

右脅出生的傳說

當時為了繁衍人類，祂從自己的口、臂、腿、足，創造了婆羅門、剎帝利、吠舍和首陀羅。
——《摩奴法典》卷1第31條

印度最早談到人類起源的，在古老文獻《吠陀讚歌》的〈原人歌〉中。歌中述說到印度的四個種姓階級裡，婆羅門（Brahmana，司祭者）生於原人的嘴，剎帝利（Ksatriya，王族）生於原人的雙臂，吠舍（Vaisya，庶民）生於原人的雙腿，而首陀羅（Sudra，奴隸）則是從原人的雙足出生。

這個年歲古老的吠陀思想，早在佛陀出生以前，就已經深深地影響著印度的人民，因而根據吠陀的說法來看，屬於剎帝利種姓的釋迦牟尼佛本來就應該是從「原人」的雙臂出生。或許正是這深植人心的「王族脅生」之思想背景，才會造就「佛陀從母親右脅出生」的神話傳奇吧！

「而且，王后腹中的胎兒長大以後，將成為一位神聖偉大的人，為這個世界帶來光明。」

所有的祭師們都異口同聲表示贊同。過了沒多久，王后果然就感覺到自己懷孕了！

即將臨盆前，摩耶夫人依照當時釋迦族「女子必須回娘家分娩」的習俗，從國都迦毗羅衛城由侍衛護送回到拘利族人（Koliya）的居住地——東方的天臂城。在旅程途中，為了不讓大腹便便的王后太過勞累，大隊人馬在城郊兩族人民共有的皇家花園「藍毗尼園」中稍事休息。此時園中百花怒放、群鳥翱翔，在園中水池沐浴過後的摩耶夫人，暑氣盡消，當她正輕鬆漫步林中時，忽然見到茂密的無憂樹上開滿色澤豔麗的花朵，便自然地伸手想要摘花，沒想到就在她剛舉起右手攀住一株無憂樹樹枝的瞬間，一個小嬰兒就從她的右脅出生了！

這時大地震動、放出大片光明，剛出生的嬰孩不需扶持，即自己站起，向四方各走七步，然後環顧周圍，一手指天，一手指地，堅定宣告：「天上天下，唯我獨尊！」當他行走時，雙腳落地處自然湧出碩大蓮花，托住他尊貴的雙足使其不至於接觸到地面，同時，梵天舉著傘蓋，帝釋執著拂塵為他左右隨侍，天空中有兩隻龍王，分別灑下一冷一熱的水柱為他灌頂沐浴……根據流傳的說法，佛陀就這樣降生了！

* * *

對平凡的我們而言，這是多麼的「神祕玄妙」！又是多麼的「華麗尊貴」啊！似乎所有的聖者都必然以如此不可思議的方式降生於世，才能昭告他的與眾不同，就如同當時與佛陀並駕齊驅、同享盛名的另一位宗教領袖：耆那教的創始人——大雄

（Mahavira）。大雄的母親也曾在懷孕之前，夢見了十四個吉祥的象徵，並被預言他將成為偉大的宗教領袖，而且，「大雄出生的那個夜晚，無數的神明上下飛舞，燦爛奪目，整個世界充滿敬畏，還發生了令人驚歎的大騷動⋯⋯」

同樣的神祕尊崇，同樣的高不可攀，這樣炫麗的聖者誕生傳說在古老印度民間，就如同炙熱的氣候般，久遠來一直在遼闊的恆河流域上沸騰地傳唱。

⚫ 南印龍樹丘（Nagarjunakonda）出土的西元三世紀雕刻。
描繪摩耶夫人手攀無憂樹枝生下釋迦牟尼佛的過程。有趣的是，右方四個人手中捧著的布幔，即是佛陀的象徵（請仔細看，布幔上刻劃有小小的佛足印，這是傳統早期印度工匠常用來象徵佛陀色身的符號）。

⚫ 左頁：巴呼特石雕·西元前二世紀。
傳說中摩耶夫人夜夢白象「凌空而下、入於右脅」，之後就懷孕了。

尋找佛陀誕生的真相

亙古的傳說可能起源於真實的民間事蹟，也可能來自人心深處的幻想，但即便是荒誕不經的鄉野佚事，能流傳久遠，必定是因為契合於當代社會的需求。然而，對於以理性態度與清明思維追隨佛陀「法的足跡」的世人而言，面對玄異的佛誕故事，心情卻是矛盾的：既崇仰於「神聖尊貴」的佛陀形象，但「右脅出生」、「不扶而立」、「行走七步」、「指天指地」等一切超自然描述，又令理性的思維難以自圓其說，於是朝禮聖地、尋找傳說的真相，就成為解決矛盾的方式之一。

那麼，真相究竟是如何呢？是幸還是不幸，重視心靈信仰的印度人，對於世間的歷史竟完全不在乎！

因為在印度大陸，開始以文字記載的經文或史實，一直到西元前後才出現——那時佛陀早已過世四、五百年了——在這之前，所有的歷史都只能口誦記憶，在代代相傳的情形下，難免會變成充滿想像的神話文學，和真偽摻雜的宗教理論基礎。例如印度兩大文學史詩《摩訶婆羅多》（Mahabharata）與《羅摩衍那》（Ramayana），在民間廣泛的流傳，並且隨著

▲ 修建摩耶夫人廟之前的藍毗尼
園區樣貌。

▼ 阿育王石柱的柱身上，古敕文
清楚可見。

時代不斷增加新內容後，大部分的人物角色都成了印度教的重要神祇，在民間受到廣泛的信仰崇拜。

事實上，在原始佛教經典中，從未記載有哪位佛典人物曾經鉅細靡遺述說佛陀誕生的經過，這似乎代表著，對於親自跟隨佛陀修學的早期弟子而言，精勤的修行與實踐佛陀苦滅聖諦的教說，才是修行者所關注的焦點，而「佛陀究竟是如何出生的？」則從來就不是一個重要的問題。

時時精勤，觀察身心，
不應做之事當遠離，當做之事必盡力，
有正念、正知者，能滅盡煩惱。
——巴利文《法句經》第293經

或許在佛陀過世後，無緣親見釋尊的後世弟子們，在沒有史料可據以將心中的佛陀具象化的情況下，對導師起了極大的思念，為了稍減無解的思愁，便生出了無限的懷想。就這樣，人們慢慢在心中用幻想創造了一個完美的誕生，然後，把這完美的佛陀形象，盡情彩繪於那片空白的歷史帷幕上。

隨著歲月流轉，後世的人們不斷為這帷幕添上更耀眼的色彩，久而久之，光耀奪目的神話之光，就將真實純樸的人間佛陀掩蓋了。曾經有一度，西方的宗教學者們因為這些神異的文學描述，而認為佛陀是神祕東方世界想像杜撰出來的虛構人物。

直到十九世紀時，歐洲考古學家才在這塊古老次大陸上陸續挖掘出證據，包括原始經文、舍利遺骨、石碑銘文、塔寺遺址及石柱城垣等諸多史蹟，在經過詳盡的考證後，終於確定佛陀是真實存在過的歷史人

物。剝除掉覆蓋於外的神祕光采，世界終於又找回了佛陀樸質的生命真貌。

沒有神蹟，只有寧靜

位在印度、尼泊爾邊境鄉野村落中的藍毗尼，幾度在戰亂歲月中被人們遺忘在荒煙蔓草間，幸好在西元前三世紀，印度孔雀王朝的阿育王（Ashoka）在執政時，曾經在此豎立了一根石柱，並於其上銘刻敕文，說明此為釋尊出生之地；而西元五世紀和七世紀時造訪此地的中國僧侶學者法顯和玄奘所寫的傳記，也留下了寶貴的線索，後人才得以在幾無人煙的荒野密林間，一次又一次地將她發掘出來，使其不至於永遠消失在時光洪流中。

藍毗尼最後一次重見天日是在西元1896年，一支由德國考古學家阿洛伊斯‧安東‧傅爾（Alois Anton Fuhrer）和卡伽‧桑姆謝（Khadga Shumsher）指揮官所領導的挖掘隊伍，再度發現並確認了她的地點，從此以後，世人得以親臨聖域，朝禮佛陀誕生之地。

漫步於人跡稀少的藍毗尼中，無有玄祕也沒有神蹟，只有旅人的腳步聲與劃破寧靜的竊竊私語，迴盪在一潭幽幽池水與茂密的巨樹光影間。

她的平靜無言似乎正告訴著來此到訪的旅人：「在上古自然的農耕社會中，生命的誕生與死亡原本就是這麼一件極為平凡必然的事！」就像「樹下產子」正相應於原始荒野中以樹蔭為遮蔽的生存智慧，而「灌頂沐浴」也只是暗示著當時印度人民在炎熱氣候下，自然衍生出與生活契合的傳統習俗，而非特異之事吧！

佛陀的出生，是否真的如此神妙玄奇，其實已經

不是那麼重要了，真正重要的是，佛陀在其無私的生命中，體悟到了一個確實有用的真理，能夠滅除人們生命中無盡的苦惱、無奈與空虛，這就夠了。

如果能夠以人性與清明的態度，參酌文化與社會背景，如實地看待釋尊——「釋迦族的聖人」的誕生，相信即使沒有「天神執拂、龍王灌頂」的客串演出，也絲毫不會減損佛陀的偉大與光明。因為「尊聖崇耀」絕非來自於種姓、身分、懷胎夢境與神通萬能，而是來自於佛陀那清澈的智慧與覺醒的一生！

非關髻髮，非關種姓，非關身世而為婆羅門；有實踐，有真理，是清淨者，才是真婆羅門！

註：「婆羅門」在此解釋為苦惱滅盡、無有染著之人。

——巴利文《法句經》第393經

🔺 藍毗尼村外的大樹下，村民們供奉著小佛陀的石像，黑岩雕刻與流線的外形在尼、印境內頗為少見。

🔻 藍毗尼村洛裡的少婦與孩童。

藍毗尼巡禮

現在的藍毗尼園位於尼泊爾與印度邊境上，一個名叫蒂萊（Terai）的小村落附近。原本因乏人照顧而雜草叢生、一片荒蕪，近年來由於佛教朝聖者不斷湧入，才引起尼泊爾政府的注意，著手將其規劃為遺蹟公園加以管理。

西元1985年，藍毗尼發展基金會發起了一項大規模的計劃，企圖讓藍毗尼園重現當年佛陀誕生時的環境，藉以提升成為一個國際級的佛教朝聖與研究中心。這項計劃由日本建築師丹下健三（Kenzo Tange）策動執行，雖然所需資金龐大，籌募不易，使得進度緩慢，但它終究還是完成了。邁入二十一世紀的藍毗尼園，彷彿脫胎換骨般有了全新的面貌，曾經讓旅人迷惑的小小入口，如今有了一座覆鐘型的美麗牌樓，昭示著自己不凡的聖地身分。

摩耶夫人廟（Mayadevi Temple）

走進藍毗尼聖地公園，印入眼簾的是一座兩層樓高的方形建築，頂上綴有一座尖頂小方塔，這就是現代尼泊爾新建的摩耶夫人廟。

曾經，站在這裡的是一座模仿加德滿都四眼天神廟造型、瀰漫著香燭甜膩味道的小小神廟，旁邊有一片被高高欄柵和鐵棚圍繞遮蓋的區域，圍欄中堆著磚塊沙石等建材，正在進行古蹟拆除、挖掘並重建的工程。如今，整建工程大功告成，新建的紀念館取代了舊有的小神廟，也承繼了守護佛陀出生地的任務。

一塊原本供奉在小神廟中的黑岩石雕板，現在

藍毗尼所在的小村落原本座落於印度的 UP 省（Uttar Pradesh）——意為「北部之邦」，但在西元1857年英國殖民期間，印度各地發生了大規模反抗英國統治的軍事衝突，當時的尼泊爾曾經介入戰局，派兵援助英軍平定了部分的暴動。為了表示回報，英國將尼、印邊界的部分土地割劃給尼泊爾政府，而藍毗尼園也因為這樣而被劃入尼泊爾的一部分。

🔺藍毗尼園中的阿育王石柱。

被鑲嵌在館內高處，數百年來，由於人們的奉獻撫摸與外力破壞，使得雕像被磨損到難以辨認的地步，不過，從上頭殘留著的模糊浮雕痕跡，還是可以隱約看出摩耶夫人優雅地高舉右手、扶著樹枝的姿態。如果你問當地人，他們會說這是阿育王時期留下的雕刻，不過，這個說法已經被考古學家所推翻了。

紀念館內是一片保持出土當時樣貌的遺蹟，從整片遺蹟看來，這裡原是一座占地廣闊、頗為完整壯觀的磚造房屋，其中並發現一塊石板，上頭留有一只足印。一般認為，這塊石板出之處就是佛陀當時出生的精確地點。如今，這塊石板已被安放在它重見天日的原始地點，被一塊玻璃保護著，讓人們得以禮敬並懷想聖者降世的神聖時刻。

菩提樹與聖水池

夫人入池洗浴，出池北岸二十步，舉手攀樹枝，東向生太子。

——法顯《佛國傳》

◆ 大理石的釋迦誕生像原是當地村民的信仰中心之一。雕像正下方「初生佛陀」腳下的蓮花朵朵，描繪著「行走七步、步步生蓮」的傳說。

◆ 標示著佛陀出生地的石塊。
　　——台北桑耶精舍提供

▶ 新修建好的摩耶夫人廟，旁邊則是被稱為神聖水池——帕斯卡尼（Puskarni）的長方型水潭，它真正的用途其實是提供僧院住眾們沐浴、飲用的貯水池。
　　——台北桑耶精舍提供

出了摩耶夫人廟，眼前是一片開闊的平靜園區，如茵綠草上，一棵遮天蔭日的巨大菩提樹盤踞在一座長方型水池邊。盤根錯節的巨大樹根間，設置有一座小平臺，不過供奉其上受人膜拜的，卻不是摩耶夫人或佛陀，而是當地民間信仰的神祇。

根據當地人的說法，這棵菩提樹所在的位置，就是當時摩耶夫人毫無痛苦產下太子的地點。由於原本的娑羅樹（Sal Tree）已經老死，才改種植菩提樹，繼續著標示佛陀出生地的工作。這下子問題出現了！佛陀出生的確實位置，究竟是在遺蹟中的石板出土處，還是在這棵代替娑羅樹的菩提樹下？兩地的距離並不算近，究竟何者為真，目前還沒有任何證據可以提供答案。在朝聖之行中，類似的情況層出不窮，印度人對歷史的不嚴謹，使得考據工作困難重重，看來要得到一個明晰的史實，只能靜待專業的學者做更深入的調查了。

另一個有趣的狀況是，傳說中摩耶夫人是在娑羅樹下生產的，但是目前的藍毗尼園中，完全沒有看到這樣的樹種，我們推測，可能是人們認為佛陀正覺的菩提樹更具紀念意義，所以尼泊爾當局就全面廣植菩提樹，於是漸漸地就取代了娑羅樹。

在菩提樹高高伸展的樹葉枝幹上，繫著一排一排五顏六色的經文旗幡，越過水池延伸到對岸的阿育王石柱，迎風招展，颯颯作響。飄飄彩幡下的一方池水，據說即是摩耶夫人生產前沐浴與佛陀出生後淨身的水池。玄奘在《大唐西域記》中對它的描述是「澄清皎鏡，雜華彌漫」，不過，現在看來並沒有那麼詩意。池水不深，卻呈現無法見底的深幽墨綠，齊整的長方形水池，很明顯是現代人工整建的痕跡。根據考

佛陀生日之謎

佛陀出生的正確年代，到目前還是一個謎，沒有任何文獻曾明確記載，因此人們只能依據佛陀以八十歲高齡去世時的年代來推算。不幸的是，佛陀入滅的年代同樣也無法確定……

根據南傳佛教經典的記載，佛陀在西元前544年過世，往前推80年，佛陀應是出生於西元前623年。另一方面，依照北傳佛教的說法，佛陀是入滅於西元前486年，所以應該是在西元前565年出生。

此外，佛陀的生日也是另一個爭議課題。依照北傳佛教漢譯大藏經中的主要說法，大約是在農曆的4月8日，也就是台灣所熟悉的「佛誕日」，由於神話中佛陀出生時有龍王注水沐浴，所以也稱為「浴佛節」。

另一方面，南傳佛教國家則認為，佛陀的出生、成道及入滅都是同一天，也就是印度曆法中吠舍佉月（Vaisakha）的第二個月圓之日。吠舍佉月是印度曆法中的第二個月，差不多等於西曆的4、5月間，因此南傳佛教以國曆5月15日作為佛誕日，並在這一大舉行盛大的慶祝祭典。

🔼 1999年時整修中的摩耶夫人廟
遺址。

🔼 綠茵大地上躺臥大片的僧院遺
蹟。在荒涼的尼、印邊境上,
它的傳法歷史只維持了數個世
紀,之後就被人遺忘。

🔽 摩耶夫人廟早期的考古現場。

證,這是1931年才挖掘的,每年10月到翌年6月的乾
季期間,池水常常乾涸見底,在夏季的烈日熱流中,
更增添一些荒蕪氣息。

＊ ＊ ＊

就在菩提樹和水池旁、摩耶夫人廟正前方,一個
略呈長方形的廣場草地上,羅列了整片紅磚建造的僧
院遺蹟,這應該是在西元前三世紀到西元七世紀間陸
續建造的。法顯在西元五世紀到訪此地時,仍有一些
僧伽在此淨住修行,但環境十分艱困,僅靠井水和浴
池的水勉強維持生活。到西元七世紀玄奘來訪時,不
知是何緣故,藍毗尼就只剩殘破的僧院而不見修行的
僧侶。

在這個遺址的挖掘過程中,並未發現任何有藝術
價值的雕像或具重要代表性的文物,可以想見,藍毗
尼園的寺院並不似其他聖地般,有著昌盛的佛法研修
風氣。這很可能是因為此地自古以來就是自然叢林,
少有人煙,所以經典中也從未記載有佛陀正覺後曾回
到藍毗尼說法示教的記錄。

事實上,藍毗尼的重頭戲在迎接小佛陀來到世
界之後,就算演完了!剩下的,就只有蒙塵的僧院遺
蹟,對著曠野默默話滄桑。

阿育王石柱（Ashoka Pillar）

位在摩耶夫人廟後方的阿育王石柱,是整個藍毗
尼園中最重要的歷史古蹟。修長直立、打磨光滑的柱
身,即使只剩下半截,仍毫不遜色地表現出阿育王石
柱一貫的風格。

西元1896年12月1日,德國考古學家傅爾博士在
一片密林中發現了這座石柱的殘基,直覺這是一個歷

史的重大發現，於是和考古隊員一起挖出地底的整根斷柱，並將它重新豎立在原地，而整個藍毗尼園的重生工作，也自此拉開了序幕。

現在的石柱在地面上高約五、六公尺，地面下還有三公尺左右。不知是因為雷電的襲擊，還是曾受到人為的破壞，柱身上有一道明顯的裂縫，為了防止它繼續受損而斷裂，目前以鐵圈箍住保護著。依照阿育王石柱的一貫風格，石柱上面應該還要有一座雄偉的動物柱頭雕刻才對。

事實上，玄奘到訪此地時，這座柱頭就掉落在附近，他在旅行記錄中寫道：「有大石柱，上作馬像，無憂王之所建也。後為惡龍霹靂，其柱中折仆地。」可見原本是有一座雕刻為馬的柱頭，只是已被雷電劈倒在地。

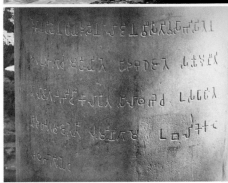

▲ 阿育王石柱遺址。

▲ 阿育王石柱，刻有敕文。

目前散布在東印各佛教聖地的阿育王石柱中，已發現有雕刻成獅子、牛及大象的柱頭，藍毗尼這根石柱很可能是全印度唯一一座擁有馬像柱頭的阿育王石柱，可惜如今已不知去向。

這根石柱最珍貴的地方，在於其柱身上有古老的波羅米文字銘刻著阿育王所頒布的敕文：「天佑慈祥王登基二十年，親自來此地朝拜，因為這裡是釋迦牟尼佛誕生之地。一塊石上刻著一個形像，並建立一根石柱，表示佛陀在此地降生。藍毗尼村成為宗教的免稅地，只須付收成的八分之一作為稅賦。」

這篇敕文不但證明了佛陀是歷史上的真實人物，也解開了長久以來歷史學者們對阿育王宗教信仰的存疑：他是真正的佛教徒嗎？或者這只是強悍帝王收服異己的另一個政治手段呢？從這篇銘文看來，一個未受到宗教感動的人，不太可能千里迢迢從國都華氏城

聖地小百科

波羅米（Brahmi）文

　　阿育王所留下的文獻，不論是石柱敕文還是石碑刻文，多是以古印度波羅米文所書寫。

　　波羅米文是印度最古老的文字體系，它是除了佉盧文字（Kharosthi）外所有印度文字的始祖。它的形成可以追溯到西元前八世紀或七世紀，當時閃米特人（Semitic，所謂的「閃族」）在通商時，把廣泛使用於中東一帶的亞拉姆文字系統輾轉傳給了印度商人，並進而演化發展成為波羅米文字系統。

　　目前，發現最古老的波羅米文字，可以追溯至西元前三世紀，也就是阿育王統治的孔雀王朝時期。

🔺 印度佛教遺址——勘赫利石窟群（Kanheri Caves）中，三號石窟門廊石柱上的波羅米文字。

（今巴特那）親自長途跋涉五、六百公里，到這種小村落來朝拜，更別說那麼慎重其事地豎柱立碑了。

　　讀著和石柱一樣簡潔、洗鍊的敕文內容，深深感受到其中傳達出的平實與真誠——沒有神化變現、辭藻炫麗的描述，只是踏實中肯地看待佛陀的誕生史事。而這也間接暗示了，有關佛陀入胎乃至誕生的神話傳說，應該是在阿育王之後，也就是大約西元前三世紀以後，才逐漸傳說流布的吧！

園外村落

　　朝禮過聖地史蹟後，若還有多餘的時間，不妨到公園旁的村落寺院散散步，感受一下有別於印度的尼泊爾村野風情。

　　出了史蹟公園，走到對面的菩提濃蔭中，就彷彿進入另一個寧靜世界。巨大的樹木伸展開手臂，形成遮天蔽日的傘蓋，帶來陣陣清涼。

　　由於佛教在尼泊爾還算盛行，這裡又是釋尊的出生地，因此在大樹下偶爾會看到人們設置一座高臺，供奉著指天指地的初生佛陀石雕供人禮敬。佛像身上的紅色顏料和散落身旁的鮮花，則訴說了人們的虔敬誠心。

　　綠蔭中有一座美麗亮眼的建築，這是建於西元1956年、屬於上座部體系的佛教寺院——藍毗尼達摩達耶·閃米特·達摩沙拉（Lumbini Dharmodaya Samiti Dharmashala），裝飾著繁複木雕的門廊、窗櫺，以及色彩鮮明的彩繪壁畫，充分展現出尼泊爾的寺院風格。

　　一群準備外出的婦女孩童興高采烈地走來，到了寺前，突然靜默了，女人們領著孩子，脫下涼鞋，在

寺門外虔敬地禮敬大殿中的佛像，不太清楚狀況的孩童們，戰戰兢兢地跟著禮拜完後，還不放心地再三合十，深怕輕忽了什麼。下了階梯，穿上鞋子，一行人又恢復了唧唧喳喳的輕鬆自然，熱熱鬧鬧地離去。看著她們崇仰的神態和快樂笑容，不禁也感染到知足無諍的佛教文化對這小村莊的深深影響。

在園區的另一邊，則靜靜站著色彩豔麗的西藏佛寺——達摩蘇瓦米·摩訶耶迦·佛陀精舍（Dharmaswami Mahayaja Buddha Vihara）。每天早上，住在此地的藏傳僧侶們都會舉行宗教共修儀式，而每年9、10月間，則會有來自世界各地約二千名左右的藏傳比丘聚集於此，進行為期約十天的祈求和平儀式。除此之外，世界各佛教國家都在這裡建造了風格各異的僧院及寺廟，藍毗尼研究協會及博物館中，也收藏了一些佛教文物，不過離藍毗尼園都有一段距離，有興趣的話，可以租一部電動三輪車一一探訪。

＊　＊　＊

對朝聖者來說，藍毗尼園是寧靜的，但對急於推廣觀光的尼國當局而言，藍毗尼園無疑是太寂寞了一些。的確，重建後的藍毗尼園，許多硬體設施依然不足，交通食宿也仍舊不便，因此，只有在每年冬春之際朝聖旺季時，才偶有巴士或汽車載著來自世界各個角落的朝聖客，前來打破這份曠古以來的寂靜。

藍毗尼或許是寂寞的，但是，也只有寂寞的藍毗尼，才能保有一份恬適靜謐與清澈安詳，讓人們在其中沉思冥想；才能保護那位十年前忍受著陣陣劇痛的王后，產下為世間點燃明燈的聖者——佛陀！

🅐 園外村落綠蔭扶疏，主要道路兩旁羅列著村民自設的販賣攤位，但較特別的紀念品只有以娑羅樹製作的念珠。

🅐 尼泊爾邊境小鎮蘇諾里（Sonauli）的清晨街景。

🅥 西藏寺是此地最高大的建物之一，固定有藏傳比丘在此淨住。

藍毗尼——過去與發現

法顯《佛國記》這樣說：（距今約1620年，距佛陀過世約890年。）

（註：法顯在印期間為西元399至411年，以北傳佛入滅西元前486年計算）

　　城東五十里有王園，園名論民。夫人入池洗浴，出池北岸二十步，舉手攀樹枝，東向生太子。太子墮地行七步，二龍王浴太子身，浴處遂作井。及上洗浴池，今眾僧常取飲之。

玄奘《大唐西域記》這樣說：（距今約1385年，距佛陀過世約1120年。）

（註：玄奘在印期間為西元631至643年）

　　箭泉東北行八、九十里至臘伐尼林，有釋種浴池，澄清皎鏡，雜華彌漫。其北二十四、五步有無憂華樹，今已枯悴……

　　四天王捧太子窣堵波側不遠，有大石柱，上作馬像。無憂王之所建也。後為惡龍霹靂，其柱中折仆地。傍有小河，東南流，土俗號曰油河。是摩耶夫人產孕已，天化此池，光潤澄淨，欲令夫人取以沐浴除去風塵，今變為水，其流尚膩。

　　西元前249年印度孔雀王朝的阿育王，在這裡豎立了一根紀念石柱，柱上刻著：「世尊在此出生……」但十五個世紀之後，藍毗尼不再吸引朝聖客前往，這裡的廟宇也淪為廢墟。

　　1986年，德國考古學家阿洛伊斯・安東・傅爾獲得印度政府的許可進入尼泊爾進行考察，成為首度發現藍毗尼——佛陀出生之地的考古學家。

　　在當時的帕爾帕總督（省長）卡伽・桑姆謝將軍的陪同下，傅爾發現了阿育王的石柱，連同其他出土的證據，確認了藍毗尼就是佛陀的出生地，1997年藍毗尼被聯合國教科文組織列為世界遺產。遺憾的是，傅爾的考古生涯以恥辱告終，因不久後被發現竟然有偽造佛舍利與銘文的交易，連帶的他所發現的成就也飽受質疑，幸好惟藍毗尼——佛陀誕生之地仍受到大多數學者的肯定。

一位不知名攝影師在1896至1897年間，為印度考古研究所拍下當時出土的藍毗尼阿育王石柱。

法顯小傳

　　法顯（西元337至423年），東晉平陽武陽（今山西省臨汾西南）人，是中國歷史上有記載以來第一位到達印度求法的僧人，法顯西行印度主要的目的是尋求佛教戒律典籍，他以六十二歲的年紀，在古時已算是高齡的老人，經過千辛萬苦到達印度後，帶回佛教經文，其中最重要是《摩訶僧祇律》四十卷。回國後，他同佛陀跋陀羅共同翻譯，此對當時的僧伽與佛教的發展，有很大的影響。

　　法顯歷經十三年的西遊求法，遊歷古印度近三十餘國，西元411年法顯七十五歲時終於踏上歸國之路，直到西元423年卒。法顯等人一路千辛萬苦，從長安初發時有五人同行，途中去留或死亡，最終只剩法顯一人完成此趟行程，他是古今中外的傑出大旅行家、偉大的佛典翻譯家、開拓水上絲綢之路的先驅者，除了佛經翻譯外，他唯一也是最重要的著作就屬《佛國記》莫屬。

　　《佛國記》的價值在於不僅記述法顯當年西行的個人所見所聞，更重要的是此書記載一千五、六百年前的中亞、印度、東南亞等當時的環境、史地、人文與宗教，此書在中國、印度乃至全世界皆有極高的地位與無可取代的價值。

🔺 不知名的畫家，畫下法顯參訪華氏城（古稱巴連弗邑，現今巴特那）阿育王宮殿的情景，旁邊還有三位出家人。

種姓社會中的人生四階段

玄奘（西元602至664年），俗姓陳，名褘，唐朝洛州緱氏縣（今河南省偃師市縣）人，年少時出家為僧，唐貞觀三年，玄奘二十七歲時決定西行天竺取經，由長安私自出發冒險前往印度。

玄奘在印度求學十多年後，於西元645年帶著六百餘部佛經回到長安，受到唐太宗的熱烈歡迎，玄奘從長安出發到返回，歷時約十八年，經歷一百多個國家，行程約二萬多公里，並鉅細靡遺地將沿途所見所聞的山川地理、風土人情、靈跡法教記述下來，寫出一部傳世之作——《大唐西域記》。

印度歷史學家曾經評價說：「如果沒有玄奘、法顯等人的著作，重建印度史是完全不可能的。」此言不虛！玄奘的《大唐西域記》文筆優美、行文流暢、記錄多且非常詳實，與法顯的《佛國記》可互為比對參考，但實際上《大唐西域記》更被後代學者視為精準的地圖與指北針。

十九世紀末的歐美考古學者和印度研究團隊，幾乎是人人手持英譯本的《大唐西域記》，在古老的印度土地依照玄奘的文字描述、按圖索驥，最後終於陸續發掘出藍毗尼、鹿野苑、菩提伽耶、拘尸那羅等眾多佛教聖地，以及難以計數的印度古文物。

玄奘是一位偉大的佛經翻譯家，也是雄才偉略的探險者、旅行家，更是難得的外交人才，西方歷史學家公認中世紀南亞大陸的歷史之海，原本充滿著黑暗，卻因玄奘而帶來了燈塔般的光芒。

玄奘畫像・十四世紀。

迦毗羅衛
Kapilavastu

——大出離——

喜馬拉雅山下，有一支正直的民
族，是憍薩羅國的屬民。
富有勇氣與財富，其姓氏是太陽
末裔，種姓是釋迦⋯⋯

大出離

Kapilavastu

> 雖然我父母都不希望我離家而哀悲哭泣，但我還是剃掉鬚髮，穿上修行的黃袍，離開家庭，走入無家者的生活。
>
> ——巴利文《中部經》第26經

大約在西元前十世紀左右，原本居住於中亞的遊牧民族亞利安，慢慢從印度河流域遷徙到恆河與亞穆那河的中游地區，並且憑藉著高度的文化與武力優勢，順利吞蝕了北印度。

在這些大舉南移的優越部族中，有一支族系選擇了喜馬拉雅山腳下的平原作為定居之所，他們是剎帝利（王族）種姓，但許多跡象顯示他們自認為是太陽的後裔，具有比婆羅門還要尊貴的血統，這支高傲的種族即是釋迦族。

由於在傳說中該部族是由一位英雄「喬達摩」（Gautama，亦稱瞿曇，意為「最好的牡牛」）所建立，因此釋迦族就以「喬達摩」做為族姓。

釋迦族人主要以農耕為業，從經典中「淨飯王」、「白飯王」、「甘露飯王」、「斛飯王」均以民生主糧「稻米」為王名便可約略看出，而《巴利本生經》亦記載著：釋迦族每年有一個「耕種節」，這一天是全國上下慶祝耕種的日子，除了全城張燈結彩，妝點得富麗堂皇外，祭典儀式的最高潮，就是國王與農民一同耕種田地，以示尊崇之意。

自認種姓尊貴卻僅以傳統農業為生活步調的釋迦族，在歷史的舞臺上驕傲地緩步前進，但在工商業逐

迦毗羅衛是釋迦族的首都。自認為尊貴的釋迦族，在政治形勢上只是隸屬於憍薩羅國（Kosala）的一個地小力弱的共和制部族而已。在隨時可能被併吞的情況下，釋尊出生了！背負著寵愛及期待的悉達多，在此度過童年，接受教育，然後娶妻、生子；最後也從這裡逃脫出離，直到成等正覺後，才又回到故鄉傳法。

傳說釋迦族曾以女奴假冒皇室與憍薩羅國的波斯匿王連姻，而生下了毘琉璃太子（Virudhaka），因而引來被滅絕的殺機。

於是，這一個生養釋尊成長的小都城，自此隱沒在壯麗的歷史舞臺上。

🔺 畢波羅瓦的佛塔遺蹟。

◀ 前、左頁：崗瓦利亞的僧院遺蹟。

描寫佛陀年少生活的石刻，圖中騎馬的部分象徵四門出遊的故事，而中間手持利劍做割髮狀，則代表悉達多太子決定捨俗出家時，自行剃除鬚髮。
——笈多王朝·西元五世紀

傳說中，悉達多太子要捨離世俗生活出家時，穿著華麗的服裝，騎著良馬——犍陟，由天神為其前導隨侍，悄悄地在半夜翻牆出城而去……

右頁：二十世紀末的婆羅門修行者，依舊是一只鐵罐、一根木杖，身著素服，遊化四方，幾乎和二千五百年前的苦修生活一模一樣。

漸發展的上古印度，它似乎已逐漸被其他恆河諸國拋在「強盛」的隊伍之後而不自知。

到了西元前六世紀左右，在部族人口日益壯大下，釋迦族在喜馬拉雅山腳下一帶，聚居建立約有十個小城，組成了一個民主的部落式共和國，其中最大的城為迦毗羅衛城，因此一般就以迦毗羅衛作為國名。國內的政事運作是由人民推舉公正有能的人組成議會，並選出一位德高望重的人為主席（Rajja），凡國族間的政事均由議會代表共同討論裁決。而當時的議會主席，就是迦毗羅衛城的城主、釋尊的父親——淨飯王（Suddhodana）。

小王子的預言

地位猶如一國之尊的淨飯王，婚後妻子摩耶夫人一直沒有懷孕，直到三十歲才夜夢白象而受胎，這在二千多年前的古印度，算是相當高齡的產婦。然而，當夫人臨盆前依照習俗千里跋涉回娘家待產時，卻在途中毫無預警地分娩！產後的摩耶夫人並沒能得到良好的休養，立刻又風塵僕僕地趕回迦毗羅衛城，這一路的疲勞奔波，使得這位王后在產後第七天就拋下幼子，撒手人寰！

強忍著喪妻之痛的淨飯王，將初生的嬰孩取名叫「悉達多」（Siddhartha），意為「一切皆實現而成就」。王子出生後，淨飯王即依照習俗請來喜馬拉雅山上修行高深的阿喜陀（Asita）仙人來為孩子看相預言。這位仙人看到嬰孩後，先是露出欣喜的微笑，隨即卻又流下淚來，王與眾人見狀大驚，以為孩子將遭遇不幸，於是阿喜陀仙人解釋道：「我笑，是因

種姓社會中的人生四階段

古印度社會中，分有四個種姓：最高的神職人員「婆羅門」、貴族武士「剎帝利」、平民「吠舍」及奴隸階層「首陀羅」。其中前三個階級死後可一再輪迴，再生為人，稱為「再生族」，而最低賤的首陀羅，死後無法再生為人，故稱為「一生族」。古印度社會，又將再生族的人生分為四個階段（Asrama）：

（1）梵行期：

似現在的學生時期，凡再生族到達一定年齡後，就須入門學習婆羅門《吠陀》經典文獻、祭祀禮儀及其他的知識技能。婆羅門種姓的入門祭儀，要在受胎後第八年舉行，剎帝利在第十一年，吠舍在第十二年。

《摩奴法典》2-36

（2）家住期：

梵行期終了就算成年了，此時可成家立業正式踏入社會。再生族學習期滿，經師長同意後，可按照規定，沐浴淨身，迎娶一個相同種姓、具有吉相的妻子。

《摩奴法典》3-4

（3）林棲期：

年紀更長、兒女成年後，就可以將家庭事業交與子女，離家住在叢林中，過著隱遁的生活，專心從事祭祀、修苦行與人生哲理的思考。先已學習期滿的再生族，在按規定度過家住期後，即應下定決心，抑制其感官享樂，生活在林中。

《摩奴法典》6-1

（4）遁世期（苦行期）：

人生最終的階段，此時人們捨離一切財產，剃髮、守戒、乞食、穿薄衣，致力達到最終的梵我合一。不傷生，控制欲望器官，完成吠陀經典的宗教義務，遵行最嚴峻的苦行，在今世達到梵我一如的最高境界。

《摩奴法典》6-57

一般人們相信，「四門出遊」是引導佛陀離家修行的決定性事件，甚至有人認為出現於四門的老人、病人、死人與修行人，都是天神為了喚醒佛陀的修行之心而幻化的，不過這很可能是為了增加戲劇效果而添加的故事情節。

如古老的婆羅門法典所述，種姓社會規定了人生圓滿的四個階段，而離家棲於林中及遁世四處遊化，原就是吠陀經典中，大力提倡要達到生命最高境界——「梵我一如」的必經過程。

因此釋尊的毅然離家，與當時的社會苦修風氣有著密不可分的關係。

出生以來物質生活就極為豐厚的悉達多，在心靈上依然得獨自品嚐世俗享樂後的空虛及生命必然消散的無奈；在現實上又得擔負起國家興亡的責任與壯大種族的壓力，相信任何一個人處於這樣的環境中，都會在心中浮起對生命的迷惑吧！

為看到這孩子將來若繼承王位，必是稱霸世間的轉輪聖王；若出家修行，則必定親證聖道，成為人天的導師。我哭，是因為人已老邁，無法活著看到太子成等正覺，親自向他學法，故而又哭又笑。」

　　阿喜陀仙人的預言，透露出淨飯王和釋迦族人民對這位小王子的出生，所懷抱的殷切期待與沉重的責任託付。長期在強國環伺下無力振作國勢的釋迦族，想必是把所有希望都寄託在太子身上，期盼他能成為一位強盛賢明的君王，好掙脫政治情勢上的困境。

　　摩耶夫人過世後，淨飯王將悉達多交托給另一位妃子——摩訶波闍波提（Mahapajapati，意譯為「大愛道」）撫育，她是摩耶夫人的妹妹，也就是悉達多的姨母。於是這個初生即喪母的幼兒，在姨母視如己出、無微不至的照顧下，過著極為優渥的貴族生活，並接受所有剎帝利種姓應有的教育：哲學、天文、醫學、騎術、射箭及古老的吠陀思想等。為了避免悉達多有出家的念頭，淨飯王更是在物質上竭盡所能地滿足他的需求。

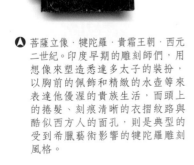

> 　　自我昔日出家學道，為從優遊從容閒樂極柔軟來。我在父王悅頭檀家時，為我造作種種宮殿，春殿、夏殿及冬殿，為我好遊戲故。去殿不遠，復造種種若干華池，青蓮華池、紅蓮華池、赤蓮華池……
>
> 　　　　　　　　　　　——大正藏《中阿含·柔軟經》

離家修行

　　即使在如此無憂無慮的環境裡，悉達多仍然時常陷入沉思之中。據說他曾在「耕種節」慶典時，看到農人於烈日下勞苦地鋤田工作，而土中許多被翻起來的蚯蚓昆蟲，就算沒有被鋤頭腰斬，也難逃空中覓食小鳥的尖喙，而啄食到小蟲的鳥兒，又要面對大鷹的撲殺……。或許是看到眾生彼此相殘，結果仍然不免一死，悉達多的內心因而產生對生命的哀憫與疑惑。

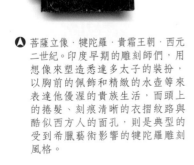

🅰 菩薩立像·犍陀羅·貴霜王朝·西元二世紀。印度早期的雕刻師們，用想像來塑造悉達多太子的裝扮，以胸前的佩飾和精緻的水壺等來表達他優渥的貴族生活，而頭上的捲髮、刻痕清晰的衣摺紋路與酷似西方人的面孔，則是典型的受到希臘藝術影響的犍陀羅雕刻風格。

另有一個廣為人知的故事則是所謂「四門出遊」：傳說有一次，悉達多和馬夫車匿出城遊逛，沒想到一出東門，即見一萎縮衰弱的老人坐在路旁，悉達多心情一沉，轉而往西門去，卻又見一痛苦垂死的病人倒臥路邊，於是再往南門，結果遇到一隊送葬的行列，抬著一具乾縮的屍體，親人們跟在後面悲泣哀哭。從不曾見過這些人間悲苦的悉達多，心靈上受到了極大的震撼，他開始為了這恐怖痛苦的未來陷入前所未有的鬱悶。就在此時，他在北門口遇到一位修行的沙門，神情安詳而平靜、氣質莊嚴而無憂，於是，他開始有了離家修行的打算！

＊　＊　＊

　　淨飯王見到兒子出城遊玩，回來之後卻悶悶不樂獨自沉思，深恐悉達多會應驗預言出家修行，於是便與摩訶波闍波提夫人相商，為他選定拘利族天臂城的公主耶輸陀羅（Yasodhara）為妃，心想：太子娶妻生子後便不會再有出家的念頭了吧！只是，成家後悉達多並沒有因此而比較快樂，他把初生的兒子取名為「羅睺羅」（Rahula，意為月蝕，又有「障礙」之意），而家庭也沒能綁住悉達多，他對生命的疑問與恐懼愈來愈深，直到終於再也無法忍受的地步。

　　於是，在一個節慶歡樂的夜晚，他看了熟睡中的妻子與剛出生的愛兒最後一眼，隨即在馬夫車匿的引領下，靜悄悄地離宮出城了。夜空下，荒野中的悉達多王子褪去華麗的服飾、剃除濃黑的鬚髮，告別了他的家鄉——迦毗羅衛城，在廣陌無垠的恆河流域上，朝著摩揭陀國的方向，展開了與當時所有修行者同樣的乞食流浪的生活，獨自追尋未知的涅槃解脫！當時，悉達多二十九歲！

　　雖然我年齡尚小，滿頭都是烏黑濃髮，年輕力盛，剛要踏入壯年，雖然我父母都不希望我離家而哀悲哭泣，但我還是將鬚髮剃掉，穿上了修行的黃袍，離開家庭，走入無家者的生活。

——巴利文《中部經》第26經

迦毗羅衛巡禮

迦毗羅衛的遺址，至今仍然是佛教考古學上的未解之謎。因為就出土文物而言，有兩個分別位在印度、尼泊爾邊界附近的遺蹟，均可能是古城迦毗羅衛的舊址，一個是位在尼泊爾境內的提羅拉科特（Tilaurakot）附近，另一個則是位在印度UP省境內的畢波羅瓦（Piprawa）遺址一帶。這兩處各有考古學者依據當地遺蹟與出土文物考據認定，而尼泊爾與印度政府當局，也因觀光資源的考量而堅決聲稱自己國境內的遺址，才是真正的古迦毗羅衛。然而，近年來由於畢波羅瓦陸續有新文物出土，使得其為古迦毗羅衛遺址的可信度相對升高，因此，這裡就只介紹印度的畢波羅瓦遺蹟。

畢波羅瓦遺蹟

畢波羅瓦是位在印度UP省巴士提縣（Basti）北方的一個小村落，距離邊境小鎮蘇諾里約六十公里。一般相信，畢波羅瓦的塔寺遺蹟就是當初迦毗

畢波羅瓦出土的文物目前均被收藏於新德里與加爾各答的博物館中，而珍貴的佛陀舍利，據說已有部分送給泰國作為交流的禮物。

🔺 畢波羅瓦古蹟園區中，巨大的佛塔與提婆弗呾羅僧院的殘存基座。

▶ 在這座巨大的圓形殘塔中，考古學家佩普找到了一只凝聚世人焦點的古老舍利罐，繼而引發了迦毗羅衛城址的論爭。

羅衛的釋迦族在佛陀入滅火化後，建塔供奉所分得的遺骨舍利之處。目前包圍在鐵柵欄中的遺蹟公園占地廣闊，除了一座巨大的舍利塔基座外，四周還圍繞著許多僧院殘骸，以及大片尚未完整出土的遺址等待挖掘。

　　西元1898年，英國殖民工程師與當地領主佩普（W. C. Peppe）在此處一座直徑約三十五公尺、已經崩毀的磚造舍利塔中，挖出了五個裝有遺骨的舍利容器，包括兩個滑石製的舍利壺、一個水晶製的舍利罐與兩個不同形狀的大小容器。在其中一個滑石製的舍利壺上，以古老的波羅米文字刻著：「這是釋迦族佛陀世尊的舍利容器，乃是有名的釋迦族兄弟與其姊妹、其妻子等共同奉祠之處。」這個發現為佛陀的歷史真實性提出了強有力的新證明，轟動了當時的考古界，但由於受到德國考古學家傅爾偽造古文物的醜聞所影響，連帶也掀起了迦毗羅衛遺址所在地的質疑。於是這股熱潮並沒有維持多久，就如夏夜中的煙火熄滅冷卻了。

　　直到西元1971至1977年間，另一支考古隊伍再度在此進行挖掘工作，才為沉寂許久的畢波羅瓦帶來新的一絲曙光。在這次的考證過程中，他們發現畢波羅瓦佛塔（Piprawa Stupa）依年代不同，共建有三層：首先是在佛滅後不久，這裡就建造了一座最原始的佛塔；到了孔雀王朝時，曾加以擴建；稍晚期以後，又增建了四座僧院、一座公眾議事廳和各式各樣的小聖殿。

　　之後的王朝不斷地修建擴充，所有增建的僧院都面向著佛塔，據說在這些繞塔而建的僧院中，曾挖掘出四十枚刻有圖紋的印章，並有以波羅米文刻的「Kapilavastu」文字圖象，這些似乎也證明此地可能為古迦毗羅衛所在。

　　在這些僧院中，又以位於東方的精舍最為壯麗堂皇，它最後一次的修建是

釋迦族被滅亡？

一般傳說，佛陀晚年曾三次阻擋憍薩羅國的軍事行動，但終究無法挽回釋族人被毗琉璃太子滅族的命運。

西元五到七世紀，法顯、玄奘遊歷印度時，亦表示曾看過「釋種誅死處」等紀念遺蹟。然而南傳《大般涅槃經》卻記載著，釋迦族曾在佛陀入滅後參與八分舍利，並將所分得之遺骨，於迦毗羅衛建塔供養。對照畢波羅瓦所挖掘出土的舍利罐刻文，證實釋族建塔之事所言不虛後，我們不免要懷疑釋迦族於佛滅前就已被誅族的佛史傳說：釋迦族究竟是否被誅滅？還是後人對佛陀祖國被憍薩羅國兼併有著誇張的說法呢？其真相還須等待更嚴謹的考證……

🔼 畢波羅瓦的孩子可能就是釋迦族的後裔！

▶️ 崗瓦利亞的僧院，石壁異常的厚實，宛如防禦用的城牆，顯示當初建造時的仔細，與對施工品質要求的嚴謹。

貴霜王朝時，在一位國王全力護持下完成，因此這座僧院成為知名的「提婆弗咀羅僧院」（Devaputra Vihar，Devaputra有「天子」之意），這個名字被顯示在許多用貴霜文字銘刻的本地出土印章上，刻文內容為：「這是獻給迦毗羅衛比丘僧團的提婆弗咀羅僧院（Om Devaputra Vihara Kapilavastusa Bhikhu Sanghasa）。」這個證據再度強有力地指出畢波羅瓦就是迦毗羅衛的遺址。

崗瓦利亞（Ganvaria）遺址

距離畢波羅瓦一公里半的崗瓦利亞遺址，共有兩座建築遺蹟，其中一座因為有厚重的石牆，因而被當地人認為是迦毗羅衛淨飯王的王宮，但從其建築形式及考古報告中，已明確顯示這只是一座單純的僧院遺蹟。而且，不同於畢波羅瓦的僧院以佛塔為中心的形式，崗瓦利亞的僧院看起來像是民宅與精舍混合的樣貌：一小段階級通往方正齊整的大殿，約二十六間小僧房井然有序地圍繞著大殿，保存完整，幾如新建。

這座遺蹟隱藏在主要道路邊的一條岔路中，既無圍籬又無明顯標示，很容易錯過，故進入迦毗羅衛後就要放慢速度，留意尋找。

迦毗羅衛——過去與發現

法顯《佛國記》這樣說：（距今約1620年，距佛陀過世約890年。）

　　從此東行，減一由延，到迦維羅衛城。城中都無王民，甚如坵荒。止有眾僧、民戶數十家而已。白淨王故宮處，作太子母形像，乃太子乘白象入母胎時。太子出城東門，見病人迴車還處，皆起塔。

玄奘《大唐西域記》這樣說：（距今約1385年，距佛陀過世約1120年。）

　　劫比羅伐窣堵國，周四千餘里。空城十數，荒蕪已甚。王城頹圮，周量不詳。其內宮城周十四、五里。壘磚而成，基址峻固。空荒久遠，人里稀曠。無大君長，城各立主。

　　伽藍故基千有餘所，而宮城之側有一伽藍，僧徒三十餘人，習學小乘正量部教。天祠兩所，異道雜居。

迦毗羅衛之爭

　　位於尼泊爾南部的提羅拉科特，距離佛陀誕生的藍毗尼約二十五公里，自1899年由孟加拉考古學家穆赫吉（PC Makherjee）發現以來，一直與位於印度境內、距離藍毗尼約十五公里的畢波羅瓦，互爭誰是真正的古迦毗羅衛城遺址，但由於兩地遺址證據皆不夠完整，因此至今仍無定論。

🔺 英國人佩普聲稱在畢波羅瓦崩毀的磚造舍利塔深處，挖掘出五個舍利容器。

🔺 其中的滑石舍利罐上刻有銘文說明此為八分舍利之後，釋迦族人在迦毗羅衛所供奉的佛陀遺骨，但考古學界對此仍有疑義。

🔻 1977年尼泊爾發行以提羅拉科特與迦毗羅衛城為圖案的郵票。

菩提迦耶
Bodhgaya 聖地之二

—成等正覺—

多麼可愛的地方啊！不但有怡人的樹林！邊上有這條銀色潺潺的河流，方便易達而令人愉悅；附近也有村莊可以托缽，好人家子弟有志求道，這地方可謂應有盡有！

比丘們啊！因為那地方的一切都適合修行，於是我就在那裡安住了下來。

——巴利文《中部經》第26經

成等正覺

Bodhgaya

失眠者夜長，疲倦者路長，

不知正法者，苦惑輪迴長。

——巴利文《法句經》第60經——

捨俗離家的悉達多，懷抱著高度的理想與強烈的求知熱誠，四處追尋心靈的導師，期待著有人能引領他解開對生命的迷惑。

這位憂鬱空虛的釋迦王子，從喜馬拉雅山腳一路漫遊到離家五百公里外的摩揭陀國境內參學，並先後投入兩位禪定的名師——阿羅邏‧迦羅摩（Alara Kalama）和伏陀迦‧羅摩子（Uddoka Ramaputta）的座下師事學習。在先天聰慧與精勤努力之下，悉達多很快就學習到老師們所教導的一切，也親身體驗了深定中的禪悅，但是，隨之而來的，卻是出定後空虛的失落感。悉達多清楚地明白，他依然未找到真正的答案，那深沉隱覆的苦惱仍舊潛藏在心底，不曾稍減。於是他告別了兩位導師，再度邁開堅定的腳步，向著未知的深處前進。

* * *

現在，精勤苦修的青年悉達多，獨自站在尼連禪河畔，凝視著對岸烏留頻螺村（Uruvela）的寧靜風光。這五、六年來， 路上所走過的歧路與困阻，似乎並未打敗這位堅毅求道的釋迦王子，這一次，他決定在這兒定居下來，以便專心的實行更嚴格的苦行。

當時，烏留頻螺村外的苦行林之中，聚集有許多的苦行者，他們「……或食飯汁、或食麻米、或食籽

菩提迦耶位於印度比哈省（Bihar）境內，距離現代化的迦耶城大約十六公里，距離加爾各答約六〇七公里。這裡的土地肥沃而富足，平原上散布著翠綠的水田，由帕爾古河（即古代的尼連禪河）灌溉著。

一片覆蓋著低矮樹林的山丘，勾勒出小小村落的輪廓。就在這平靜可愛的地方，悉達多了解到生命的真相，進而成為人間至善的覺悟者——Buddha「佛陀」（意為覺悟的人）！

🔺 菩提迦耶的摩訶菩提大塔。

🔵 阿姜塔石窟（Ajanta Caves）第九窟的佛陀壁畫。

前頁 菩提迦耶的尼連禪河。

❶ 為尋求生命的真理，佛陀經歷嚴格的苦行，甚至幾乎喪命。

稻、或食牛糞、或食鹿糞、或食樹枝葉果實……或有常舉手者、或不做床席、或有常蹲者……或有臥荊棘者、或有裸行臥牛糞上者、或一日三浴、或有一夜三浴，以無數眾苦，苦役其身。」根據經典記載，悉達多的勇猛精進，令與他共同修習苦行的五位伙伴欽佩不已，但即使身體與意志都折磨到不成人形，悉達多的心靈卻依然陷在困境中，沒有任何的進展。在遲遲無法突破苦行的瓶頸下，悉達多決定進行最嚴酷的絕食，希望藉此能獲致最高的解脫涅槃。

因少食故，我的臀部如駱駝腳。因少食故，我的脊柱凹陷如紡錘之鏈。因少食故，我的肋骨如朽屋樑柱腐蝕破碎。因少食故，如深井水光在極深處才可看見，我眼窩瞳光也是如此。因少食故，如摘取未成熟苦瓜，因風燥熱皺縮凋萎，我之頭皮亦復如是。

阿夷吠薩那，當時我欲摸肚皮，卻摸到背脊骨；我欲摸背脊骨，卻摸到肚皮。因少食故，我之肚皮與背脊柱，竟然如此的貼近。

——巴利文《中部經》第36經

平穩的中道

這樣嚴酷的苦行令悉達多差點喪命，但是對心靈上的助益卻是微乎其微，於是他開始感到疑惑——「苦行」似乎並非探索真理的大門！

就在這時候，悉達多憶念起昔日年少時期，曾於田埂旁的大樹蔭下觀看農夫耕種，由於身心都很專注，因而有了情緒平穩、思維澄澈的體驗。他頓時發覺，或許以平穩的身心去探索苦惱的源頭，才是通達菩提的道路。

但是，以他目前極為衰瘦的身體，要獲得這樣的智慧，似乎是不太可能的事。

　　據說，此時河邊來了一位雲遊四方的遊唱琴師，一邊走一邊唱著民間的歌謠：「……琴弦太鬆，音不成調，太緊則聲音不悅耳，不鬆不緊則音聲和悅優美！」正陷入思維困頓的悉達多聽到了這歌聲，彷彿受到電擊般，整個人都被震醒了！他豁然明白，身心就如琴弦一般，只有離開極苦與極樂兩端，才是心靈平靜安穩的正道！於是，悉達多毅然決定——從此刻開始，他要放棄苦行！

　　豁然開朗的悉達多離開苦行林，走入尼連禪河沐浴，由於剛結束嚴苛的絕食，他的身體仍極為衰弱，幾度摔倒在河中，最後靠著攀住樹枝才得以勉強爬出河流。正當悉達多虛脫地倒在岸邊休息之際，附近村落的善良女子蘇迦塔（Sujata）適時的經過，並奉獻營養溫熱的乳糜給身軀屭弱的悉達多食用。

🅐 桑奇大塔（The Great Stupa of Sanchi）東門雕刻，於西元前一世紀。佛陀在烏留頻螺村，降服毒龍初顯神通。

🅥 蘇迦塔適時經過，奉獻營養溫熱的乳糜，給身軀屭弱的悉達多食用。

　　接受了這供養的悉達多，顫抖地喝下第一口乳粥，他終於開始恢復進食了！這代表著悉達多告別了過於極端的苦行生活，並開始趨向於平穩的「中道」。然而，長久以來跟隨他修行的五位苦行同伴看到這樣的情形，卻對這位昔日的精進同修產生了極大的誤解。他們一致認為：「悉達多終究是出身嬌貴的溫室花朵，稍微嚴苛的磨鍊，就讓他心生懈怠退墮，這樣一定無法達到最高涅槃境界。」於是，五位同修伙伴失望的離開了。

偉大的覺醒

　　悉達多的體力漸漸恢復之後，精神與思緒亦清明了許多。他不再期待依靠別人能給他答案，他知

佛像與手印

佛陀入滅的三百至五百年間，並未有佛身造像的出現，據考證這似乎是當時著重於心靈提升，不重視祭祀崇拜的社會現象，再加上佛陀入滅前留下「以法為依止、以自己為依止」的教誨，因此佛陀在世及入滅後數百年間，弟子信眾們並不刻造佛像，而是以菩提樹、佛足印、金剛座等圖像符號來代表佛陀的色身，以作為憶念佛陀及其所說教法的象徵。

然而在西元一世紀中，此項默契卻漸漸被人們打破了，佛塔及佛像的塑造如雨後春筍般蓬勃出現，雕刻佛像逐漸變成了世間藝術的表現。

什麼樣的佛身造像最能代表佛陀？這是一個見仁見智的問題，但在遊歷佛境聖地與綜觀佛像的造型後，我們認為最能傳達「人間佛陀」真實內涵的佛像有兩種，而這也是印度境內及南傳佛教地區最普遍的造型。

（一）降魔觸地印（或稱「觸地印」、「降魔印」 Bhumisparsa Mudra）

源自於佛陀在菩提樹下覺醒的故事——佛陀在戰勝魔王後，以右手觸地，召請大地為其正覺作見證。

跏趺而坐、左手禪定置於雙腿上，右手腕靠右膝、掌心向內、指尖觸地、體態平穩、神情自然，寧靜的姿態中透露勝利的威儀，平凡中可見聖者的氣韻。

這個手印表徵著佛陀戰勝魔王，證得菩提聖道的意涵，對這值得世人紀念的時刻，我們或可用下面這樣的思維，來看待此佛陀手印之深義：

「左手禪定」——意為「思維於法義，寂靜觀五蘊」。

「右手觸地」——意為「正覺於天地，如實證苦盡」。

「掌心向內」——意為「自覺以自律，自洲以自依」。

（二）轉法輪印（Dharmacakra Mudra）

雙腿跏趺、兩手當胸、右手向外——大拇指和食指相捻成圈、左手以食指或中指甚至小拇指，碰觸右手指輪。這個手印大約在唐朝初年，由玄奘及王玄策傳入中國。

由於象徵佛陀初轉法輪，所以在佛像下方或四周常有五比丘或鹿群的出現（象徵鹿野苑），但有時也並未限定是初轉法輪的義涵，而只是單純表達世尊說法度眾之意。

在廣大的恆河平原上，世尊用盡一生的時間四處遊化、托缽說法，一般佛典經文即稱之為「轉法輪」，意為佛陀所說之法，如車輪一般輪轉滾動，日夜不止。

佛陀以四十五年的弘化生涯，傾其身、盡形壽的開演正法，教化世人出離苦惱，由此看來，以「轉法輪印」來作為象徵，實在是非常契合佛陀平實卻又偉大的面向。

◥ 佛陀「降魔觸地」像，身邊有左右飛天協侍，基座有象徵吉祥的大象與尊貴的獅子等。
——降魔觸地佛像・帕拉王朝・西元十世紀

◤ 初轉法輪像・鹿野苑・西元五世紀。

道只有自己才能找到開啟解脫之門的鑰匙。於是，依著數年修行的經驗，他找到了一個適合靜坐沉思的濃蔭大樹——畢波羅樹（Pippala，即菩提樹），在枝葉覆影的蔽蔭中，下以大地為座，上以蒼穹為頂，開始進行他最後的精進思維。

捨離了優渥富裕生活的悉達多王子，如今亦捨離了對解脫煩惱無甚助益的苦行。他正以著樸質踏實的修行態度，精勤不懈地在這蜿蜒優美的尼連禪河邊、蒼鬱茂盛的畢波羅樹下，冥想、靜行、苦思，日復一日、夜復一夜。

就在一個平凡的深夜裡，當世人依然懵懂沉睡之際，悉達多的思慮到達了前所未有的清明澄靜，他剝開煩惱表面層層繚繞的情緒迷霧，直接面對那苦惱：細細品嚐那味道、靜靜觀察它來去的軌跡、審慎追循它的源頭。

在反覆深思中，悉達多終於突破了無明的遮障，看清了「自我」的虛幻：

造屋之人，終為所獲！今此房舍，毋令再築！
屋頂已頃，樑柱已折！心離造作，貪愛盡滅！

註：此為佛陀正覺時刻所說之語；房舍意為——「自我」。

——巴利文《法句經》第154經

再也找不到「我」這個牢籠的悉達多，徹徹底底的自由了！

既然洞澈了自我的虛像，便自然地熄止了欲望貪求、嫉妒憤怒與愛染執著，也不再有任何的徬徨恐懼，而長久以來逼迫著他東奔西跑的憂悲惱苦，就在這一瞬間完完全全地消失。

苦行

梵文為Tapas，原意為「熱」。這是因為印度天氣炎熱，故將「受熱」作為「受苦」的解釋。後用為各種嚴苛方法使自身痛苦或勞苦的行為，演變成宗教實踐中自我克制、磨鍊意志、提升精神層次，以及堅定信仰的修行方式。

苦行的目的，就是為了獲得精神上的超自然體驗，即宗教中所謂的神通。

在佛陀時代，苦行和祭祀相似，是一種滿足宗教或世俗願望的方式，但苦行不需對於儀式或吠陀典籍進行有系統的學習。因此，對印度嚴密的種姓制度來說，苦行為其他種姓開了一扇窗戶，人們可以透過它對抗婆羅門至高無上的權威。例如：最低種姓的首陀羅，可以透過奉行苦行的方式，獲得世人的尊敬，而提升個人的社會地位。

△佛陀禪定座像‧巴基斯坦‧赤
陶雕刻‧西元五世紀。

▽摩訶菩提大塔小聖殿之前，樸
質的石雕佛足印，象徵佛陀遊
化傳法的一生。石足印內積滿
了清淨的泉水與芳香的鮮花，
代表世人對世尊永恆的懷念。

在閃爍著耀眼星光的深紫天空下，悉達多清清楚楚地明白了生命的真相，成為一位至聖的覺者──佛陀（Buddha，意為覺悟的人）！

二千五百多年前，就在這座寧靜村落中，平凡的悉達多燃起了隱藏在生命中的智慧火炬，為沉睡的世間帶來一道曙光，驅散人們心中的糾葛迷霧，照亮了昏暗無助的娑婆世間。

自此而後的四十五年，佛陀開展了弘法示教的遊化生涯，直到入滅前的最後一刻，都不曾歇止。為感念佛陀的教化恩澤，人們在這裡建立許多佛塔紀念建築，並將烏留頻螺村尊稱為菩提迦耶──意為「覺悟的迦耶」，讓後人能永遠記得在這渺小村落中曾發生過的偉大覺醒。

一切事物的成分是無常的──（諸行無常）
以智慧觀察，厭離種種的迷惑，是清淨無染之道。

一切事物的成分是苦惱的──（諸受是苦）
以智慧觀察，厭離種種的迷惑，是清淨無染之道。

一切事物的成分是虛幻無實有的──（諸法無我）
以智慧觀察，厭離種種的迷惑，是清淨無染之道。

──巴利文《法句經》
第277、278、279 經

菩提迦耶巡禮

　　在這個靠佛教徒朝聖為主要收入的小村落裡，村民的主要信仰卻是印度教。因此，淡季時（3月到10月）它是個炎熱而安靜的小城，很適合靜靜的遊賞與冥思，不過一旦到了旺季，則是人聲鼎沸，充滿了宗教蓬勃的氣象。

　　如果你對藏傳佛教有興趣的話，可以選擇冬天前來，這時西藏的朝聖者會從達蘭沙拉（Dharamsala）下來避冬，而且達賴喇嘛可能會在此度過12月，直到翌年的2月中旬，大部分的藏人才會離去，這段時間的菩提迦耶，總是瀰漫著莊嚴濃厚的宗教氣氛。

　　初次來到此地時，可以選擇一位「看似」專業的當地導遊，帶領您在這些稍嫌雜亂四散的紀念地點之間，有效率地快速巡禮一番，不過他們的解說往往與史實有些出入。因此，如果資料準備得夠充分，不妨用堅定的態度，技巧的遣開想從你身上賺錢的當地人，隨著本書深入淺出的介紹，寧靜地、悠閒地在古老的歷史遺蹟內獨自漫步，或是選個綠蔭遮天的大樹下，靜靜的一個人與兩千五百多年前的佛陀，一同進入智慧的沉思中。

　　身為佛陀成等正覺的聖地，菩提迦耶可以說是所有佛弟子的心靈故鄉。她不僅擁有豐富的歷史考古遺蹟，更是一座充滿生命動力的佛法研修中心。

　　來自世界各地的佛教僧侶與慕名而來參觀的旅人，穿梭在佛跡聖物之前，各自尋找他們心靈的答案。

摩訶菩提大塔（Mahabodhi Temple）

　　佛陀正覺後約兩百五十年左右，孔雀王朝的阿育王來此朝聖，他在菩提樹下安置了一塊金剛座，並於菩提樹旁建立一座塔寺。

　　後來到了西元四世紀，據《大唐西域記》記載，由於當時錫蘭國王王弟到印度朝禮聖地之時，倍受冷

 印度人均為赤腳，並不是因為貧窮，而是進入聖地的規矩——赤足以示崇敬。

🔺 摩哂陀（Mahendra，阿育王之子）赴斯里蘭卡傳教時，請其妹僧伽密多（Sanghalmitta，阿育王之女）將原始菩提樹的分枝帶往斯里蘭卡栽植，位置就在今斯里蘭卡聖城——阿努拉達普拉市（Anuradhapura）內。據說兩千多年來不曾被毀壞，是世界上最具歷史意義的古樹。另有一說，菩提迦耶的菩提樹於1870年枯萎時，就是從這棵樹上取一段分枝帶回來重新栽植的。

🔺 菩提大塔內的鍍金佛像，隨著朝聖者的湧入，奉獻漸增而全身上下金碧輝煌，而正覺觸地的手勢也漸漸隱沒在金黃色的布幔之下。

▶ 右頁：高達五十二公尺的摩訶菩提大塔以砂岩雕造而成，是個從下到上漸漸細窄的方形錐體，頸部以上是圓筒狀螺旋頂式的傘蓋，象徵佛教的尊貴。四個角落分別有相似的小塔圍繞著主塔，建築的比例非常和諧對稱。

落與羞辱，因此錫蘭國王主動興建摩訶菩提寺，提供給來自錫蘭的僧人使用。

十二世紀時，回教徒的入侵卻將其破壞毀盡，直到十四世紀，緬甸國王又在阿育王的塔寺遺址上，出資護持重建。在緬甸浦甘（Pugan）的一座十三世紀建築的寺院，就是它的縮影。但重建沒有多久，這座寺廟就遭遇嚴重的水患，隨著洪水而來的大量泥沙又將它埋在沙土中達數百年，直到西元1861年，印度考古研究所的總指揮亞歷山大·康寧漢（Alexander Cunningham）拜訪此地，建議進行挖掘，為大塔的重生燃起了一線希望。西元1870年末，在緬甸佛教徒與當時的孟加拉政府協助下，終於將摩訶菩提寺修復完成，從此這座雄偉的大塔得以重見天日。

園區主要的入口處大門，是與摩訶菩提大塔同一個方向，當你從正面走下階梯，便會發現許多古老遺蹟羅列在道路的兩旁，例如雕著佛像或佛經的小塔，這是人們為了還願或祈福而雕造奉獻的；此外，還有一些信眾捐獻的紀念物品，如精緻的鐘或鍍金的佛像等等，亂中有序地參差排列著，令人眼花瞭亂、目不暇給。

接著再往大塔天井走去，通道左側有一個開放式的小小聖殿，殿前保存了一座圓型的石座，石座上面雕刻著一對佛陀的足印（梵文Buddhapada），足印上撒布著信眾祈福的花瓣與聖水，黎明或黃昏時，淡淡的光線斜射而來，使它蕩漾著脫俗的美感。

大塔外牆周圍有各式各樣的佛像，而在一樓大殿內，有一座鍍金的佛陀「降魔正覺」像，原本是以青黑岩雕刻，後來被西藏人鍍上了金箔，使整座佛像呈現出金屬的質感。由於大殿內的柱門均由石頭雕造，

並沒有窗戶或通氣孔，所以光線很黯淡，空氣中也混合著鮮花與焚燒燭火的濃烈氣味，令人感到有些窒悶。

　　大殿入口兩邊的石階梯通往頂樓的四個小塔，參觀者可以繞著主塔以不同的角度來欣賞摩訶菩提寺。附近有許多佛龕供奉著神像，有些雕刻樸素精美，有些卻是俗氣粗糙。二樓以上有固定的開放時間，若欲參訪需事先詢問管理的僧人。

阿育王石欄楯

　　大塔三面圍繞的石欄楯，最早是由阿育王所建，但後來被繼起的王朝拆除重整。石欄上的波羅米刻文所記載的捐贈者姓名，證明了此為孔雀王朝之後的巽加王朝所建造，但一般仍習慣稱此為阿育王石欄楯。

　　石欄楯的高度約二公尺半左右，大部分的真品存放在菩提迦耶博物館內，另有一部分則放置於加爾各答的印度博物館，以及倫敦的Victoria & Albert博物館中。目前在大塔的石欄楯中，質地較新的部分是近代所仿造，修復的情形還算不錯。

菩提樹

　　菩提樹是菩提迦耶的焦點所在，位於摩訶菩提寺西方。

　　根據玄奘的記載，最原始的菩提樹枝葉青翠，冬夏都不凋落，受到信眾們的崇仰敬拜，但由於阿育王剛繼位時崇信外道，曾親率軍隊前來砍伐，將樹的根、枝、葉砍得粉碎，並命令事火婆羅門放火焚燒以祭天神，未料在一片灰燼中竟又長出兩棵樹，於熊熊烈火中蒼翠生長。阿育王目睹這一切，心生悔恨，便用香乳灌溉餘下的殘根，到天將破曉時，菩提樹已經長回原來的樣子，阿育王欣喜異常，親自在此供養聖樹，樂而忘返。

　　不過，阿育王的王妃仍然虔信外道，她夜裡祕密派人再次將樹砍掉。第二天，當阿育王前往禮敬時，只見殘敗的樹樁，悲痛之餘，他再次虔誠祈禱，並且

分辨石欄楯

菩提迦耶石欄楯的內外上下端均有半圓形裝飾圖案，中央刻著圓形浮雕，浮雕主題以各式各樣的蓮花紋、動物或印度式可愛的人物造型為主。最特別的是希臘羅馬神話中的動物也出現其中，展現濃厚的希臘風格，這就是菩提迦耶石欄楯的特色。

佇立在大塔周圍與散落四處的石欄楯中，表面粗糙未磨光的是現代仿造品，上面刻有明晰的幾何圖樣或圓形之花草動物。巽加王朝（Sunga，西元前184至172年）的真品則由於年代久遠，以致有些浮雕已無法清楚辨視。

相對於前二者，阿育王石欄楯則是絕對的單純簡樸、全無雕刻，且表面經磨光處理得相當平滑。

用香乳灌溉殘根，結果不到一天的時間，菩提樹又重生了。

數百年後，孟加拉王設賞迦（Sasanga）信奉外道，再度毀寺焚樹，手段殘酷較前人更烈，幸而數月之後在原樹根上又抽出了新芽。之後，這株命運多舛的菩提樹，維持了一段很長的時間沒有再遭人破壞。直到西元1870年，亞歷山大·康寧漢重修寺院時，老樹又倒了！於是他切下一根傾倒的樹枝栽種於原地，直到今日。

小枝苗再度長成高約二十餘公尺的巍峨大樹，它濃密的枝芽覆蓋著一片廣場，近百年來平靜的接受世人的禮敬供養，許多人喜歡聚集在樹下，或坐、或躺、或禪定、或思維、或靜靜的享受和平的陽光。

金剛座（Vajrasana）

曾有一位詩人哲學家稱菩提樹下的金剛座是「地球之臍」（The navel of the earth）──世界的中心。對於指引世人從苦惱之海越渡苦滅彼岸的佛陀教法，這樣的形容實不為過。

所謂金剛座，是一塊長約二公尺、寬約一公尺半、高約九十公分的紅砂岩厚石板，據說是阿育王放置於此，代表佛陀在樹下靜坐冥思的地方。取名「金剛」，是以金剛的堅實比喻佛法能破萬物，而萬物不能對佛法有絲毫損毀之意。

目前金剛座被信徒們妝飾著鮮艷俗麗的布縵，目的是作為祈禱祭祀之用，雖然多了點熱鬧，卻也少了點味道。

圍著金剛座和菩提樹的欄杆外，有兩座以圓形黑岩雕刻的巨大佛足印，上面

亦鋪撒了鮮花。當地人說這是阿育王所造，但並無考據證明。每年朝聖旺季時，寺方會用紙或布將足印拓印下來，供朝聖者請購。

七週聖地

摩訶菩提大塔附近，有七個經典上傳說的聖地，每個地點均有告示牌介紹，相當好認。

傳說佛陀正覺後曾分別在這些地點上，各花了七天冥思和經行，可以一一走訪，深思故事與經文中深藏的含意。

●**第一週：**佛陀正覺後的第一週在金剛座上、菩提樹下，獨自體會法的解脫之樂。

●**第二週：**為感謝菩提樹的遮蔭，佛陀花了七天在一小土丘上凝視菩提樹，其間不曾稍眨一下眼。此位置為「安尼麥須羅迦那塔」（Animeshlochana Chaitya，Chaitya為塔堂之意）。

●**第三週：**佛陀花了七天的時間，在菩提樹北方不斷地往來經行，而其雙足落地之處，便有蓮花湧出。此處就位於菩提大塔北側的拉特那蒼克拉馬（Ratnachankrama，意為「尊貴的步履」）。

●**第四週：**佛陀在此處待了七天，反覆深思更高深的法義而進入深定。此時，有藍、黃、紅、白、橙等五道光束從世尊身上射出，此即佛教五色旗的由來。此處位於塔林中的拉特那哈爾塔（Ratnaghar Chaitya）。

●**第五週：**在正覺之地附近的一棵榕樹下，佛陀回答了一位婆羅門的疑問，並說明「人並非由其出生來決定是否為婆羅門」（此地點並未被標出）。

⬆ 1881年考古學家亞歷山大・康寧漢挖掘出金剛座，但當時已有多處破損。
——摘自Mahabodhi一書

⬅ 來自世界各地的修行人，喜歡在金剛座旁打坐冥想。

▼ 菩提樹下放滿了信徒供養的鮮花，而原本素樸的金鋼座，則被覆蓋了象徵尊貴的金黃色篷架，臺座上經常放著一波波川流不息的人潮所帶來的祭品，使得原本悠閒清靜的追思聖地，一下子就變成了世人的祭祀殿堂。

●第六週：世尊待在菩提大塔南方的目真鄰陀池畔（Mucilinda Tank）靜思獨處，突然天氣忽陰忽雨，冷風颯颯，於是目真鄰陀龍王從住處出現，將龍身纏繞世尊身上七匝，並以自己的頭遮住佛首保護世尊。此地點據考證，應是位於蓮花池以南約兩公里處的池水。

　　世尊即說偈曰：「聽聞證知，正覺之人，獨居之樂，其樂無窮！一切眾生，有心識者，自制不害，其福難計！不受貪瞋，無知束縛，厭離欲樂，其福何如！但當能捨，驕慢我執，其福無上，一切人天！」
　　　　　　　　　　──巴利文《律藏‧大品》前段

●第七週：也是最後一週，世尊在一棵Rajayatana樹下靜坐。結束後，正好有兩位商人經過，看到佛陀的威儀莊嚴，便以米糕和蜂蜜供養世尊，為了回報他們，佛陀初次宣說五戒十善法。此位置標在大塔南側樹林間，據說這兩位商人聞法後，便歡喜的皈依佛法並唱頌：

Buddham Saranam Gacchami！
（至誠皈依佛）
Dharmam Saranam Gacchami！
（至誠皈依法）

　　由於當時僧團並未成型，故沒有唸第三句：

Sangham Saranam Gacchami！
（至誠皈依僧）

☝「尊貴的步履」：位在大塔北側高起的長條型平臺，大約一公尺高，二十公尺長。平臺上下皆有成排的蓮花石雕，代表佛陀踏足之處所冒出的朵朵蓮花。平臺下者為古物，西元一世紀左右由Kurangi王所建；平臺上者為近代所造。後方的白色小塔為安尼麥須羅迦那塔，高約十八公尺，是由下方基座漸漸往上窄細的白色正方錐體建築物，傳說佛陀一連七天在此地凝視著菩提樹。

☟拉特那哈爾塔：位在大塔後方的一群小塔中，是一座無頂的小佛堂，供奉著鍍金佛像。此塔塔身為1957年建造，但塔門據說是西元前二世紀時巽加王朝的遺蹟。

蓮花池

　　在大塔南面、阿育王石柱後方，有一座長滿蓮花的水池，根據玄奘記載：「菩提樹垣南門外有大池，周七百餘步，清瀾澄鏡，龍魚潛宅，婆羅門兄弟承大自在天命之所鑿也。」由此可知在玄奘訪印的西元七世紀時，此水池已存在。到了近代1882年時，英國人又重新疏濬，修挖成目前的樣貌。

　　在布滿蓮花的池水上，有一座緬甸佛教徒們於1984年捐贈的目真鄰陀龍王護佛像，常有遊客會以為這就是佛陀正覺後第六週所待的目真鄰陀龍王池，但是根據記載，傳說中的目真鄰陀龍王池，應該是從此地再往南約二公里左右的地方。

聖地周邊史蹟

　　下面介紹的地點，由於經典記載不甚詳細，而印度人對史蹟的確認又很不嚴謹，因此當地人所指引之地點通常與外國學者所考據的有很大的出入。為了慎重起見，最好請一位較專業的當地導遊，帶您走過這廣大又分散的區域。在此謹就重點作介紹，雖然可能會與您親身遊歷時的地點不盡相同，但若能細思體會這些聖地所扮演的背景意義，相信即使未能走到確定之歷史地點，依舊能收獲滿盈。

△ 據說世尊於此樹下接受二位商人的供養，並初次在此宣說五戒十善法。

△ 進入大門後一路往左走到大塔南門外，會看到一座凹陷的天井，其中孤立著一座阿育王石柱，柱身雖斷了一截，但表面卻十分圓潤光滑，雖然柱面並無刻文，但應該是為了紀念世尊成道而在此豎立的。

▽ 信眾捐贈的龍王與佛陀雕像，常會讓人誤以為此池塘為目真鄰陀龍王池。

尼連禪河只有雨季才會匯聚成一條大河，即使如此河水還是淺可見底。

摩訶菩提寺周邊小塔林立。

●尼連禪河（Nairanjana）

　　現在的尼連禪河，位在摩訶菩提寺前約二、三百公尺處，寬度約有一公里左右，目前的名稱為帕爾古河（Phalgu）。

　　帕爾古是佛陀時代迦耶有名的Ghat（由河岸上延伸入河的階梯平臺），也就是印度人民每天早晚沐浴淨身與婆羅門教徒洗罪之河階地，由於與人民的生活密切，於是尼連禪河漸漸被改稱為帕爾古河。

　　迦耶之渡口，名叫帕爾古，每日三沐浴，朝夕與正午。往日所有罪，今日可洗除，沐浴洗罪處，就在帕爾古。

　　　　　　　　　　　　──迦耶迦葉長老偈

　　從Bazar路往蘇嘉塔橋（Sujata bridge）的方向前進，或是沿著往大塔的主要道路走到盡頭的露天市場後左轉，繼續往北一小段路，再穿過右手邊的印度教廟宇，即可到達尼連禪河邊的河階平臺。

　　沿著河畔走到蘇嘉塔橋是一段愉快的路程，如果是乾季時期，河中由於泥沙淤積，將呈現一片沙洲景象。然而，若時值雨季，一到渡口，整片壯麗寬廣的湛藍河水就在眼前展開。藍天、白雲、正覺山，相映著潺潺河水尼連禪，既壯觀又寧靜。

　　看到眼前如詩般的美景，終於明白為何世尊會說：「這地方真可愛，這叢樹木真是迷人，旁邊又有這條銀色潺潺的河流，方便易達而令人愉快！」

●正覺山與苦行林

　　站在尼連禪河畔的平臺，可看到左方下游處的蘇

摩訶菩提寺與摩訶菩提協會
（Mahabodhi Tample & Mahabodhi Society）

摩訶菩提寺一開始即為佛教寺廟，但在十二、十三世紀時，回教徒的入侵破壞讓它日漸荒廢，加上此時的佛教已融合密教，與印度教徒的拜神儀式難以區隔。最後終於被興盛時期的印度教，用既攻擊又同化的方式，將佛教融攝入印度教。所以當寺毀僧亡後，佛教亦消失在印度了。

摩訶菩提寺荒蕪數百年後的十七世紀，印度教徒認為佛陀是毗濕奴神的化身之一，於是寺院的管理權落入印度教徒手中。直到十九世紀，英國政府著手修復摩訶菩提遺蹟，挖出數千座的古物、雕塑及小塔，豐富的遺蹟喚起佛教徒的記憶，也引發寺產的論爭。國際上的佛教國家與佛學研究者，要求印度政府確認摩訶菩提地區為佛教的聖地，並應讓佛教徒參與遺蹟保護和傳衍的工作。

面對佛教徒的努力，當時摩訶菩提遺蹟的占用者，印度教的領袖瑪罕（Mahant），也採取了行動以鞏固控制權，例如：迅速地將摩訶菩提寺的佛像全部搬走，換上了奇怪的印度教神祇。這個作法，讓《亞洲之光》的作者——愛德溫‧亞諾（Edwin Arnald）前來參觀時，被寺內恐怖的印度教神像給嚇得差點暈倒！於是他向英國政府提出強烈要求，希望立刻將遺蹟管理權交還給佛教徒。

大約在同時期，出生於錫蘭可倫坡貴族家庭中的佛教徒——達摩波羅（Anagarika Dharmapala），受到神智學會的影響，開始關心佛教。他在1891年初次參訪菩提迦耶後，就在可倫坡創立了菩提迦耶摩訶菩提協會。翌年，他將辦事處移往印度加爾各答，並發行了一份刊物——《摩訶菩提雜誌》。他們共同努力尋求政府的認同，然而英國政府仍然拒絕為此事做出公正的裁決。

隨著遺址產權爭論日益緊繃，佛教界的主張慢慢贏得歐洲與印度重要學者的支持，他們懇求印度教徒能承認摩訶菩提的遺蹟是佛教的聖地。終於，1945年印度獨立時，取得政權的印度政府終於正式承認，菩提迦耶是屬於佛教徒的共同資產。

菩提道場遺址的管理權在西元1953年的移交典禮中，正式交給新成立的「菩提迦耶寺管理委員會」，並規定不論佛教徒或是印度教徒均可到此參拜。雖然管理委員會的成員有佛教也有印度教徒，但對於在印度極為少數的佛教人口而言，這已是一次大勝利，也是佛教在印度甦醒的乍響春雷！

摩訶菩提協會成立的主要目的與具體活動為：保護佛教的遺址、維修和興建佛教寺院、傳播佛教思想、成立研究所、出版佛教經典及講授佛法等……由於協會的成立，愈來愈多人關心佛教，並影響到全世界。

創辦人達摩波羅於1933年逝世後，繼任者依然努力於史蹟的管理與保存。在佛陀聖地中，如菩提迦耶、鹿野苑等地，都可以看到他們的身影。其中值得注意的成果，除了1953年的呼籲施壓，順利從印度教徒瑪罕手中奪回部分管理權外，還有推動「歸還舍利佛與目犍連遺骨之運動」，成功促使英國政府奉還在印度桑奇所挖掘到的舍利佛與目犍連的遺骨，重新安奉於桑奇的摩訶菩提寺中。對於佛教在印度的復興可謂功勞匪淺。

鹿野苑的摩犍陀俱提寺，為摩訶菩提協會所建，以摩訶菩提大塔為設計藍圖。

⚫ 河階平臺（Ghat）不只是印度人民的沐浴中心，也是小孩子的遊樂場。

⚫ 雖然幾年前村裡已由日本信眾出資，建造一條橫跨尼連禪河的蘇嘉塔橋，作為菩提迦耶與蘇嘉塔村的聯繫道路，但兩岸村民仍然喜歡依循著古老的習慣——涉水而過。由於沒有工業的污染，所以河水很乾淨，如果有興趣，不妨下水一試。

嘉塔橋與不遠處的正覺山，而河的對岸就是苦行林與蘇迦塔村的方向。

苦行林是世尊來到烏留頻螺村實行更嚴厲苦行的地方，位置就在摩亨河（Mohane）與尼連禪河中間，靠近摩亨河的樹林地附近。

根據記載，世尊當時的苦行並不像一般外道，做一些極盡殘害身心的事，例如食糞、臥荊棘等，而是專心思維、精進深定而無暇進食，所以「日食一麻一米」，以至於身形消瘦猶如枯木。目前在村落後面靠近摩亨河處，站著一棵菩提樹，據說就是世尊當年苦行時所坐的位置。

前正覺山（Pragbodhi），當地人稱為Donkesli，山上有幾座阿育王所立的佛塔遺蹟，但有的難以辨識，有的已被新塔取代。

根據玄奘記載，當佛陀自覺到苦行對身心苦惱的解脫並無助益後，即放棄苦行來到這座山上，作為探

求真理的下一地點。但是不久後世尊又離開這裡前往菩提樹下，終至證得聖道。

這座山中有許多神話傳說，例如半山腰中的龍洞（留影窟），據說未成道前的悉達多，為了不讓洞中的龍王失望，因而留下身影作為紀念。這些奇異且不可思議的傳說，為佛陀的苦修生活增添了不少神祕的色彩。

● 蘇嘉塔村、蘇嘉塔之丘、蘇嘉塔寺

從蘇嘉塔橋往河的對岸走去，就是蘇嘉塔村——現稱為巴卡羅村（Bakraur）。如果願意，也可以脫下鞋子，踏沙涉水渡河，體會一下世尊在此一步一腳印的修行之路。

渡河後沿著唯一的步行約二、三公尺，就會看到左邊一座高起的小土丘，當地人稱為蘇嘉塔之丘（Sujata Kuti），傳聞是阿育王為了紀念蘇嘉塔而建造的佛塔，但目前已毀壞而看不到了。爬上小土丘，會看到丘頂凹地上有一大樹，據說這是當時蘇嘉塔的居住地點，目前植樹以為標誌並作為紀念。從小土丘往下看整片平原、村落與正覺山，會看到一幅寧靜絕美的景色。

越過土丘後繼續沿著蜿蜒曲折的田間小路，步行約一到二公里左右，即可到達蘇嘉塔寺。蘇嘉塔寺正反兩面各有一個祠堂，一座為西藏信眾捐贈，另一座為緬甸教徒供養建造。西藏祠堂的雕塑中，供養乳糜給佛陀的有兩位女子，一位是蘇嘉塔本人，另一位女僕普那（Puna），這是當地人根據《本生經》的傳說故事所造，因此不必因為多了一位侍女而太過訝異。至於小廟中的母牛和小牛雕像，也是當地人發揮想像

臘八粥

根據北傳佛教的資料，佛陀成道的日期為農曆12月8日，因此這一天被稱為佛陀成道日。由於世尊當時食用了牧羊女蘇嘉塔所供養的乳粥（Kheer），才得以恢復體力，最後終能成就無上智慧，所以中國佛教徒於佛陀成道日要煮粥供佛，稱為「臘八粥」。而每年的12月8日食用臘八粥，便成為中國人的民間習俗。

出發至龍洞

要到前正覺山（龍洞）可以租車前往，而且最好是清晨出發，以避開酷熱的中午。要特別注意的是，這個景點的乞丐人數眾多，「千萬不要」因為心軟而施予金錢，必要時可請導遊以當地語言排除困擾，否則你將成為所有乞丐的目標而被團團圍住，屆時就插翅難逃了！

▲ 緬甸信徒所捐贈的廟宇。

描寫佛傳故事的石雕：傳說佛陀為收服三迦葉兄弟，展現在尼連禪河上步行渡河的奇蹟，令三迦葉開了智慧法眼，圖中的石板是象徵佛陀的「經行石」。早期的雕刻工匠，不時以傳奇性的故事作為藝術品的內容，久而久之，人們就只記得民間流傳的神話故事，反而忘了佛法。
——桑奇大塔門雕刻‧西元前一世紀

蘇嘉塔橋是落後的蘇迦塔村百年來的第一座人造現代橋樑，它打破了封閉的村落型態，讓現代的旅人得以輕易地造訪善良女子——蘇迦塔的家鄉；圖中正前方則是前正覺山！

推論的產物——母牛生了小牛後才會有足夠的牛乳，供給蘇迦塔擠取以供養佛陀。這種可愛又務實的庶民想法，讓這小小的廟宇，增添了許多自然與親切的味道，令人回味無窮。

●三迦葉皈佛處

尼連禪河邊的烏留頻螺村附近，在佛陀時代是外道與婆羅門教徒修行的聖地。在村落的大範圍內，曾發生了一件值得一提的重大事件，那就是事火外道婆羅門——三迦葉兄弟的皈依佛教。所謂的事火外道，即是認為火乃諸天之口的祭祀宗教師。他們會將穀物、酥油等供品投入火中燃燒，祈求諸天在食用後，能降福於人間。

三迦葉兄弟皈依佛陀的順序為：烏留頻螺迦葉（Uruvelakassapa）、那提迦葉（Nadikassapa）和迦耶迦葉（Gayakassapa），從這三人的名字即可知道三迦葉所居住的地理位置非常接近。

　　……於此摩揭陀國，誰有最尊外道及婆羅門，聞我說法，生敬信心，令眾多人，得入我法。時有外道，名優婁頻羅迦葉，老年一百二十，有五百弟子，在尼連

禪河邊林中住，修習苦行。時摩揭陀國，一切諸人，皆生恭敬，尊重供養，為勝福
田，如阿羅漢。我今往彼為說妙法，令眾人獲大利益。作是念已，往尼連禪河邊至
迦葉所……

——《根本說一切有部·毗奈耶·破僧事》

　　佛陀在鹿野苑初轉法輪後不久，又長途跋涉數百公里回到了正覺之地尼連禪
河邊，其目的即在渡化三迦葉兄弟。在佛陀開示下，沒有多久三迦葉就陸續剃除
鬚髮，將拜火法器全部丟入尼連禪河，成為世尊座下的弟子。

　　由於三迦葉的皈依佛陀，使佛教僧團加入近千名僧伽，奠定了教團的基礎與
力量。又因為三迦葉是摩揭陀國有名的宗教師，受到人民的尊敬供養，因此也直
接抬高了佛陀的聲望與地位，對佛教日後的發展有相當重大的影響。

世尊大慈悲，來到尼連禪，為我說正法，捨棄諸邪見。
從前無智慧，常行拜火祭。自認聖潔身，實為痴愚心。

——那提伽葉長老偈

其他景點
●沙毗提精舍（Shaivite）
　　摩訶菩提大塔附近，有一座由四個尖塔寺院群所組成的沙毘提精舍，由美麗
的綠色植物所圍繞，建築成就非凡，四周有數百座小型的紀念石（Samadhis），形
似倒扣的碗（覆缽）。

●賈迦納斯神廟（Jagannath）

此為奉獻給濕婆神和印度眾神的印度教神廟，位置就在沙毗提精舍附近，其中一座黑岩的四臂濕婆像據說有治病的神力。

●菩提迦耶博物館

在摩訶菩提大塔不遠處，有一座附屬於印度考古研究所的菩提迦耶博物館，其中收藏了從菩提迦耶和附近地區挖掘出的古物。

●各國僧院

菩提迦耶是一個國際化的小城，因為那兒遍布著各佛教國家的精舍、旅館、禪修中心和寺廟，每一座寺院都依著各國傳統建築風格而造，並且裝飾著色彩鮮艷的佛像和各式雕刻。

和摩訶菩提大塔隔著馬路相望的是印度摩訶菩提協會，以及建於西元1934年的老西藏寺，寺院一樓供奉著一尊彌勒菩薩像，並以西藏的經文、唐卡和其他宗教法器裝飾著，樓下的祈禱輪室中保存著一座超過二十噸重的巨大法輪。

這裡有兩座日本寺，同樣都供奉著貼了金箔的佛陀觸地正覺像。皇家不丹寺和新西藏寺是北方藝術學派技法的兩個建築典範，宗教象徵符號、主題和圖樣設計，均是以明亮對比的彩繪來表現，寺內有一尊真人大小的鍍金佛陀像。

緬甸於十九世紀時曾領導摩訶菩提大塔的重建工作，但直到西元1936年間，才在此建立了緬甸寺。此外，還有泰國、錫蘭、越南、尼泊爾、韓國、台灣和孟加拉等各國寺院。

節慶

菩提迦耶是佛教朝聖之旅中最神聖之地,全年都吸引著虔誠佛子前來朝聖。在每年4、5月間的滿月之夜,人們會來此參加紀念佛陀正覺的慶典(Buddha Jayanti)。那時的氣溫大約是攝氏四十五度,全城上下都舉辦著各式慶祝活動,包括祈福法會、宗教講習、集體靜坐、宗教遊行和座談會等,而摩訶菩提大塔則會被五彩旗子和鮮花,裝飾得熱鬧而隆重。

其他的重要節慶,還包括有摩訶菩提協會創辦人達摩波羅的誕辰紀念日——9月19日,以及廣島紀念日——8月6日。

此外,由西藏精神及政治領袖達賴喇嘛十四世所主持的迦羅查克羅(Kalachakra)儀式,每年大約要進行十天。人們相信,一個人只要在一生中至少參加一次這項典禮,就能獲得救贖解脫。

藏人流亡印度大多遍居於各處佛教聖地,這裡不只是他們生活的暫居之所,也是心靈永恆的歸宿。

摩訶菩提寺周圍和庭院內有數百個小塔,據說共有四八〇餘座。有的塔旁插了寫著藏文的小牌子,都是「唵嘛呢叭咪吽」等咒文。這些均為許願塔,根據當地人說法,此為朝拜的信眾為了還願而造的,例如家中有人生病,來此許願,若病癒即造塔奉祀。

摩訶菩提大塔階梯下方的小石塔,雕刻著各式各樣的經文與佛像。

菩提迦耶——過去與發現

法顯《佛國記》這樣說：（距今約1620年，距佛陀過世約890年。）

從此西行四由延到伽耶城，城內亦空荒。復南行二十里，到菩薩本苦行六年處，處有林木。從此西行三里，到佛入水洗浴，天按樹枝得攀出池處。又北行二里，得彌家女奉佛乳糜處。從此北行二里。佛於一大樹下石上，東向坐食糜，樹、石今悉在，石可廣、長六尺，高二尺許。

菩薩前到貝多樹下，敷吉祥草，東向而坐。時魔王遣三玉女從北來試，魔王自從南來試。菩薩以足指按地，魔兵退散，三女變老。自上苦行六年處，及此諸處，後人皆於中起塔立像，今皆在。

佛得道處有三僧伽藍，皆有僧住。眾僧民戶供給饒足，無所乏少。戒律嚴峻，威儀坐起，入眾之法，佛在世時聖眾所為，以至於今。

玄奘《大唐西域記》這樣說：（距今約1385年，距佛陀過世約1120年。）

前正覺山西南行十四、五里，至菩提樹。周垣疊磚，崇峻險固。東西長，南北狹，周五百餘步。奇樹名花，連陰接影；細沙異草，彌漫緣被。正門東闢，對尼連禪河，南門接大花池，西阨險固，北門通大伽藍。壖垣內地，聖迹相隣，或窣堵波，或復精舍，並贍部洲諸國君王、大臣、豪族欽承遺教，建以記焉。

菩提樹垣正中，有金剛座。昔賢劫初成，與大地俱起，據三千大千世界之中，下極金輪，上侵地際，金剛所成，周百餘步，賢劫千佛坐之而入金剛定，故曰金剛座焉。

自入末劫，正法浸微，沙土彌覆，無復得見。佛涅槃後，諸國君王傳聞佛說金剛座量，遂以兩軀觀自在菩薩像，南北標界，東面而坐。聞諸耆舊曰，此菩薩像身沒不見，佛法當盡。今南隅菩薩沒過胸臆矣。

金剛座上菩提樹者，即畢鉢羅之樹也。昔佛在世，高數百尺，屢經殘伐，猶高四五丈。佛坐其下成等正覺。因而謂之菩提樹焉。莖幹黃白，枝葉青翠，冬夏不凋，光鮮無變。

（註：右圖由上而下，依序為圖一、二、三、四。）

　　圖一，一位不知名的畫家在西元1789到1820年間所繪的摩訶菩提大塔，正面用墨水寫著「菩提—迦耶」，是柯林·麥肯錫（Colin MacKenzie，1754至1821年）的收藏之一。麥肯錫在二十八歲時進入東印度公司擔任工程師，一生大半生涯都是在印度度過的。他對印度歷史文化充滿熱誠，把擔任軍職所賺到的薪資——從上尉到上校，全部都投入了印度歷史宗教和爪哇文化的研究。他詳細的調查、收集並記錄印度宗教、歷史、建築、生活等各個面相的細節，完成了數千幅繪圖及銘文拓印。

　　圖二，西元1810年的膠彩畫，描繪菩提迦耶一棵榕樹下的小印度廟宇，正面以墨水寫著「一座印度廟宇及菩提迦耶著名的榕樹」。背面則以墨水寫著「1812年4月15日，以12盧比購得」。你可以在這幅畫中看到那棵樹，還有一棵小印廟，廟前有幾尊小雕像，跟現在差異並不大。

　　圖三，西元1800年詹姆士·克羅卡特（James Crockatt）繪製的菩提大塔水彩畫，背面以墨水寫著「菩提迦耶印度教塔廟的東面圖（位於比哈省的迦耶附近）」及「克羅卡特上尉繪製」。

　　圖四，這是菩提迦耶摩訶菩提大塔修復前的東北面全景照片，由約瑟夫·大衛·貝格拉（Joseph David Beglar）在1870年代所拍攝，是印度考古研究所的收藏之一。1880年，當時的孟加拉總督艾胥黎·伊登（Ashley Eden），任命約瑟夫·大衛·貝格拉進行大塔的修復及重建工作。

　　圖五（見下頁），摩訶菩提大塔東面立面，出自1878年出版《菩提迦耶，釋迦牟尼的隱修處》一書。

印度考古之父——亞歷山大・康寧漢

英國的考古學家——亞歷山大・康寧漢（Alexander Cunningham，1814至1893年）被尊稱為「印度考古之父」，當其他的歐洲人對印度的古蹟還採取粗暴的掠奪行為時，他便強力要求英國政府重視印度的歷史遺產，並鼓勵有系統的挖掘研究。

他的理由很明確：「發掘並了解所有現存古建築遺蹟和附屬的錢幣銘文等資料，要比出版十八卷《往世書》梵語詩文中的那一堆廢物更能說明印度的過往，以及其與鄰近國家之間相關的歷史。」

由於他的積極主張，催生了後來的印度考古調查署，使印度的珍貴史蹟終於脫離了無人管理的荒謬景況。

康寧漢的一生締造了許多考古上的輝煌成就，許多重要的歷史遺蹟都是由他發現並調查、挖掘和記錄，包括鹿野苑的達美克塔、菩提迦耶的正覺大塔、巴呼特佛塔、以及那爛陀大學遺址……等。

此外，他在1870年到1885年間擔任第一任印度考古調查總監時，帶著《大唐西域記》的英譯本，循著玄奘大師的足跡，在鄉野荒村間挖掘出許多重要的佛教遺址，使佛陀的生命透過地理上的確定和古文物的證據，與現代的佛弟子產生具體的連結，這是他一生最偉大的貢獻之一。

🔺 亞歷山大・康寧漢。

鹿野苑

Sarnath 聖地之四

─初轉法輪─

「當我離家求道之時，那五位伙伴曾經
陪伴過我，對我很照顧，不如我先對這
五人說法吧！」
我以超越凡人之眼，得知五人正住在波
羅奈城鹿野苑的仙人林中。由於我在烏
留頻螺村住到夠了，於是我開始往波羅
奈城的方向前進。

──巴利文《中部經》第26經

初轉法輪

覺者可見明，亦可知無明。

愚者不見明，亦不知無明。

——五比丘之一 瓦帕長老偈——

巴利文佛教經籍中記載著：佛陀在烏留頻螺村成等正覺後，似乎曾為了如何傳法而感到為難，因為他深知自己所親證的真理，不但太過於繁複奧妙，而且也遠遠背離於世人普遍的渴望欲求，這樣的「法」，有多少人能接受呢？

就在佛陀遲疑著是否為眾生說法的時候，忽爾體會到世人有如一池水塘中的蓮花：「有部分的蓮花隱沒在水中才剛剛開始生長，有部分雖淹沒在水中卻已成長快到達水面，而更有極少數的蓮花已盛開在水面之上，且不為池水所沾濡。同樣的，有的人智慧魯鈍、污染甚深，有的人根器銳利、染污甚少，有的溫馴、有的桀驁……若廣為世人說演無上正法，則必定也有智慧之人得以信解啊！」

於是，佛陀心生一念如下：「我應該對誰宣說聖法？誰能夠很快明瞭這教法呢？」

世尊當時最先想到的，是曾經教導他禪定的二位老師——阿羅邏・伽摩羅和伏陀迦・羅摩子：「這兩位仙人長年過著苦修冥想、離欲禪思的生活，智慧穎悟，一定能了解我所體悟到的真理，就讓我先和這兩位長者分享吧！」可是打聽後才知道，兩位老師都已過世了。

於是佛陀又想到昔日同修苦行的五位伙伴：「這

距離瓦拉那西約十公里的鹿野苑，是世人心中綻放「法之光明」的神聖地方。在此，世尊第一次闡釋自己所覺悟到的真理，而初次聽聞這至善之法的人，是一直陪伴著他、但後來卻因誤解而離開的五位伙伴。

這個佛法僧齊聚的第一次說法，在佛教歷史上被稱為「初轉法輪」！在那看似平凡的時代，他們成為佛陀第一批弟子，也成為法的初始火炬，不久之後，他們即如燎原之火，將佛法傳遍了整個恆河平原！

🔺 佛陀初轉法輪像，下方的鹿群與法輪，象徵此為鹿野苑的初次說法。西元五世紀。

🔻 前、左頁：鹿野苑遺址的幽靜風光，遠方的巨大佛塔就是知名的達美克塔。

五位伙伴自從隨侍我以來，修行精進，天資聰穎，雖然後來背棄了我，終究是因為對我的愛護而生的誤會，不如我先向他們分享這滅苦之道吧！」這麼決定之後，佛陀很快地打聽到這五位苦行者正在迦尸國波羅奈城（今瓦拉那西）附近的鹿野苑，並且仍然過著清修苦行的日子，於是就啟程往鹿野苑的方向漫遊前進。

可惜的優波迦

就在出發後不久，世尊正沿著往迦耶的大道上前進時，遇見了一位名叫優波迦的「裸形外道」，這一派的修行者認為所有物質均是束縛障礙，必須捨離，因此不著衣物，終生裸體。他看到世尊氣質非凡、神態平靜，似乎已修行到頗為高深的層次，於是便好奇地請問世尊：「這位尊者，你的諸根清淨、膚色皎淨，不知您是追隨什麼人出家的？您的師尊是哪一位？您服膺的是誰的教旨？」

就像武俠小說裡，江湖中人初見面時會先探知對方是何門何派、師承何人一樣，對提倡種姓、階級、血統、出生的印度人來說，師承、派系，以及是否修學古吠陀典籍，都是非常重要的！因此，外道優波迦才會劈頭就直問這些問題。對於這樣的「學歷調查」，佛陀的回答是：

「萬法已證知，我已無所惑，不受諸法染，萬物皆捨離。貪欲不能壞，得一切智慧。世間叩有師，我須隨學習？」

「世間無有人，能為我導師，亦無有何人，能與我相比。一切諸天眾，與我無能敵。」

「我已證聖道，真實無欺誑，我仍天人師，舉世無能勝。唯一正覺者，至高無上尊，貪火已止熄，涅槃已親證。」

「為轉正法輪，前往波羅奈，迦尸之首都。世人眼如盲，因為彼等故，令擊不正法者！」

——巴利文《中部經》第26經

在那個「學必稱吠陀、行必稱苦修或祭祀」的年代，世尊這一席「無有師者，涅槃親證」的話說出來，就好像一個自稱武功蓋世的人一樣，絕對無法立刻獲得武林人士的尊敬。外道優波迦同樣也不太相信眼前這個自大的沙門，於是，他以輕蔑而不以為然的神態，隨便敷衍兩句客氣話，就搖著頭從另一條道路離開了。

這段記載一般認為可信度很高，因為它親切地傳達了佛陀時代宗教心靈修行者彼此相輕的事實；從優波迦的反應，也間接證明了佛陀當初對於世人是否能接受佛法的疑慮並非空自想像。或許，就是因為深知當時的社會習性，佛陀才沒有選擇在烏留頻螺村就地利之便向當地的苦行者傳法，而是長途跋涉到三百公里外的波羅奈鹿野苑，去找那五位熟識的老伙伴。

雖然佛陀第一次企圖說法就出師不利，不過更可惜的是，外道優波迦失去成為佛陀第一位入室弟子的機會。他萬萬沒有想到，不久的將來，眼前這位聖者的教說不僅征服了自身的苦惱，也征服了全印度。

　　願那征服者，皆與我同行，去除諸敗壞。我今已降服，所有之惡習，優波迦當知，我即征服者。
　　　　　　　　　　　　——巴利文《中部經》第26經

幸運的五比丘

經過長遠的旅程，世尊終於到達鹿野苑。據說當時這裡因為有鹿群聚居，四處漫遊，所以得名。而這附近的林野因為平靜自然，吸引了許多修行者在此苦行禪定，因此又被稱為「仙人住處」或「仙人林」。

千里迢迢來到這裡的世尊，好不容易找到昔日的

施無畏印的佛像．貴霜王朝．西元二世紀。世尊以他正覺之後所散發的氣質與神采，成功地說服了尚存疑惑的五位同伴，令他們放棄成見，接受並證那「滅苦」的智慧正法。

Chakra——輪；是交通工具也是武器。佛教中的法輪，是以「輪」來比喻佛法可以常轉不歇，輾破無明的遮障。此為桑奇二號塔的欄楯雕飾。

⚊ 耆那教天衣派聖者的雕像，這
個教派不許修行人穿衣及擁有
私產，而且只能日食一餐。由
於終生裸體，故漢譯佛典稱為
「裸行外道」。

⚊ 位於恆河西岸的迦尸，佛陀當
初自菩提迦耶一路走來，坐著
渡筏越過寬廣的恆河之水，才
來到這異教雜處的宗教聖城。

五位伙伴，然而這五位苦行者遠遠見到世尊走來，就
想起之前悉達多放棄苦行的「墮落」行為，便彼此約
定：「不管他說什麼、做什麼，咱們一概相應不理，
假裝我們不認識這個耽於逸樂的懦夫！」

誰知這個「不招呼、不禮敬、不理會」的默契，
在世尊的智慧光采慢慢接近時，就自然而然地瓦解
了。儷於世尊那寂靜莊嚴的聖者風範，五位苦行者不
自覺地一個個站起來迎接世尊的到來，有的為世尊接
下衣鉢手杖，有的為世尊鋪設座位，有的取水來為世
尊洗臉洗腳，熱誠地對待這位遠道而來的老友。

在簡單問候並互訴別後生活後，世尊即告訴五位
伙伴：自己已證得無上聖道，如果他們願意，他將為
他們訴說這無上真理，使他們也能親證這解脫境界。
想當然爾，事情並不是那麼順利，這五位苦行者無法
立刻就相信世尊的說法。

「喬達摩同修，你所行的道，那些方法、次第，
那些嚴格的苦行，並沒有使你超凡入聖，得到圓滿卓
絕的智慧與證悟。如今你已退失道心，耽於逸樂的生
活，這樣安於逸樂，怎麼能超凡入聖而得到圓滿卓絕
的智慧與證悟呢？」這五位同修提出了埋藏在心中許
久，而且在當時看來的確相當合理的疑惑與想法。

在那個婆羅門至上的年代，為了反抗自稱崇高卻
奢靡放逸的婆羅門階級，民間其他階層自發性地發展
出一些自力淨化身心的修行法門，而用各種方法殘害
自身的「苦行」，正是這套法門中，令人深信不移的
主流信仰。對於深信「只有透過嚴厲的苦行才能解脫
生天」的五位修行者而言，雖然接受世尊一同入座為
友，但無論如何也無法相信，捨棄苦行的修行者能證
得解脫涅槃。

於是佛陀便向他們解釋：「如來並非安於逸樂，也未退失道心，或耽於逸樂的生活……如果你們肯照我的教法去做，不久之後，在此生之中，你們就能自學、自證、擁有，並生活於由修習清靜的行為所導致的至善之境……」

當然，五位舊友並沒有那麼快就接受世尊的解釋，他們再三地提出類似的問題，而世尊也耐心地再三回答，就在彼此一來一往、一問一答之間，佛陀誠懇的反問他們：

「你們曾於過往見我具有如此的光耀嗎？！」

「未曾有啊！喬達摩同修！」五位伙伴同聲回答。

就這樣，佛陀誠摯的言語最後終於感動了那五人，於是他展開了對五位比丘的教導。

比丘們啊！我終於說服了那五位伙伴。

比丘們啊！我在那三個比丘出去托缽的時候，就教誡那留下的兩個，而那三個比丘帶回來乞得的食物，就成為我們六個人的糧食。當另外那兩個比丘出去托缽的時候，我又教誡那三個比丘，而那兩個比丘帶回來乞得的食物，就成為我們六個人的糧食。

——巴利文《中部經》第26經

🔸 佛陀期許六十位弟子，為了世人的利益，從此地出發向外傳法。而二千五百年後，難以計數的佛弟子們，如鮭魚回游般的回來，只為看看他們精神的家鄉。

🔸 鹿野苑遺蹟區附近的佛陀為五比丘說法紀念雕像。

點燃佛法的星火

佛陀第一次授徒傳法所付出的熱誠與用心，在平實而生活化的巴利文經典敘述中表露無遺，它同時也顯示出，佛陀的初轉法輪並非輕而易舉、一蹴而成之事。在神聖的光環下，隱藏了多少論法解惑的辛勞與諄諄教誨的苦心，而至聖的世間真理，就在他們彼此的熱切教學中，緩緩地流洩到人間。

初聽聞妙法，心中滿歡喜；聞法即斷取，聽後減貪欲。

覺者無貪愛，排除諸邪見；在此人世間，正志不一般。

如風拂灰塵，比丘離邪念；正觀生智慧，智慧得正見。

諸行皆無常，實觀可覺曉；苦中生厭離，最上清淨道。

諸行皆為苦，智慧可覺曉；苦中生厭離，最上清淨道。

諸法皆無我，智慧可覺曉；苦中生厭離，最上清淨道。

尊佛知佛法，憍陳如比丘；精勤滅生死，淨行得聖道。

——五比丘之中 首先證得聖道的阿若憍陳如長老偈

　　那時，波羅奈鹿野苑仙人住處的五位比丘，可以說是世界上最幸運的修行者了！他們不但是第一批聽聞這無上正法的人，同時也成為佛陀的第一批出家弟子，而因著他們的信受親證，使得共修佛法的僧伽學團，也因此出現於世間！就在這一刻，佛法傳承最重要的「三寶」——佛、法、僧，也就齊備於人間了。

　　差不多就在同時，鹿野苑附近的大城波羅奈中，有一位富豪之子，名叫耶舍（Yasa），他雖有幸生在富裕之家，卻對奢華逸樂的日子感到厭倦與空虛。在一次偶然的機會中聽到了佛陀的名字與教法，覺得十分受用信服，於是便和朋友們共五十五人約好，陸續來到鹿野苑請求於僧團中出家修行。

　　在耶舍的引介下，他的家人也信受了佛法，成為第一批在家學習的「優婆塞」（Upasaka，近事男）與「優婆夷」（Upasika，近事女），於是，世間第一批在家信眾也在鹿野苑出現了。

* * *

　　要推動佛法的巨輪，僅靠佛陀一人的力量，實是獨木難支。這五位比丘的慧眼信解，不僅使自己成為佛法滅苦甘露最早的受惠者，更是促使法輪初轉、至今不歇的重大助力。僧團便從這五位令人深深懷念的長老們開始萌芽，而後，在佛陀的引導教化下，佛法的巨輪輾碎了社會的不平等階層，輾過廣闊的恆河流域，到達世界上的各個角落，直抵人心深處最幽黯的地方。

　　站在幽靜絕美的鹿野苑裡，毫無疑問地，你將聽見那法之巨輪輾過時空的聲音，在殘破紛亂的歷史中，不斷提醒世人：這裡是法輪轉動的起點，是佛法僧團出現的源頭，更是值得世人永恆感念的——「法」的故鄉！

鹿野苑巡禮

初轉法輪之後的四十五年間，佛陀行腳遊化穿越了北印度單調廣闊的恆河平原，教化了無數的人間眾生，然而，他並沒有忘記這初次說法之地。在弘法生涯中，佛陀仍不時會回到這個祥和寧靜的密林綠園，度過濕熱的雨季安居期，並留下許多至真至善的言語。

佛陀入滅後三百年，印度孔雀王朝出了一位武功鼎盛、篤信佛教的阿育王，於是鹿野苑的地位被大大提升起來。

為了紀念與標示佛陀初轉聖法之地，阿育王在這裡豎立了一根非常著名的、有著四獅柱頭的巨大石柱，並且廣建僧院佛塔以護持法脈的傳承。

孔雀王朝之後的薩卡王朝（Saka）與貴霜王朝（Kushana）對鹿野苑的硬體環境亦多所建設，而繼任的護佛王朝對鹿野苑的關注與維護也一直不曾間斷。由於不同時期不停地擴建修築，使得鹿野苑在佛教的布法舞臺上，一直扮演著重要的角色。

然而，隨著時光的推衍，佛教開始因自身的分裂以及印度教與怛特羅密教的侵吞蠶食而日漸衰微，此時，回教徒的大舉入侵給了虛弱的佛教最後一擊！

西元1194年，由波斯將領庫塔布丁‧艾貝克（Qutabuddin Aibak）領兵的回教大軍，如蝗蟲過境般掃過鹿野苑，其毀滅性的攻擊，剎那間就將這片佛教

曾經，佛陀從近三百公里外的菩提迦耶獨行至鹿野苑，將自己證得的世間正法首傳授給五比丘；曾經，佛、法、僧三寶在此初次齊聚一堂；曾經，六十位早期僧侶從鹿野苑出發，將佛法傳遍印度大陸；曾經，這裡是僧侶聚集論法的教室、玄奘筆下的佛法修學中心……。

如今，這個法輪轉動的故鄉擠滿人來人往的觀光客，以及偶爾出現的比丘身影。

🔺 1830年外國畫家筆下的達美克塔。

◀ 鹿野苑出土的陶土印章。

🔺 鹿野苑的遺蹟充滿了空幻：回
教徒給了他致命的一擊，而接
下來的政府又像螞蟻一樣將它
啃食殆盡。原本層層的樓閣，
密如蜂巢的僧院佛塔，沒多久
就被當時的統治者拆得只剩下
與綠地同高的基座。

🔺 鹿野苑附近的草原、沼澤等自然
景象，與公園內的遺蹟有完全不
同的風貌，或許這才是最原始的
「鹿野苑──仙人住處」吧！

▶ 1904至1905年間，阿育王獅
子柱頭與著名的初轉法輪像
（右頁圖），在鹿野苑的考古發
掘中被發現。

聖地變成了焦黑廢墟。對於鹿野苑慘烈的毀滅，考古學家做了這樣的記載：

「鹿野苑的毀滅似乎是突然降臨的，在該地的寺院裡有做好卻尚未吃的麥餅，彷彿是大火發生得十分突然而迅速，以至於僧侶們竟不得不放棄其糧食。廣場東邊的寺廊裡，亂七八糟地堆放著一些未曾煮過的食物，地上滿是日用的陶器以及被火熔成塊狀的銅器。這些東西的上面是一層燒焦了的樑椽，再上面一層就是殘磚破瓦和泥土，堆起來大約有六尺厚。

火勢之熾烈，竟將牆上磚縫間用來糊住磚塊的黏土，也燒成了磚。

一切都顯示了這些屋宇被焚燒，是出於凶惡的敵人之手，而不是一場普通的災害意外。」

經過這樣的洗劫，在印度傳承了一千七百多年的佛法，是徹底地被滅絕了。而鹿野苑，也像其他所有的佛陀聖地一樣，漸漸被人遺忘殆盡，然後消失在歷史的舞臺上。

不過，光環消失了，破壞卻未曾停止。鹿野苑更悲慘的命運，是來自於當地居民的「資源回收利用」。十七、十八世紀時，被回教異族占領統治下的印度，在當地行政長官一聲令下，居民們將鹿野苑殘餘傾毀的磚瓦石塊一一拆除，拿來做為房屋和商場的建材。

就這樣，鹿野苑的殘基漸漸從地面走入地下，成為今日令人難以想像的虛幻模樣。

直到百年後，考古學家亞歷山大・康寧漢率領著一支英國考古隊前來進行挖掘調查工作，這蒙塵沉睡多年的法輪初轉之地才又重見天日，再度展露出歷經烽火之後的淒美之身。

鹿野苑遺蹟公園

　　鹿野苑出土的大片遺址，目前被一堵磚牆包圍保護著，成為一個環境清幽的公園，開放時間標示得很印度：從日出到日落！

●達美克塔（Dhamekh Stupa）

　　大垣中有精舍，高兩百餘尺，上以黃金隱起，作菴沒羅果，石為基陛，磚作層龕，龕匝四周，節級百數，皆有隱起黃金佛像。

——玄奘《大唐西域記》

　　在紅磚綿延、綠草如茵的遺蹟公園中，最壯觀又最震撼人心的建築，就是這座矗立在藍天之下的達美克塔了！

　　這座巨大如山的磚石大塔建於西元五世紀時的笈多王朝，根據挖掘發現，它被建造在另一座更早期的建築遺蹟之上。由於它現在的名字顯示出一些和佛法（Dharma）的關聯，因此有考古學家推測，這裡最初應該是阿育王所造的紀念佛塔之一，在後世的不斷擴建下，才呈現目前的壯觀景象。

　　從殘存的雕刻看來，整座大塔外圍曾經優美繁複地浮雕著許多花草、人物、飛鳥及幾何圖型，包括普遍使用的卐字造型，充滿了笈多王朝的華麗風格。

△ 笈多王朝的輝煌寫在達美克塔的塔身，精美的浮雕刻畫出古王朝的輝煌榮耀，從雕刻風格即可看出印度與西方文化交流的影響。

▽ 整座達美克塔是一座實心的圓筒狀建築，高約三十三公尺，底部直徑約有二十八公尺左右，而地基則深入地底有三至五公尺深。塔身分為上下兩層，大塔上半部是圓筒狀的紅磚建築，高高地向天空伸展。塔身下半部則完全由巨大石塊所包圍建造，略呈八角狀的圓形，八個面上都雕鑿了內凹的佛龕，原本裡頭都安放著真人大小的佛像，但如今早已消失無蹤了！

▷ 右頁：達美克佛塔，1878年的鋼版畫。

但根據慘烈的鹿野苑佛蹟破壞記錄，這些美麗的雕塑只苟延殘喘到1794年。這一年，迦尸（今瓦拉那西）的行政首長巴布‧賈迦特（Babu Jagat）為了光耀自己的政績，下令建造「賈迦特甘」商場，並且以「資源再利用」的精神，將這千年古蹟上大部分的石塊運走作為建材。

所幸這些石材雕刻均是以強硬的金屬固定於大塔表面，不易拆卸，這就是為什麼在回教大軍猛烈的砲火中，達美克塔仍能屹立不搖的原因。也正因為如此，大塔目前才能殘留一小部分的浮雕裝飾，見證著曾經包圍全塔身、優雅精緻的雕刻。

西元1835年，康寧漢到此進行考古工作時，曾打開達美克塔上半部的小室，不過卻沒有發現任何的舍利遺物。

西元1999年左右，印度政府終於發現了鹿野苑的重要性，進而展開修復維護的工作。他們遵循古法，仿造舊有的雕刻風格，將剝落、腐鏽的石牆表面作了較為完善的處理，希望能彌補昔日的錯舉，重新還給它尊貴的原貌。

● 法王塔（Dharmarajika Stupa）

　　精舍西南有石窣堵波，無憂王建也。基雖傾陷，尚餘百尺。

——玄奘《大唐西域記》

由法王塔周邊的遺蹟顯示，這裡曾有許多大小不一的小塔群，圍繞著它而共生，也隨它一同幻滅！

考古學家相信，法王塔本應如同另一座著名遺蹟「桑奇大塔」，有四座一體成型的階梯，分別繞著塔身盤旋而建，使信眾能由此登上塔頂瞻仰，並且在東西南北四方應各有一座壯觀富麗的塔門，傲視著前來朝禮的人們。

阿育王雖建塔無數，但留存在世上的卻少之又少，而法王塔即為其中極為少有的大型佛塔遺址。

阿育王統一印度後，為了推動人民廣為信奉佛教，便將分散在全國各地的八份佛陀舍利收集起來，重新分配為數千份，並且在全國各重要佛史聖地及交通要道上建造數千座佛塔，把這些重新分配後的佛舍利安奉於其中，供來往人民紀念禮拜。而這座巨大的法王塔，即為現存極少數的阿育王佛塔之一。

在十九世紀時，考古人員在達美克塔西方大約五十公尺處，發現了一座磚造的圓型高臺遺蹟，根據附近的跡象顯示，這應該是一座覆缽式（將飯碗倒扣呈現之半球狀）的古塔基座，從其底座直徑長達約十三公尺半看來，這應是一座十分壯觀的大塔，並且曾經歷後代王朝多次的擴充修建，包括增加塔身的高度，修建環繞塔身的石欄楯、四座大塔門與供人繞塔經行的步道。

由它所受到的種種禮遇看來，這裡必定是一處極為重要的塔寺，因此學者們認為這應該就是標示著世尊初轉法輪之地的法王塔。然而，儘管它過去再如何的風光，現在也只剩下一座圓型平臺供人憑弔了。在一份可信的資料中，記錄著它的消失：1754年時，一位貝拿勒斯（Baranas，今瓦拉那西）的國王下令拆除法王塔遺蹟，因為他需要它的磚石做為建材。有人認為這些磚石的命運和達美克塔一樣都成了商場的建築材料，只是它比達美克塔更為悲慘——它被移除得非常徹底，地面以上完全不見了，只留下空蕩蕩的基座垂死於原地。

值得安慰的是，因著這個悲劇，卻帶出另一個驚喜。在拆移過程中，工人們意外地於塔心深處挖出了一只石匣子，石匣旁躺著大量的浮雕石板，而石匣子內則發現了一隻綠色的大理石舍利罐，裡面裝有舍利

遺骨、珍珠、寶石及金、銀耳環等。再更深入挖掘之後，人們又發現了二座巨大的雕像，其中一尊是紅砂岩菩薩像，應屬貴霜王朝時期的作品；另一尊為笈多王朝時期的佛陀初轉法輪像，神情平和寧靜，造型流暢優雅，是目前鹿野苑博物館中最著名出色的雕像。

巨大的破壞與隨之而來的重大發現，雖然使大家開始注意到鹿野苑在歷史上可能的重要地位，但這座遺址卻繼續被忽視著。當時這裡的行政首長喬納森‧鄧肯（Jonathan Duncan）並未從出土的藝品中體認到這是一個重要的史蹟而加以保護，反而允許更進一步的徹底破壞。等到亞歷山大‧康寧漢的考古隊出現時，一切都太遲了！

當時康寧漢依據文獻報告，發現當初出土的文物中，只有石匣內的舍利寶物被交給了喬納森‧鄧肯，其他一切物品包括佛像、石匣和石匣旁的雕刻石板等重要史料文物都離奇失蹤，不知去向。

為了找出這些失蹤文物，康寧漢費盡心力，最後在考古團隊鍥而不捨的追查下，終於找到了一位當年曾參與拆除工作的老工人，但他只記得「石匣子被放回了原來的位置」。

就憑著這一句話的線索，康寧漢與考古團隊終於在法王塔遺蹟的殘磚瓦礫中，發現了混雜其中、已破碎毀損的石匣和佛像。

目前這個石匣被收存於加爾各答博物館內，而明確點出法王塔重大意義的佛陀初轉法輪像，則被收藏於鹿野苑博物館之中。至於徒留一座圓型磚基與殘破碑文的法王塔，就只能孤單地躺在綠茵廢墟間，供人們追憶這座法輪聖塔曾經遭遇過的重度傷害，與考古學者們從不放棄的努力。

🔴 印度境內的阿育王石柱大都斷裂成碎片，一般大都認為是「惡龍霹靂」——雷擊所致！但其實更大的可能是受到異族或異教徒大力破壞所造成。畢竟，推倒一個在平原上昂然挺立的石柱圖騰，是所有入侵者最大的勝利與快感！

🔴 鹿野苑的阿育王石柱，如同桑奇大塔的石雕一樣——獅群扛起一個巨大的法輪，象徵崇偉的法音向四方傳播。可惜的是真品的法輪已斷裂成碎片。

阿育王四獅柱頭，此雕刻為加爾各答博物館原比例複製品。獅群立足在一塊圓形基座上，座下是一朵阿育王註冊商標的「倒覆蓮花」雕刻，基座四周分別刻有獅子、公牛、馬與象，都做奔跑狀，每隻動物之間則刻了法輪做為分界，寓意相當明顯，強調「法」的推動在此起跑而行進不歇。這完美且經典的設計，使它成為最能代表孔雀王朝阿育王盛世的頂級藝術品。

右頁：鹿野苑出土的西元五世紀立佛像。類似西方人體曲線的寫實表現，是鹿野苑派佛像造型最特別的地方，體態的比例與佛像的神情，表現出優美與和諧。

●阿育王石柱

> 前建石柱，高七十餘尺，石含玉潤，鑒照映徹……
> ——玄奘《大唐西域記》

西元1905年，考古人員在法王塔北方不遠處的僧院遺蹟中，挖掘出數塊巨大的石柱破片，石柱靠近地面處已完全斷裂毀損了，據判斷可能是遭遇雷擊所致。目前斷裂的石柱群已由鐵欄杆包圍起來，保護在一個小亭子內供人們憑弔。

一般認為是阿育王為了紀念佛陀初轉法輪，以及僧團的成立所豎立之標識石柱，但也有說法是，僧團成型後，佛陀派遣五比丘及耶舍等共六十位僧伽，分別到印度各地去開演聖法：「比丘們啊！我已脫離一切人天桎梏，你們亦復如是。為了世人的利益，出於對世人的慈悲，你們現在去漫遊吧！宣揚這從頭至尾都是光榮的法義，宣揚這圓滿無缺、清淨聖潔的生活。」而阿育王石柱豎立之處即是他們出發之點。

石柱柱身上有一篇以波羅米文銘刻的阿育王敕文，內容大致為：「居住鹿野苑的修行僧；比丘與比丘尼們，勤於修行守戒。如有人破壞戒律，必將驅離鹿野苑精舍……」這種措辭嚴厲、指示比丘、比丘尼們應避免僧團內部分裂的敕文銘刻，不只出現於鹿野苑一地，在其他佛教史蹟如桑奇、憍賞彌等地，也都有類似的碑文出土。

在南傳「分別說部」的經典中曾提及：由於阿育王對佛教僧侶的供養豐富無缺，引起六萬餘外道「賊住」於佛教僧團中，也就是非正信佛弟子假裝成比丘混在僧侶中以求取供養，導致住在「阿輸迦園」（Ashokarama）的僧團七年無法「布薩」。這是因為

比丘與賊住者的修行理念以及對佛法的認識不同，所以當共住發生爭執時，大家各執己見無法調解。最後不得已，由阿育王主持召開第三次佛法結集會議，將賊住外道擯出僧團。

由於第三次結集的史實，只記錄在南傳「分別說部」的經文中，並未見於其他部派的原始典籍，故而有些學者持否定的看法。

不過，鹿野苑阿育王石柱上的千年碑文，早已直接為這段記載提出了具體的佐證，明確地顯示，佛陀過世不過二、三百年的時間，原本「和合無諍」的僧團就已漸趨分裂的事實！

就像所有的阿育王石柱一樣，這根石柱頂上原本也有一座柱頭，以一塊單一巨石雕塑出四隻背對背的威武獅子，分別向著四方怒吼。獅子的背上扛著一座巨大的法輪，象徵佛法從鹿野苑開始，向世界各地轉動正法巨輪，傳送滅苦法音。相對於一般的阿育王石柱均僅以單一動物作為柱頭，鹿野苑這座四獅柱頭顯得特別突出，充分展現了鹿野苑在阿育王和佛弟子們心中無可比擬的地位。

目前這座四獅柱頭被收藏在鹿野苑博物館中，由於在石柱斷裂時，柱頭也跟著從十多公尺高處摔落樹叢間，因此四隻咆哮的獅頭分別受到輕重不等的損傷，而柱頭頂端的巨大法輪更是四散分裂，只能找到一小部分碎片，勉強拼湊出一個大概原貌。如今這四獅形象已成為現代印度政府的國徽印記，在紙鈔與海關官防上都能看到它的身影。

在石柱附近的廢墟中，還留有一小段阿育王石欄楯，這些欄楯與後世所建欄楯最大的不同，就是它表面樸素光滑、全無雕刻，和石柱的風格相同。由於阿

鹿野苑的雕像

鹿野苑之所以會挖掘出那麼多精美的雕像，乃是因為她在笈多王朝時期是一個著名的佛教雕刻中心。

或許是因為鹿野苑正好地處古城瓦拉那西附近，而瓦拉那西自古就以出產精美頂級的絲織品而聞名，所以在佛像雕刻上，當地人很自然地採用了最上等的絲織「紗麗」才有的特質細膩柔滑、輕薄貼身，來為尊貴的佛陀打造身披的袈裟，因而造就出鹿野苑學派獨特的雕塑風格：特意不刻劃衣服的皺摺紋理，使得佛像所著的袈裟彷若一匹薄紗，密密實實地貼緊身體。

如此一來，雕像的體態曲線以及人體肌理就會被細膩地表現出來了。

除此之外，這裡出土的佛像，面部表情都散放出超俗的輕安寧靜，引領著人們對解脫境界的嚮往，也是其能成為一大宗派的主要因素之一。

育王石柱矗立於此,因此這一區的遺蹟被認為是阿育王在鹿野苑所建的最早一座寺院,而被列為目前首要的維修計劃之一。

看著面對四方的四獅柱頭,與達美克塔特意朝向八面的八角造型,突然了解到,這一切不僅只是象徵「佛法在此向四面八方傳播」之意,其中更隱含了「四聖諦」與「八正道」的如實真義。這深刻的隱喻,時時提醒著潮來潮往的朝聖者,不要忘失了在生活中看清身心的真相,實踐苦滅的正道,才是佛陀教法真正可貴之處。

🔺🔺 鹿野苑與菩提迦耶並立東、西兩大佛教聖地,僧院的面積占地相當廣闊,也許是由於靠近繁華迦尸城的緣故,歷任王朝多在此大力建設。即使數百年前曾歷經大火猛烈燒灼,她依然存留有焚燒不盡的華麗!在殘立的石柱與僧房遺址中,依然可看到精緻的雕刻。

▶ 右頁:傳說中五比丘迎接佛陀的地方,目前建有一座八角形的塔樓。

● 僧院遺蹟

群鳥啁啾、綠茵樹影的廣闊園區中,密布著大片的紅磚建築遺蹟。在整個鹿野苑遺址中,考古人員挖掘出好幾座大小不等的僧院,每座僧院的磚塊都被拆除運走做為建材。

從挖掘殘址的工作中,他們又發現,這些僧院至少都有四、五層建築殘蹟,由佛塔、聖殿、僧房等層層堆疊起來,後來的蓋在原來的建築上,總共大約有三十座左右的建物,在這裡生生滅滅。而每一座出土的遺蹟,幾乎都可以看到焦黑的磚牆及被大火焚燒的痕跡,顯示這兒燒殺掠奪的慘劇發生過不止一次。

在這群僧院遺蹟中，有一座特別廣大的建築，共包含一百零四個小僧房和一間巨大的佛殿，而在一個隱蔽而獨立的區域中，康寧漢發現了大批的雕像。根據推測，這應該是敵人大舉入侵前，被迫逃離寺院的比丘們，在離開前特意隱藏保護的文物。

從宏偉的遺址範圍看來，二千年前這裡必定是一個僧侶穿梭、信眾如織的佛法修學重地。只是繁華終有凋落的一天，如今只見到磚石殘基上跳躍覓食的鳥兒，和尋幽訪勝的東、西方遊客，偶有幾位比丘在綠草殘磚間誦經靜坐，立刻就成為鎂光燈的焦點。再壯觀的殿堂，終成廢墟，再耀目的光華，終歸平凡。追念過往的風采，也留一點時間，在這詳和的林園中，享受片刻當下的寧靜。

五比丘迎佛塔（Chaukhandi Mound）

距離鹿野苑遺蹟公園西南方約一公里處，有一座八角形的塔樓，站立在一個小土丘上，這就是傳說中五比丘迎接佛陀的地方。

根據玄奘的描述，這小土丘原是一座高約三百餘尺的覆缽塔，用來紀念當初五比丘成為佛教第一批僧伽的故事。在這座小土丘裡，包含有笈多王朝時期所建之塔，而塔的內部又發現有更高大的建築，並挖掘出五比丘迎佛圖等文物。不過，挖掘工作並沒有完成，尚未出土的部分還很多，因此只能推測這座小土丘也如同其他的遺蹟一樣，是由許多不同時期的建築相繼堆疊而成。

西元1588年，貝拿勒斯總督托多摩（Todal Mal）的兒子哥瓦丹（Govardhan），為了慶祝蒙兀兒大帝阿克巴蒞臨本

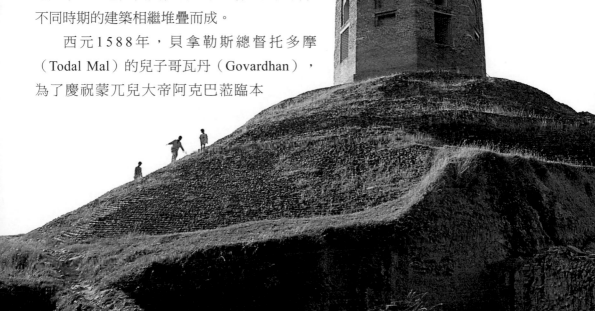

鹿野苑博物館（Sarnath Museum）

鹿野苑博物館是佛陀聖地中最值得參觀的博物館之一。在鹿野苑總共挖掘出近三百尊佛像與重要碑文，雖然有許多精品被送往加爾各答及德里等地收藏，但鹿野苑博物館仍然留有獨一無二的鎮館之寶，足以傲視全印度。

首先就是那座矗立博物館大門、已成為印度國徽的阿育王石獅柱頭了！它睥睨四方，向參觀者展示它的輝煌與榮耀。另一件是笈多王朝時期的初轉法輪像，它除了保存狀態奇蹟般地完好外，圓潤純熟的雕刻技法亦是懾人之處。從主像、背景光暈到臺座上的五比丘浮雕，無不流暢自然。柔光下的佛陀亦沉穩靜悅，似乎在告訴人們，這就是解脫束縛後的寧靜輕安啊！

除此之外，館內所收藏的許多文物都值得細細品味。

鹿野苑博物館是相當值得參觀的博物館，切勿錯過！

城，特別在土丘上加蓋了一座蒙古式的八角形塔樓，這就是目前佇立在丘頂上的八角塔。雖然整體看起來有些不太搭調，不過這畢竟只是回教王朝延續印度的傳統作法！

就某個層面而言，它多少展現了印度受到多種文化的入侵後，所發展出的多樣化面貌，也算是一個奇景吧！

摩犍陀俱提僧院（Mulgandhakuti Vihara）

大約在兩千多年前，鹿野苑地區本來有一座摩犍陀俱提僧院，就位在達美克塔附近。當時的人相信，那就是佛陀和五比丘第一次雨季結夏安居的地點，因此建立了一座僧院來紀念並標識其意義。據說，佛陀每次遊行至鹿野苑時，也都是淨住於此。

但是，隨著時間流逝與外力入侵，這個意義不凡的地方，也躲不過成為廢墟的命運。在近代的挖掘工作中，這裡只發現到一尊西元一世紀的菩薩雕像，與一塊刻著大殿名字的匾額，其餘一無所獲。

西元1931年的冬天，鹿野苑舉辦了一場盛大的慶祝典禮，幾乎所有的佛教國家均參與了這場盛會。這場典禮主要是為了慶祝摩訶菩提協會在這裡奉獻了

一座全新的壯麗寺院，並將它命名為「摩犍陀俱提僧院」，以紀念曾經矗立在此、庇護佛陀度過雨季安居的古老精舍，同時也象徵在印度衰微已久的佛教，將在此法輪初轉之地重新萌芽，意義十分重大！

這座寺廟是模仿菩提迦耶的摩訶菩提大塔而建，外型上有頗多相似之處。整體結構以石材為主，樸質而典雅，是印度本土少數用心建造的佛教新興建築。

寺內供奉的佛像優雅精緻，乃是仿鹿野苑博物館中著名的佛轉法輪像而造。跏趺而坐的佛陀，以右手食指和姆指相觸成圈、左手食指輕觸右手指圈的轉法輪印，來表示宣說法義，法輪常轉。佛像下方有一個小密室，其中供奉著分別從西北方塔克西拉（Taxila）和南印度龍樹丘（Nagarjunakonda）挖掘出土的佛陀舍利，是全寺的精神焦點。

寺中有一座巨大而壯麗堂皇的鐘，是日本的摩訶菩提協會捐贈，而寺院大殿內部牆面上，滿滿地繪著精細優美的濕壁畫，描述佛陀一生的重大事件。這是由日本的藝術家野生司香雪（Kosetsu Nosi）在西元1932到1936年間，花費四年時間完成的傑作。

寺院外的庭園中，一座籬笆圍繞著一棵枝繁葉密的菩提樹，這棵平凡卻茂盛的大樹，是摩訶菩提協會的創辦人達摩波羅特別從斯里蘭卡的菩提聖樹上，切枝後帶到此地來栽植，其「法脈相傳」、意欲將佛法在印度重新點燃的用心不言可喻。

1932年，達摩波羅主持了這座僧院的落成典禮，翌年1月出家成為比丘，三個月後即於鹿野苑逝世。如今，每年寺院的落成紀念日，都會吸引大批來自世界各地的僧侶和信眾前來參加慶典，並追憶創設摩訶菩提協會、致力佛教復甦的達摩波羅長老。

🔼 摩犍陀俱提寺內仿石窟洞穴的石柱、與描繪著佛陀一生的壁畫，陪伴著正殿中間仿古的初轉法輪鍍金雕像。而摩訶菩提協會所出版的巴利文聖典與多種印度文翻譯書籍，也可在寺內閱覽選購。

🔼 周邊其他佛教國家風格各異的寺院。

🔽 摩犍陀俱提寺的達摩波羅像。

周邊景點

摩犍陀俱提僧院所在的廣闊庭園附近，建有一座人工湖，湖邊的草坪上放養了為數眾多的鹿群，希望多少能喚回一些古時群鹿聚居的風光。鹿園旁有一座小型鳥園，環境清幽祥和，適合走累了的旅人小憩一番。

在摩犍陀俱提僧院和鹿野苑遺蹟公園間，有一座醒目的耆那寺，據說是為了紀念耆那教第十一位聖者濕勒耶舍那陀（Sreyamsanatha）在此出生而建造。豔黃色的塔身高高伸展在藍天雪雲之間，奪得不少旅人們的目光。此外，與菩提迦耶並列為印度兩大佛教中心的鹿野苑，也吸引許多佛教國家來此建立風格各異的寺院、精舍和學苑等，包括中華佛寺、高等西藏研修中心及緬甸寺等，若有時間不妨順道一訪。

節慶

每年的佛誕日（4、5月間的滿月夜晚），這裡會舉辦盛大的慶典，許多來自世界各地的朝聖者會到此參加祈福、遊行及禪修等活動。

此外，每年11月的第一次滿月之夜，世界各地的佛教學者與僧侶們會齊聚一堂，慶祝摩犍陀俱提僧院的興建週年紀念。

摩犍陀俱提寺是以佛陀淨住的「香室」為名，這是摩訶菩提協會獻給佛陀的新居，其中包含著佛法在印度重生的心願。

鹿野苑——過去與發現

法顯《佛國記》這樣説：（距今約1620年，距佛陀過世約890年。）

世尊將成道，諸天於空中唱言：「白淨王子出家學道，卻後七日當成佛。」辟支佛聞已，即取泥洹，故名此處為仙人鹿野苑。世尊成道已，後人於此處起精舍。

玄奘《大唐西域記》這樣説：（距今約1385年，距佛陀過世約1120年。）

婆羅疯河東北行十餘里，至鹿野伽藍。區界八分，連垣周堵，層軒重閣，麗窮規矩。僧徒一千五百人，並學小乘正量部法。大垣中有精舍，高二百餘尺。上以黃金隱起作菴沒羅果，石為基陛，磚作層龕，翕匝四周，節級百數，皆有隱起黃金佛像。精舍之中有鍮石佛像，量等如來身。作轉法輪勢。

精舍西南有石窣堵波，無憂王建也。基雖傾陷，尚餘百尺。前建石柱，高七十餘尺，石含玉潤，鑒照映徹，慇懃祈請，影見眾像，善惡之相，時有見者。是如來成正覺已初轉法輪處也。

西元1905年在印度鹿野苑挖掘出土的阿育王石柱，柱子的外觀非常漂亮，柱頭底部是一朵倒置的蓮花，頂部是四頭獅子，背對背坐在四個方向上，柱座上刻有二十四條輻條的車輪，象徵轉動不息的法輪，這標誌被置於印度國旗的中央。

阿育王石柱是公元前三世紀，阿育王在位期間廣布在佛陀聖地遺址的重要石柱。石柱約有十三至十六公尺高，每個重達五十公噸，其中只有十九根柱子上刻有銘文，柱子上的銘文大多描述關於佛教信條或道德的法令。石柱的石材有兩種類型，有些是帶有斑點的紅色或白色砂岩，其他是帶有小黑點的淺黃色細粒硬質砂岩，石柱的柱頭雕刻風格統一，顯示都是由同一地區的工匠雕刻而成。

幾乎所有的阿育王石柱，堅硬的柱頭都與柱身斷離，可以想見當時必定遭遇極為強烈的暴力破壞。

王舍城

Rajgir 聖地之五

—弘法之城—

無上之導師，住那迦山側，
千比丘眷屬，奉事於如來。
大師廣說法，清涼涅槃道，
專聽清白法，正覺之所說。
—大正藏《雜阿含經》第1219經—
（佛住王舍城那迦山側、婆耆舍所說之偈）

弘法之域 *Rajgir*

> 羯尼迦樹，遍諸蹊徑，
> 花含殊馥，色爛黃金，
> 暮春之月，林皆金色。
> ——玄奘《大唐西域記》——

上茅宮城（Kusagrapura）是摩揭陀國早期的國都，因為盛產祭祀時墊坐用的上好香茅而得名。上茅宮城的四周有多座高山作為屏障，故又稱作「山城」，而其中的靈鷲山即為佛陀經常淨住說法的重要講堂。

由於位居盆地，而且香茅易燃，所以上茅宮城內經常有火災發生，往往一家不慎，四鄰遭殃，於是頻婆娑羅王便制訂了嚴厲的法規，處罰縱火之人：只要有人引發火災，將被強制搬遷到郊外寒林（拋棄死屍之地）居住。

諷刺的是，法令頒布後不久，王宮內就不幸發生大火，於是賢明的頻婆娑羅王便以身作則，自行遷都到郊外寒林，並修築城邑。

由於這裡是國王最早居住之地，於是人們便稱此寒林之地為「王舍城」，古名Rajagrha，原意為「王之居所」，一直到現在，我們仍然可以在城郊看見當時的城牆遺蹟。由於這兩座城相距不遠，並且均為摩揭陀國首都，因此以王舍城共稱。

雖然今天的王舍城已將輝煌留給過去，只能以貧窮、髒亂、治安不好來形容她的現況，但在佛陀時代，她卻是恆河十六國中，最具有文化氣息、最強盛的大國之一，而這一切，都是由於賢明的頻婆娑羅王治理有方的緣故。

王舍城，距離西南方的菩提迦耶約九十公里，距西北方的巴特那則約一百公里，是佛陀時代強盛的摩揭陀國（Magadha）首都。

佛陀一生中在此講經說法有十數個雨季，佛教僧伽們的第一座精舍即位於此城內，早期重要的入室弟子均於王舍城內皈依。此外，佛陀入滅之後的第一次經典結集，亦在城郊的山中。

雖然阿闍世王在佛滅後不久，曾經於恆河流域建立了摩揭陀帝國霸權，不過，王舍城的面積如今已大為縮小，且落沒成為一個不太重要的觀光小鎮。

🔺 遠眺七葉窟。

◀ 左頁：靈鷲山說法臺。

前頁 竹林精舍——佛教史上第一座林園精舍。

 101

頻婆娑羅王的年齡，據考證應與世尊的年齡相近，年紀輕輕即登基的他有著遠大的政治理念，在與憍薩羅國王室通婚的基礎上，則展現了向外擴張的強烈企圖心。同時，頻婆娑羅王更是印度諸國中最早強調效率管理的人，他親自選擇大臣，也因為從不忽視部屬的忠告而受人稱頌。由於禮遇賢人大力護持供養修行者，因此有許多著名的論師和沙門團體，均喜歡在摩揭陀國的國境之內遊化講學、修行安居，讓王舍城成為北印度的宗教重鎮。

對於偏遠山區的抑鬱貴族——悉達多而言，王舍城尤如二十世紀的美國紐約：她是奇人異師、人文薈萃的文化之都，猶如強力的磁鐵，吸引著無數困惑的心靈前來尋找慰藉與答案。這也就是離家修行的悉達多，會遠從五、六百公里外的迦毘羅衛城，一路遊行往王舍城方向前進的主要原因！

來到王舍城尋求真理的悉達多，雖然未能獲致解脫之道，卻與頻婆娑羅王成為莫逆之交。在往後遊化說法的生命中，佛陀對頻婆娑羅王傾授清淨聖法，而國王亦大力護持僧團之四事所需，因此，許多對佛陀影響甚鉅的重大事件都發生在此地，在時間的主軸上，貫串了佛陀的一生。

一般說來，在王舍城中值得記載的佛陀事蹟有：

師事二沙門

根據經文記載，離家求道的悉達多在正覺前，曾經師事兩位有學有術、聰明有智的禪定大師，即居住於王舍城附近的阿羅邏‧迦羅摩和伏陀迦‧羅摩子，這兩位老師的教學均是以「修習禪定以入解脫境界」為目的。

⊙ 佛陀時代的修行人，大多住在苦修的茅草屋中。

⊙ 悉達多成道後，回到王舍城為頻婆娑羅王說法。

▷ 右頁：佛陀像‧犍陀羅‧黑岩‧西元二世紀。悉達多莊嚴寧靜的神色，與動靜行止間的威儀，懾服了王舍城的居民與國王。

修學一段時間後，聰慧的悉達多已能親身進入深沉的禪定，並品嚐其中的喜悅輕安，但是心中的迷惑卻依然存在。悉達多因而警覺到，光靠禪定並無法滅除苦惱，反而會有逃避人生的傾向。

於是，他毅然離開二位禪師的座下，前往烏留頻螺村外的苦行林聖地，追尋下一階段的心靈成長。

比丘們啊！我忽然心生一念如下：「這教法只能達到非想非非想處，卻不能導致厭離、無欲、止息、寂靜、智力、無上慧以及涅槃。」於是，比丘們啊！我就不再崇信那教法，不願奉行此法，於是我離開那裡，繼續我的旅程。

——巴利文《中部經》第26經

悉達多雖然沒有在此獲得解脫之道，但是卻學習到專注凝神的禪定，並經驗到修行的團體生活，這些體驗對於其日後思想之突破與僧團之組成，有相當程度的幫助。

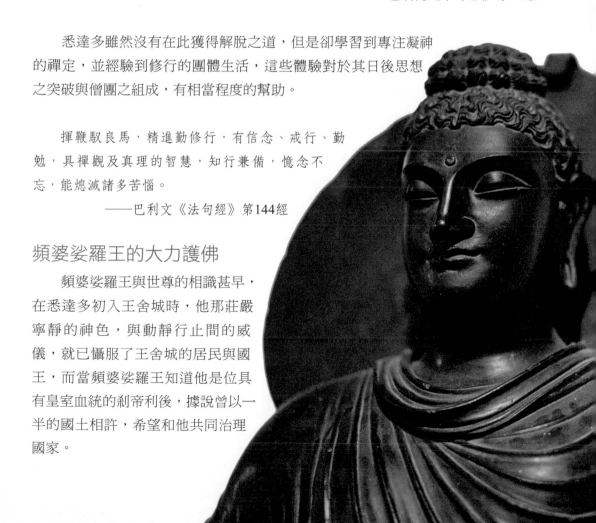

揮鞭馭良馬，精進勤修行，有信念、戒行、勤勉，具禪觀及真理的智慧，知行兼備，憶念不忘，能熄滅諸多苦惱。

——巴利文《法句經》第144經

頻婆娑羅王的大力護佛

頻婆娑羅王與世尊的相識甚早，在悉達多初入王舍城時，他那莊嚴寧靜的神色，與動靜行止間的威儀，就已懾服了王舍城的居民與國王，而當頻婆娑羅王知道他是位具有皇室血統的剎帝利後，據說曾以一半的國土相許，希望和他共同治理國家。

然而這個頗有政治結盟意味的提議（摩揭陀國與釋迦族正好可上下夾擊憍薩羅國），卻遭到一心求道的悉達多所婉拒。不過，兩人也因此訂下承諾：他日若悉達多成就聖道，一定要回到王舍城為頻婆娑羅王說法。因此，當世尊於正覺後率領千餘僧人（大多數為剛皈依的事火外道）重回王舍城時，即受到了極為盛大的歡迎。

🔺 佛陀的魅力在當時席捲恆河流域，皈依的人不計其數。

🔻 通過山谷間的小路後，將進入王舍城境內。山坡上的石砌長城，是頻婆娑羅王所建的厚實城牆與瞭望臺，這些沉默的愁石，二千多年來依然忠實地捍衛著這已經凋零的國都。

🔻 王舍城有天然的山丘屏障，左方山凹處為入城隘口，佛陀成道後率領千餘僧眾，就是經此隘口回到王舍城。

爾時頻婆娑羅王法眼清淨，得正知見，住法堅固，離諸所欲，離諸苦惱……我今虔心請佛世尊還王舍城，惟願世尊哀受我請，當盡此身承事供養，及至衣服、飲食、臥具、醫藥、受用等物，悉皆具足，諸比丘眾，皆亦如是。

——大正藏《佛說頻婆娑羅王經》

由於頻婆娑羅王的護持，佛教的發展與聲勢明顯的超越當時的外道團體，衍然成為一股新興的淨化社會力量，這汩汩清流般的佛法，迅速滋潤了摩揭陀國人民，但也因此廣受到婆羅門與外道的嫉妒與誣陷。

* * *

雖然頻婆羅王如此大力護佛，但在經典中卻沒有留下他熱心問法求教的記錄，而且王舍城內除了部分佛教遺址外，亦有眾多外道團體的紀念遺蹟，其中尤以耆那教為最盛，因此耆那教的典籍中亦說頻婆娑羅王信奉耆那教。

就這方面看來，頻婆娑羅王在當時應該是廣護各種宗教，而非單一護持佛法。畢竟，對一位具有政治遠見的賢王而言，廣納能人、武功強盛、賢才匯聚、文化鼎盛是成為強盛大國的必要精神條件啊！

舍利弗與目犍連的皈依

諸法從因生，諸法從因滅，如是滅與生，沙門如是說。

——阿說示尊者所說之偈

頻婆娑羅王在物質上的護持，是佛教僧團得以迅速發展的原因，而舍利弗（Sariputta）與目犍連（Moggallana）兩大弟子在王舍城的皈依，則是真正使佛法廣布傳續的強大助力。

住在王舍城附近村落的舍利弗與目犍連，在年輕時是共同求道的好友，為了尋找無上的解脫之法，他們遊遍整個印度，最後卻失望的回到家鄉。因此，他們兩人許下承諾，若有人先尋得無上正法，一定要儘速通知對方，同證菩提！

一天，舍利弗在路上遇到了前來王舍城托缽乞食的阿說示尊者（五比丘之一），被其莊嚴與安詳的威儀所震懾，於是舍利弗懇請阿說示開示教說，當時阿說示尊者便謙虛地說了上面這段言簡意賅的偈子。

舍利弗聽聞此偈後，當下遠離塵垢，得法眼淨。他知道自己已找到真正的道路，於是立刻雀躍地前去告訴摯友目犍連，不久後兩人即相約前往竹林精舍，皈依在佛陀座下。從此以後，他們成為佛陀最得力的兩大弟子，為佛法的傳續與僧團的發展，貢獻了不可抹滅的極大助力。

這首偈子後來成為最廣為流傳的佛偈之一。千百年來，它一直訴說著「法」的真實語，也告訴著人們舍利弗尊者初聞佛法的故事。

竹林精舍的出現

對佛教的發展而言，竹林精舍是一個重大的轉捩

雨季安居竹林精舍

在原始印度語中,「出家」是指「離開家」、「不睡在屋簷下之地」,也就是「睡在大自然中」、「不黏著於任一處」。所以,從佛陀離開迦毗羅衛城的那一刻開始,他就與婆羅門一樣,開始過著漫遊世間、不住屋舍的苦修生活。

上古印度,出家苦修最受人民稱頌與尊崇,但正覺後的佛陀,卻接受了「建有房舍的林園」!這對當時崇尚露地居於林中、洞穴或塚間的傳統修行者與人民而言,實在震撼不小!

其實從原始阿含經典來看,佛陀並沒有定居在竹林精舍,因為他在王舍城時,有時棲身靈鷲山頂,有時居於寒林丘塚,有時淨住七葉樹林,可見竹林精舍在當時也只是被僧團當作雨季期間短暫的棲身之所。

🔊 天然的石窟經常成為修行人的房舍。

點,因為它是佛教史上第一座供僧團安居淨住的僧院林園。它的起緣,有兩種較為可信的說法:

一是當時的國王——頻婆娑羅王為了讓佛陀能在王舍城中安居說法,便特意供獻了一片竹林地,並且在其中建造僧院精舍,然後請佛陀和比丘僧團於此淨住修學。

另有一說則是,當時在王舍城中,有一位經常護持各宗教修行人的大富豪,人稱「迦蘭陀長者」(Kalandaka),在一次偶然的機會中聽到佛陀的教法,在歡喜淨信皈依三寶後,他將原本布施給外道的林園收回,轉而奉獻給佛教僧團安居使用,這就是竹林精舍又被稱為「迦蘭陀竹園」的原因。

不論何種傳說為真,竹林精舍的出現在當時的摩揭陀國社會中,似乎曾引起不小的議論,因為當時的人對於「出家修行」有些約定俗成的看法。因此,民間開始出現批評的聲浪,指責「釋子沙門」的戒律鬆散、修行不夠精勤,甚至引起日後惡弟子提婆達多刻意提倡近乎苦行的五項主張(其中一項就是終生居住野外之地),以獲得人民輿論的支持,進而造成教團分裂的事件。

在這些紛紛擾擾的現象背後,其實隱藏著一個事實;那就是當佛陀從獨自一人修行到初轉法輪時的五比丘,再到重返王舍城的「釋子沙門千餘人」時,僧團的情況已不再單純了!他已不再是一個人獨自過著簡單的修行生活,而是和一個龐大的團體群居共修。為了僧團的長遠發展與共住僧眾的和合無諍,佛陀必須以開闊的胸襟與周延的考量,因時、因地、因事、因人而做出種種的對應變革。因此,為了解決印度雨季洪氾期間,眾多比丘行腳不易、生活艱困的問題,

佛陀沿用其他宗教的雨季安居制度，令比丘們在雨季期間暫時避居於一處信眾捐贈的靜修之所，或許是有其必要的。

* * *

如同在烏留頻螺村外捨棄苦行時，五比丘斥責悉達多已墮落放逸而離去；佛史上第一座精舍——竹林精舍出現時，佛陀也同樣受到世人的責難與批評，但是這些非議如同雨季的大雨，一陣滂沱地下來，又無聲的蒸發散去，留下來的，是讓世人得以深思與警醒的——捨離偏激的苦行與無益的逸樂後，所展現的中道足跡！

以柔和勝瞋怒、以良善勝不義、以布施勝慳吝、以真實勝虛妄。

——巴利文《法句經》第223經

提婆達多的叛教

芭蕉生果死，竹蘆實亦然，駏驢坐妊死，士以貪自喪。

常行非義行，多知不免愚，善法日損滅，莖枯根亦傷。

——大正藏《雜阿含經》卷38第1064經

這是佛陀晚年眼見其堂弟提婆達多（Devadatta）因貪圖供養，野心勃勃地與阿闍世（Ajatasatra）王子裡應外合，共謀佛教僧團領導地位與摩揭陀國王位時，感慨而說出的偈子。果然，就在不久後，提婆達多即直接向佛陀要求繼承佛教僧團之領導地位，結果被佛陀嚴辭拒絕並喝斥其無知。

🔼 竹林精舍內的迦蘭陀水池周邊，種滿整排高大的樹木，景色怡人。

🔽 桑奇大塔・北門・西元一世紀。據考證可能為象徵竹林精舍的雕刻；左右兩邊為竹林，中間臺座代表著佛陀接受善男信女的禮敬。

❶ 靈鷲山上有許多天然的洞穴，非常適宜修行人居住，且由於位在王舍城近郊，因此佛陀也經常安居於此。傳說惡徒提婆達多曾有一次躲在山中的某處，趁佛陀不注意時丟下大石，因而砸傷了佛足。

❷ 提婆達多（左）與阿闍世王子（右）共商篡位與叛教之事。

嫉妒心甚強的提婆達多圖謀不成後，心生瞋恨，於是聰明狡詐的他對大眾提出五項幾近苦行的主張，企圖以更艱困的修行方式，獲得廣大視苦行為最崇高神聖的王舍城民與僧團的支持：

一者盡壽著糞衣（終生只穿著糞掃衣）
二者盡壽常乞食（終生只靠托缽乞食）
三者盡壽唯一餐食（終生奉行日中一餐）
四者盡壽常居迥露（終生只在野外居住）
五者盡壽不食一切魚肉血味鹽酥乳等

這五項師法外道作風的苦行主張，讓王舍城的僧團分裂為二，從而引發了社會人士的諸多評議與負面的影響。雖然事後在舍利佛和目犍連尊者的努力之下，稍稍挽回了教團分裂的頹勢，但是此一破僧事件顯然已造成佛教僧團在王舍城內的元氣大傷，致使佛陀晚年逐漸減少在這裡說法安居的次數，也因此給了外道勢力一個日後崛起的機會。

＊　＊　＊

從最初離家修學禪定，到入滅後的教法結集；從得力弟子的皈依，到惡弟子的害佛；從正法流布、興盛一時，到衰微沒落、歸於平靜……佛陀在王舍城上演了一場浮浮沉沉的人生際遇，走訪這些史蹟，了解背後深藏的故事，人們才會理解，王舍城對佛弟子的不凡意義。

持邪見的愚人，誹謗應受禮敬者、聖者、淨行者的教誨，結果自取毀滅；如蘆葦的果實，果實自枯死。
——《法句經》第164經

王舍城巡禮

不論是從巴特那乘車而下，或是由菩提迦耶驅車北上，在經歷了數小時一望無際、非草即田的平原路程後，遠遠地，忽然看到一條綿亙的丘陵山脈雄偉地盤踞前方時，就知道王舍城到了。

西馳鹿苑去三輪，北睨舍城池尚在，南睎尊嶺穴猶尊，五峰秀、百池分，粲粲鮮華明四曜，輝輝道樹鏡三春。

——唐·義淨·西元七世紀

靈鷲山（Gridhakuta Hill，又稱耆闍崛山或靈鷲峰）

在兩千五百多年前，世尊率領著千餘名出家弟子，沿著這條山路小徑，一路行腳進入王舍城內。如今，循著相同的路線，我們即將前進王舍城，參訪第一個景點——靈鷲山。

穿過現代的王舍城城門後，就進入古代群山環繞、屏障堅固的摩揭陀國國境。在通往靈鷲山的途中，已可以瞥見由巨石建造的城牆遺蹟，由東到西地綿亙在一座座山峰之間，這片城牆包圍著整座城市，據估計曾經有四十公里長，是由賢能的頻婆娑羅王所建。

王舍城位在菩提迦耶以及巴特那之間，但交通不太方便。雖然有公路通往迦耶和巴特那，不過路況不是很好，火車才是最佳的聯外方式，不過一天也僅有三個班次。至於定點觀光，由於這裡的景點都相距有一段距離，為了省時省事，不妨租一輛車花一日走訪，會比較安全方便。

 由迦耶北上經過此牌坊後，就算正式踏入王舍城的勢力範圍了！

🌀 巴呼特石刻·西元前二世紀。禮敬佛陀的場景，其中的法輪象徵佛陀。

109

進城後不用多久，就會看到一座白色的現代牌坊
矗立在馬路右邊，牌坊的左右兩邊分別寫著：「多寶
山佛舍利塔」和「常在靈鷲山」兩行大字，右轉穿過
牌坊後，就能看到靈鷲峰站在正前方不遠處。

靈鷲山，是佛陀在王舍城結夏安居期間，除了竹
林精舍之外，另一個常常居住與說法的地方，在經典
中常以「耆闍崛山」稱呼。

靈鷲山的名稱來源說法不一，有人說是由於山上
常有鷲鳥棲息而得名，另有一說是因為山上有一塊形
狀酷似鷲鳥頭的奇岩而以此稱呼。

在通往靈鷲山頂說法臺的山徑兩旁，散佈著許多
據說是從佛陀時代遺留至今的歷史遺蹟：

●下乘與退凡

順著頻婆娑羅王修築的石階山路往上爬，沿路會
看到兩座由磚石建造的四方形平臺基座，據《大唐西
域記》記載：「中路有二小窣堵波，一謂下乘，即王
至此徒行以進；一謂退凡，即簡凡夫不令同往。」因
此第一座平臺應是頻婆娑羅王下馬步行上山之處，而
第二座平臺則是王摒退左右侍衛，由此獨自上山面見
佛陀的地方。兩座平臺原是窣堵波（Stupa，佛塔之
意），可惜塔已毀壞消失，僅餘基座。

從「王下乘處」往山谷方向望去，就會看到舊
王舍城──上茅宮城之所在，而從「退凡處」向前仰
望，則可看到靈鷲山說法臺就在眼前巍峨矗立。

●阿難窟

再往山上走去，離山頂不遠處有幾座石窟，是當
時在此修行比丘們的天然居所。其中一座石窟被認為

是「阿難窟」，傳說「多聞第一」的阿難曾在這裡禪修。進入洞窟後，左手邊有一塊凸起的長條平臺，看似一張石床，而窟內正中央，則安奉著一尊小佛像供人祭祀。

看著潮溼空寂的阿難石窟，不禁也感受到阿難尊者晚年，在舍利佛、目犍連等教內善友相繼凋零後的深深喟歎。

昔日好友逝，新友不伴隨，而今只餘我，
獨坐修覺觀，如鳥困籠中，又遇雨綿綿。

——阿難長老偈

●佛禪定所

繼續往上走，會看到路旁有一座石階梯，階梯旁另有一座石窟，傳聞是佛陀禪定之所（另有一說是舍利弗居住之石窟）。在這裡流傳著一個故事：

據說在某一天夜裡，阿難正在石窟中禪定，而魔王為了要干擾他，化成一隻巨大鷙鳥，趁著夜黑風高盤踞在阿難石窟前的大石頭上，發出淒厲的鳴叫聲，故意驚嚇阿難。

此時世尊知道阿難的內心相當恐懼，便將手穿透過石壁，輕輕撫摸阿難的頭，並用慈愛的言語安慰他說：「這是魔王變化出來的，你不要害怕。」阿難受到世尊的鼓勵後，不再感到怖畏，於是收攝身心，得到安樂。

▼ 有著得天獨厚、五山為屏障的王舍城，就位在群山的另一邊。雖然山勢並不高，但卻足以睥睨周圍諸國。

這個故事雖然帶著濃厚的神話色彩,但是倒不妨將其內涵視為:由五蘊之渴求所幻化出的魔王,令人身心怖畏,但佛法卻能令人身心平穩,苦惱止息。

從渴愛生煩憂,從渴愛生恐懼,離渴愛無煩憂,何處有恐懼。

——巴利文《法句經》第216經

⬆ 看著自然天成的隱蔽石洞,似乎可以想像離世出家的修行人,在此暫居的情景。至於這洞穴究竟是佛陀禪定之所?還是舍利弗的居所?或許已經沒有那麼重要!

⬇ 靈鷲山頂上的說法臺。

▶ 右頁:「靈鷲」的名稱,由此而來!

●僧院遺蹟

離開石窟,爬上階梯,即會看到左手邊有一座僧院的遺蹟。根據記載,這座精舍原本既高大又堅實,而且製造奇特,可惜如今只剩下毫不起眼的基座了。

●靈鷲岩與說法臺

在爬上最後一段窄小的石階梯後,往階梯右側的山壁看去,會發現有一塊狀似鷲鳥頭的岩石,這就是靈鷲山的名稱由來之一。

登上階梯後,大名鼎鼎的「說法臺」就出現在眼前了!

臺上有一座磚石砌成的四方形遺蹟,當地人說這就是佛陀當初說法的所在地,但其實這是西元五世紀

笈多王朝時期所建的佛塔殘座。目前遺蹟內僅安置了一尊小小的佛像，供信徒們禮拜。

在勁冽的山風中，於說法臺邊環顧四野，一片寬廣壯闊的景象就在眼前展開：左側是綿亙的青蔥山嶺，懷抱著一片綠色密林，正前方則可以遠眺山凹處的進城公路，幾千年來，這都是進入王舍城的主要通道。看著在山谷中曲折蜿蜒的路徑，不禁遙想到二千五百年前，世尊帶著剛在菩提迦耶棄邪從正的事火外道，一千多位僧眾靜靜徒步進城、展開托缽弘法生命的情景。

想像著佛陀也曾站在這裡，看著那威德並具卻煩惱熾烈的頻婆娑羅王徐步前來，在山腳下輦，摒退隨從，獨自走向心中唯一的平靜希望，這貴為一國之君的人，身影卻是如此悲涼……

觸目所及，這整片被群山環繞著的平原，就是古王舍城──「上茅宮城」的舊址：「崇山四周，以為外郭，西通峽徑，北闢山門。東西長，南北狹，周一百五十餘里。」這就是她當時的寫照。

再往右上方看去，日本山妙法寺現代化的白色大佛塔──世界和平塔就聳立在對面的多寶山（Ratnagiri Hill）山頂上。從半山腰的一條小路步行約二十分鐘便可到達。如果有興趣卻沒體力，也可以搭乘纜車前往。纜車單程需七分鐘，搭乘地點在靈鷲山下。由於印度幾乎沒有類似設施，所以這條空中纜車也成為現代王舍城最吸引當地遊客的景點了呢！

由於在大乘經典中，認為佛陀在這裡宣說了《妙法蓮華經》、《楞嚴經》等重要的典籍，因此許多虔誠的信眾會在清晨時分，以朝山的方式朝禮靈鷲山說法臺。旺季的時候（10月到翌年3月）這裡更是熱鬧異常：有人經行，有人持咒，有人祭祀上香……各式各樣的儀式，讓靈鷲山上下瀰漫著濃厚的宗教氣息。然而，

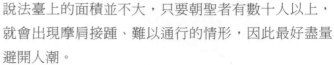

說法臺上的面積並不大，只要朝聖者有數十人以上，就會出現摩肩接踵、難以通行的情形，因此最好盡量避開人潮。

此外，王舍城的治安並不是很好，提醒旅人們在天黑前一定要下山。攀登靈鷲山來回大約要一至二小時，安排朝禮時間時不要忘記預留下山時間，以確保自身的安全。

耆婆芒果園精舍（Jivakamravana）

在通往靈鷲山的路上，進入白色牌坊後不久，左手邊會有一片被鐵網圍起來的草原，裡頭散布著一排排石砌的建築基座，孤零零地站在路旁。印度史學家認為，這就是佛陀時代、摩揭陀國著名的御醫——耆婆（Jivaka）奉獻給佛陀的芒果園精舍遺址。

根據史料記載，耆婆原是摩揭陀國頻婆娑羅王的庶子，對醫學很有天分，曾經到印度北部的塔克西拉（今巴基斯坦）修習醫學，由於當時的北印度已開始接受西方的學術文化影響，因此一般相信耆婆應該有學習到西方的醫療技術。

學成回國之後，耆婆即因為醫術高明而受命擔任頻婆娑羅王和阿闍世王的御醫，而頻婆娑羅王和佛陀之間深厚的知己關係，也就間接地給了耆婆接觸佛陀的機會。

當佛陀在王舍城一帶說法淨住時，若遇有病痛，均由耆婆為其診治醫療。其中最著名的事件就是，當佛陀被嫉妒的提婆達多投擲巨石砸傷腳時，就是耆婆在旁細心照顧醫治。

在佛陀的潛移默化中，耆婆自然而然地成了一位虔誠的佛弟子，並且將一大片芒果園改建為僧院，

🅐 印度式的古蹟重建，往往令人感到「耳目一新」，有時候不免會懷疑這是在維護還是在興建新古蹟？！圖為耆婆的芒果園精舍遺址。

🅥 耆婆的芒果園精舍位於往靈鷲山的路旁，而正前方的山頂上就是世界和平塔與靈鷲山。

奉獻給僧團比丘們淨住修學，這就是「耆婆芒果園精舍」的緣起。

除了醫護佛陀與貢獻芒果園精舍外，耆婆另一項為人稱頌的事蹟就是「勸化阿闍世王皈依佛陀」。

阿闍世王是頻婆娑羅王所立的太子，個性暴虐，傳說他為了篡奪王位，不惜監禁父親，最後甚至使其餓死獄中。

就在背上了弒父的罪名後，阿闍世王終於因為良心不安而開始心生悔意，在罪惡與良知拉扯的苦惱中，耆婆適時伸出援手，勸服他聽聞正法，並將他帶到佛陀面前懺悔後皈依三寶。

從此以後，解開心結的阿闍世王轉而成為如同父親頻婆娑羅王一般虔敬的佛教護持者，並且使摩揭陀國在他手中，成為稱霸恆河南岸的富強大國。

現在的「耆婆芒果園精舍」只剩下建築底部的基座了！然而，不論怎麼看，總令人覺得那遺蹟的規劃與基座的石材，似乎不像是一千五百年前的古物。是的！印度的考古復舊方式總是如此—直接在古老遺蹟上以現代建材重現舊觀，並擦洗得光亮如新，而真正的遺蹟就被埋藏在新建的「遺蹟」之下了。如果這樣實在無法使你滿意，那麼，不妨在新建遺蹟下和附近

世界和平塔

行旅中，經常會遇到一座雪白、巨大的覆缽型佛塔，矗立於山光水色之間，塔側雕鑿佛龕，裡頭安奉著金身的佛像，綻放華麗的光芒，這就是——「日本山妙法寺大僧伽」（Nipponzan Myohoji）所建的世界和平塔（Vishwa Shanti Stupa）！

白色大佛塔的構想，起源於一位名叫藤井日達（Fujii Nichidatsu）的日本佛教僧侶，有鑑於二次大戰中，日本的兩座繁榮大城——廣島與長崎在一夕之間被原子彈炸成灰燼，這悲慘事件所造成的巨大傷痛，至今仍留存在人們心中。為了祈求災難不要再發生，他決定在全世界各個不同國家建造白色的世界和平佛塔，以傳播佛教的無諍哲學。

位在王舍城靈鷲山旁、拉特那吉利山頂的世界和平塔建於1969年，是造塔活動所建的第二十二座，耗資約320萬盧比。佛塔附近有林園和僧院，供日本僧侶們淨住修學。

▶ 世界和平塔的造型皆為潔白巨大的覆缽造型，此圖為吠舍離的世界和平塔。

在這寬厚的石牆裡，發現有疑似拴鑄犯人的鐵環，因此學者們認為此地應為頻婆娑羅王的牢房。正前方可遙望靈鷲山，而左方山坡上的長條狀建築則是古時的城牆。英明一世的頻婆娑羅王為了防禦外敵而建了堅固的城牆，而他的兒子——阿闍世王卻為了權勢地位而將他關在這裡！

佛陀立像·鹿野苑·笈多王朝·西元五世紀。提婆達多與阿闍世的聯手，讓佛陀與頻婆娑羅王皆遭受身心的迫害。

草叢間巡邏一番，運氣好的話，或許可以找到一些殘磚頹牆，這些才是能發人思古之幽情的真正古蹟。

即使經過翻修重整，我們仍然可以從石塊堆砌的基座排列，看出原來的建築型態：馬蹄形的大佛殿、長方形的聚會大廳，以及小間小間的僧房……，占地廣闊的遺蹟顯示這曾是一座興盛的佛法修學中心，而那位正覺者——佛陀，就住在旁邊不遠的靈鷲山上，誨人不倦。

度過了二千五百年的耆婆芒果園精舍，如今只有成群的牛隻悠遊於遺址間，不問世事地吃著青草。一片靜謐中，只有草兒被拔起的喳喳聲。望著牛兒墨黑如淵的銅鈴大眼，平靜得彷彿這兒從來也不曾發生過什麼似的，雖然天藍雲白，風清氣爽，心頭卻淡淡地染上了一抹人事不再的淒涼……

頻婆娑羅王的牢房（Bimbisara Jail）

離開靈鷲山區，出了白色牌樓，右轉回到進城的公路上，車行大約一至二公里左右，就要開始留心了！在公路右手邊，藏著有一條被樹叢長草遮蔽著、幾乎不可辨識的窄小路徑，裡頭隱沒著另一個歷史的痕跡。

把車子停在公路邊，順著小徑走進去，眼前赫然出現一片如小型棒球場般大的廣場，這個數百平方公尺的廣場四周，圍繞著約一公尺半寬的石牆地基，從地基的厚度看來，這裡曾經矗立著高大且堅固的城牆，把人牢牢禁錮在其中，永無重見天日之望。

廣場中某些部分還可看出單人小房的隔間石牆痕跡，顯示這兒原本是分割成一格一格小空間的，而在其中一個小房間裡，考古學家發現了一只古舊的鐵

圈，鐵圈的一端還鑄有一個小環，根據考證，很可能是用來拴銬居住在這兒的人。是的！種種跡象都指向這是一座牢房、一座監獄，而且印度的史學家們相信，這就是傳說中，阿闍世王用來監禁其父頻婆娑羅王的地方。

這悲慘淒涼的故事是這樣說的：在印度還是邦國分立的二千五百多年前，強盛的摩揭陀國盤踞著恆河南岸的廣大地域，然而這強國的統治者頻婆娑羅王卻為了一個預言而苦惱著，因為這預言斷定，國王日後將會死於自己的親生兒子之手！

既害怕又徬徨的國王，此時遇到了仍在修行中的悉達多太子。懾於其莊嚴清淨的儀表，國王提議將一半國土分其共治，卻被悉達多拒絕了，國王只好退而求其次，訂下日後若成聖道，一定要回來相度之約。這段偶然的因緣，為二人深厚的情誼拉開了序幕。

後來，頻婆娑羅王有了孩子，取名叫作阿闍世，意譯為「未生怨；無敵者」。彷彿呼應那個預言似的，這位太子長成之後，有著貪急殘暴的性格。而且，不知道是為了故意反抗，還是另有原因，這位太子並沒有跟著父親信奉佛教，相反的，他大力支持當時另一大宗教──耆那教。

為了篡奪王位，阿闍世王子和利欲薰心的提婆達多相互勾結，一個將親生父王囚禁於大牢中，卻不供應食物；另一個屢設毒計，欲殺害恩師兼堂兄──佛陀的性命，以取得佛教僧團的領導地位。在彼此合作下，阿闍世成功地登上王位，而被囚禁在大牢中的頻婆娑羅王，只能靠王后瞞著兒子偷藏夾帶的食物勉強維持生命。

值得慶幸的是，這兒畢竟離靈鷲山很近，於是，

合誦傳法

古印度吠陀時期，並無以文字書寫記錄的習慣，所有知識的教誨完全是以口授與背誦的方式代代相傳。

同樣的，古印度的佛教結集亦並未被書寫為文字，而是採用傳統的「合誦」（Samgiti）：由一位上座比丘回憶世尊在世時於某時、某地開演之教說，並說於大眾，再由與會之諸位長老比丘合議確定無誤後，就將其編列為世尊所說之經文，由僧團傳誦於後世。

由於合誦的記憶方式，必須要高度的系統化，才有辦法記下繁多的經文戒律，因此，今天我們閱讀早期的聖典《阿含經》，便會發覺有許多部分以規律的方式重複，而且有固定的起、承、轉、合來貫串經文，其真正的原因就在這裡。雖然不能盡如佛陀當時對眾生開示的語氣，但大多能符合世尊所宣說的法義。

🔺 阿姜塔第九窟的塔堂，曾是僧侶聚會誦法之處。

⊕ 印度的龍王信仰自古就很昌盛。圖為巴呼特佛塔欄楯上的龍王本生雕刻，描述佛陀曾轉身為龍王修行的故事。

⊕ 摩尼耶摩達古塔占地廣闊，除了中央主塔之外，園區周邊也有許多磚塔的基座。漫步上主塔的樓梯，彷彿身處印加帝國神殿一般。

頻婆娑羅王每天從這銅牆鐵壁般的石牢中，遠遠望著世尊所居住說法的靈鷲山頂，期待著能瞥見世尊上下山徑的渺小身影。這可說是這位不幸國王撫慰其悲苦心靈、支撐其生存意志的唯一憑藉了！

站在殘存的石牆基座上，的確可以遙遙望見遠方的靈鷲山，以及蜿蜒群山間的古老城牆遺蹟。不過這並無法證明什麼，因為這段悲劇只傳述於北傳大乘佛教的經典中，故事的下文是，為了安慰夾在兒子與丈夫間矛盾痛苦的王后，佛陀為她開示了《觀無量壽經》和《涅槃經》。因此，對北傳大乘而言，這裡是這兩部重要經典的誕生之地，一些虔誠的信眾們，也會選在此地舉行宗教儀式以茲紀念。

然而，原始南傳的經典中，卻有不同說法：長期接受佛法薰陶的頻婆娑羅王在得知阿闍世的動機後，很豁達地讓出了王位，因此這樣的悲劇並不曾發生。

一切眾生都恐懼傷害，一切眾生都害怕死亡，
以自心比他心；不殺生，不教人殺生。
——巴利文《法句經》第129經

摩尼耶摩達古塔（Maniyar Math）

從「頻婆娑羅王的牢房」回到進城的主要公路上，往北行約一公里的左手邊，會出現另一條岔路，轉入這綠意盎然的小徑，抬眼又是好一座遺蹟廣場！新綠的草坪上盤踞著一座方形高臺，一條筆直的石階通往臺頂。高臺中央凹陷處掩護著一座紅磚砌造的圓柱體建築，頂上以一片鐵皮波浪板搭成的圓形棚架遮蔭著，整片遺蹟公園中羅列著圓形、方形不等的石造建築基座，看來頗費了一番維護修繕的功夫。

印度著名的古典敘事史詩《摩訶婆羅多》曾經描述到兩隻敵對的龍王——摩尼蛇（Maninagar）和斯伐蘇卡（Svasuka），而其中的半神蛇精摩尼蛇正是王舍城的守護神，因此史學家認為，這座摩尼耶摩達古塔遺蹟很可能就是當時奉祀守護神「摩尼蛇」的寺塔。從它的規模可以想見，這座塔在當時應是香火鼎盛的宗教中心，摩揭陀國歷代的君主，應該都曾在此地主持過祈求國泰民安的祭典儀式吧！

這個遺蹟的發現過程也是蠻有意思的：在古塔尚未被發掘出來前，這裡原本是一座小土丘，丘上有一座高約六公尺的耆那教神龕，其中供奉著蛇王（Naga，亦稱龍王）、藥叉（Yaksha）等王舍城最原始的民俗信仰神祇。

西元1861至1862年間，英國考古學家亞歷山大·康寧漢，在沒有破壞耆那教祠堂的情況下鑿穿地面，發現內部是中空的，他在距離地面下將近六公尺的地方挖出三尊小雕像：第一尊在臺座部分描繪佛陀的母親摩耶夫人斜躺在床，臺座上則坐著苦行中的佛陀；第二尊是耆那教主「大雄」的立像，頭上覆罩著一隻七頭眼鏡蛇，象徵龍王的庇護；第三尊則因為風化太嚴重，無法辨識細節。這三尊雕像證實了，這塊土地下埋藏著一座等待重見天日的古印度遺蹟。

到了西元1905年間，另一位考古學家布拉克（Block）更進一步地挖掘此地，他直接拆毀蓋在其上的耆那教祠堂，發現下方有一片厚實的磚造建築，基座周圍裝飾了保存良好的灰泥雕塑，大部分是印度教神祇，像是毗濕奴、濕婆、龍王，以及象徵陽物崇拜的「靈迦」（Linga）等，這些雕像的風格手法顯示，這是西元五世紀間笈多王朝時期的作品。

據說摩尼耶摩達古塔供奉著王舍城的守護神 ——摩尼蛇，實際上此塔是印度、耆那、佛教在不同時期疊建而成。目前已空無一物的塔中，只留給前往一探究竟的民眾滿腹疑惑！

從摩尼耶摩達古塔頂，俯瞰古塔園區，圓型磚臺是昔日小塔的殘留基座。

十分明顯的，摩尼耶摩達古塔是經過好幾個世紀層層堆疊增建而成的，其中所供奉的神像也是隨著王舍城人民的信仰而不斷改變。這座遺蹟雖然並不屬於佛教，然而，看到王舍城中密集交雜著各個宗教的塔寺遺址，似乎也能感受到數千年前，佛教和其他宗教在這座繁榮國都中，彼此競爭、衝突、消長、共存而後混雜的激烈與紊亂。

近千年來，佛教和耆那教、印度教這些佛經中所稱的外道，在這座古塔中「三教共榮、和平共存」，但在塔外，卻是外道香火日盛，而純樸的佛教，早就已經消失在繁複儀式與神力崇仰的迷霧中……

松班達石窟（Sonbhandar Cave）

出了摩尼耶摩達古塔園區，左轉順著來時的小路繼續往內走到盡頭，將會驚喜地遇見一片巍峨山壁，在光滑險峻的石崖上，雕鑿有兩座相連的石窟，這裡就是白跋羅山（Vaibhara，亦即經典中所稱的「負重山」）南面。

其上的石窟曾經被認為是佛教第一次經典結集之

☸ 松班達石窟位於白跋羅山南面，人工開鑿的半天然石洞內部雖然不大，但苦修者的氣魄卻有如陡峭的山壁，令人不得不仰頭讚歎。

☸ 桑奇大塔・北門・西元前一世紀。記載阿闍世王率眾出城參訪世尊。

地——七葉窟，不過目前的考古證據已經推翻了這個說法。

事實上，這是一座耆那教的苦修道場，在其中一個洞窟內部的南面牆上，雕有六尊耆那教聖者的浮雕，而洞中的銘文則說明了這座石窟是西元三世紀或四世紀時由耆那教的苦行者所雕鑿。左邊的窟穴是一座空曠寬廣的大廳，右邊洞窟前半部屋頂已崩毀，形成露天的前庭，據當地人說是用以靜坐之處。

整座石窟的構造裝飾就如同耆那教一向所呈現的風格——單調而簡潔，然而在幾近垂直的險惡山壁上看到這樣一個修行石窟，不禁教人對古印度修行人所展現的意志與氣魄，感到強烈的震懾與深深的感動。

王舍城與阿闍世王佛塔
（New Rajgir & Ajatashatru Stupa）

現代的王舍城，是古代王舍城廣大範圍的一小部分，在往那爛陀的主要公路上，可以看到古代王舍城的城牆遺蹟。根據法顯的記載，這是當時阿闍世王建造的王城，但是玄奘卻認為這是頻婆娑羅王自行搬遷到此而建立的王舍新城。

曾經環繞整座城池的堅固石牆，現在幾乎全部毀壞消失了，只餘下一小部分，保持得還很好。城牆是由未磨飾的巨大石塊堆砌而成，表面並未塗抹任何灰漿來接合修平，就這樣豪邁地昭告著自己粗獷堅實的防禦功能。

車行過溫泉前熱鬧的旅館餐飲區，再走一小段路，就會看到公路旁有一座石砌的高臺，上面豎立著幾根傾頹斷杜，這座高臺就是阿闍世王特別建造來安置佛陀遺骨舍利的舍利塔遺蹟。根據記載，佛陀過世

🔊 印度最常見的路邊攤，販賣香菸、糖果、甜點及印度檳榔（paan）——一種類似菸草碎末的乾燥植物。

🔊 竹林精舍的入口處尚存有一大片茂盛蓊鬱的竹林，而園內遊客稀少，環境清幽。

後，當世八個強國都想爭取佛陀的舍利，最後八國協議將舍利平均分成八份，每國各取一份回國供養。據說阿闍世王得到自己那一份後，就在交通要道上建了這座塔，將佛舍利安置其中，供來往的人民禮拜供養。

後來阿育王統一印度，把這八份佛舍利收集起來重新分配，再於全國建八萬四千座塔，將舍利分散至各塔中安置奉祠，藉以教化人民信受佛法。

竹林精舍（Venuvana Vihara）

沿著主要道路走到王舍城知名的溫泉區，在溫泉區旁邊約一百公尺左右，有一座簡陋到一不小心就會錯過的鐵柵門，被湮沒在群聚小販和雜亂的泥濘小徑之中，這座被遺忘而掩藏著的林園，就是佛教經典中赫赫有名、意義不凡的「迦蘭陀竹園」；或者，人們更熟悉的名字——竹林精舍！

繳付了入園費，踏過鐵柵門，彷若與世隔絕的寧靜林園就任您徜徉了。眼前的竹林精舍是一個經過規劃整修的綠色公園，離入口處不遠的左手邊，穿過一片茂密竹林，站立著一座小石房，房中供奉了一尊佛陀坐像，偶爾會開放給人們禮拜（「偶爾」就是說你願意給看守者一些好處的時候）。

繼續往內走，林園中央有一座巨大的長方型水池，池子兩端各有一座從岸邊延伸入水中的階梯平臺，供人汲水或沐浴。池子北方有一座由日本妙法寺出資建造的亭子，亭中安奉一尊白色世尊坐像。廣闊園區中散布著一些土堆、墳塚、粗糙的敘事雕塑，和一個小型的動物園，養了一些鳥兒、鹿兒、孔雀等小動物。

▼ 在印度乾、雨分明的氣候中，僧團若要群居於一處，最需要解決的就是水源不足的問題。因此，托缽行腳的僧人會以溪邊或水渠旁為暫居之所，而僧院精舍則會挖掘蓄水的池塘，以作為住眾日常生活的飲用水，圖為竹林精舍中的迦蘭陀水池。

嚴格說來，一直到今天，考古學家們仍未找到強
而有力的證據，可以證明這兒即為古時的竹林精舍，
因為這兒原本只是一片稠密的森林，而且只挖掘出少
數的古物。唯一的線索是園中那座巨大的池塘，被史
學家們認為應該是當時「迦蘭陀水池」的遺蹟，因此
這片森林就這樣被認定是竹林精舍的遺址了。

溫泉（Hot spring 或 Saptdhara，意為「七座溫泉」）

　　就在竹林精舍旁不遠，有一座醒目的粉紅色
尖塔，這即是為了保護七座硫磺溫泉而建的印度
寺廟——拉克修美‧那羅延寺（Lakshimi Narayan
Temple），寺廟前方有階梯、停車場和充斥著小販的
廣場。車行至此，你自然就會知道自己已置身於王舍
城最熱門的旅遊中心——溫泉區了！

　　這群從王舍城白跋羅山腳湧出的熱泉，自古即見
於史籍中，被記載為神所賜予的神聖贈禮。據說在現
代科學的測試下，人們發現泉水中不但富含礦物質，
而且具有很高的放射能，長期浸泡對風濕痛、關節炎
等有很大的幫助，因此傳說佛陀也曾為了治療關節炎
而在此沐浴。不過，為了安全與衛生考量，請不要為
了「親自體驗佛陀曾沐浴過的泉水」就輕率下水，畢
竟那兒是非政府規劃管理的大眾浴池啊！

🔼 站在白跋羅山腰俯瞰王舍城溫
　泉區，圖中粉紅廟宇為拉克修
　美‧那羅延寺。

🔼 1824年，王舍城古版畫。

　　說來有些諷刺，這座具療效的溫泉，似乎是王舍
城留存在印度人民心中最鮮明的印象，加上環繞四周
的山嶺、濃鬱蔥綠的密林，以及獨一無二的多寶山纜
車，使得王舍城成為現代印度的冬季度假勝地。至於
這座曾經叱吒古印度的強大國都與佛教聖地所背負的
重大歷史意義，似乎都已被人們在不經意間忘記了。

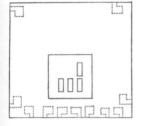

🔼 摘自亞歷山大‧康寧漢的考古
報告書。畢波羅石房的手繪平
面圖。

🔽 順著溫泉後方的小路往上走，
就可通往七葉窟，圖右上為畢
波羅石房。

白跋羅山（Vaibhara Hill）

七座溫泉所依傍的，就是白跋羅山了！這看似平凡的山上，藏著許多極具歷史意義的遺蹟，如七葉窟和畢波羅石房等，往返一趟耗時約一個半至二個小時，是不可錯過的地點。要參訪此處最好是安排在清晨前往，不過山區的治安非常差，時有盜賊出沒搶劫傷人，因此出發前務必請一位當地警察陪著上山，一來保護，一來帶路。

警察的駐所就位在溫泉旁、登山口附近，詢問當地人即可得知，但可能需要付點保護費喔！

●畢波羅石房（Pippala Stone House或 Pippala Cave）

沿著溫泉旁的階梯拾級而上，沒多遠就會到達由巨石建造的一座奇特建築──畢波羅石房。

它的背景眾說紛紜，有一點點複雜。當地人因為印度神話中一位曾經活躍於此的國王傑拉桑德（Jarasandh）而稱該建築為「Jarasandh–Ki–

Baithak」，有些考古學家則認為這是一座防禦用的守望塔，證據是靠近基座處每一邊都有一些小洞，他們認為這些小洞應是作為斥候守望之用。此外，也有學者根據玄奘在《大唐西域記》中的記載，認為它很像是當時提婆達多進入禪定之所。

　　至於目前被證實的主流說法，是根據古印度巴利文典籍中所載：這是佛陀的重要弟子之一、佛教第一次經典結集的主持者——摩訶迦葉長老（Mahakashyapa，亦譯為大迦葉）年輕時的修行住所。因為摩訶迦葉長老的名字是畢波羅（Pippala），所以這個石房才會被稱為「畢波羅石房」。

● 據說有一次大迦葉身體微恙，佛陀曾親自前來畢波羅石房探望他。

● 大迦葉為僧團中，輩分最高也較年長的比丘，平日總是形單影隻，獨自修行。
　　　　　　——古印度石雕

迦葉托缽歸，獨自登上山，身心無恐怖，清淨修禪觀。
山深無人蹟，野獸常聚集，群鳥齊翔翔，我心常歡喜。
人當獨自居，不宜與群聚，群聚心煩亂，難得清淨智。
應酬在世間，疲累亦無益，既知如此意，不喜與人居。
　　　　　　　　　——大迦葉長老偈

　　這就是大迦葉尊者留下的修行心得，多麼孤僻的一個人啊！然而，這正是大迦葉尊者之所以受到人們敬重與崇仰的主要原因之一。

　　在流傳民間的故事中，大迦葉原本出身於一個十分富裕的家庭，自小就一心追求心靈的自由解脫，到了適婚年齡仍不願成家，最後在家人的強迫下娶了妻子。沒想到這位妻子也是一個立志求道的女性，於是兩人相約互不侵犯，只作名義上的夫妻。後來當兩人都再也無法忍受世俗生活時，便各自離開家，並約定如果誰先找到真正能指引人們擺脫苦惱的明師，一定要告訴另一人，到時再一起修行。

耆那教

西元前六世紀王舍城逐漸成為各宗教家弘法諍辯的重要場所時，耆那教就因為貫徹嚴厲苦行，而受到城民的敬重與支持，漸漸發展成為一個獨特而活躍的宗派。

相傳耆那教的第二十位祖師聖者（Tirthankara）就是誕生於此，而第二十四位祖師聖者「尼乾陀·若提子」（Nigantha Nata Putta，亦稱Jina，意為「勝者」、「大雄」，他是耆那教的實際創立者）更在此講道長達十四年之久，由此可知王舍城對耆那教的重要性。

佛陀和耆那教的大雄同為當代知名的宗教導師，又都以王舍城為説法傳道的舞臺，因此不難想像西元前六世紀的王舍城，當時雙雄並立、百家爭鳴的論法盛況！

🔺印度艾羅拉石窟群中的耆那教石窟，赤身裸體的神祇雕像，令人印象深刻。

經過長久的行腳苦修，大迦葉終於遇到了生命中最重要的導師——佛陀。在親身體證了佛陀所了悟的真理後，他依照約定引介妻子前來共同修學，這位女性即是後來僧團中極為傑出的「跋陀比丘尼」。

進入僧團的大迦葉仍舊維持著清淨艱苦的頭陀行生活：不住屋舍，只住於林野塚間，穿著破舊棄之於地的「糞掃衣」，飲食僅靠行乞托缽……數十年如一日，至死不曾放棄。然而，這樣清苦的生活畢竟不是人人都能接受，因此，大迦葉完全沒有志同道合的共修友人，經常處於孤單一人的景況。

一些修行尚淺的比丘們，甚至還會為了他因修苦行而顯得破爛骯髒的外表，而輕視地出言恥笑他，但是生性不喜與人相處的大迦葉，堅決為了「展現篤實修行的重要性」與「強調修行應親證苦滅而非一味思維辯論」而不改其志。

在原始佛典《雜阿含經》中曾多次提到，佛陀對大迦葉如此實踐離欲道路的毅力都深感敬佩，每當有人輕視大迦葉時，佛陀都會在大眾之前極力讚歎他，為他扳回一城，而向來獨居不多言的大迦葉，卻在佛陀辭世後主動肩負起經典結集的重任，或許，這就是他用以回報佛陀教導恩德的方法吧！

劈鑿整齊的巨石堆砌成的畢波羅石房，方正而寬敞，想來是後人加以重建過的結果。雖然環境已不復當年，但大迦葉尊者親身實踐示教的風範，至今依然引人敬仰。

●耆那寺

經過畢波羅石房之後，再繼續往上爬，沿途會陸續出現許多造型簡單、色調灰白的耆那教寺廟。事實

上，王舍城周圍的山頭散布著許多這樣的廟宇，它們大部分是屬於耆那教天衣派（Digambara），他們主張不持有包括衣著在內的任何財物，認為最自然的狀態——裸體最能導向涅槃解脫。

這些廟宇的年代均相當古老，早在玄奘的《大唐西域記》中即已記載，可見這座山自古即為耆那教的修行重地。

目前有些廟中還住著修行者，但大部分都已無人居住，成了單純供奉「聖者」（耆那教對修行有成者的尊稱）的祠堂。有趣的是，這些寺廟的屋簷廊柱上，大都雕刻鑲嵌了許多的「卐」字，這個在北傳佛教中大量使用的符號，在印度卻是耆那教與印度教代表吉祥的古老象徵。

除此之外，廟宇的型式並沒有什麼特別，多是單獨一間聖殿，入口正對面安置了神龕，其中供奉著曾在此修行的聖者雕像，有時旁邊還貼了這位聖者的照片相互對應。

不過大部分的雕像均已失蹤，只留下大約五世紀時所刻的模糊銘文，訴說著自己的久遠歲月。

△ 往七葉窟的山路就是這一條筆直的道路，由於順著山脊而上，所以風勢強勁。這裡的治安非常不好，曾經有獨自上山的觀光客被盜匪搶劫，所以務必聘請警察隨行，並注意自身安全。

◁ 七葉窟是一群長條帶狀的山洞，但部分內部已崩毀。

▽ 王舍城周圍的山嶺上建有不少的耆那寺廟，但大部分都已荒置而無人看管。

● 七葉窟（Saptaparni Cave）

爬上白跋羅山頂的平坦處，右手邊會有一條小小的石階梯，沿著階梯走下，數到第六十四階時，已繞到山壁後方的長條平臺上，右邊是毫無屏障的險峻懸崖，俯瞰著山下一覽無遺的平原風光。左邊的垂直山壁上有幾個深邃的洞窟，這就是我們的目的地——佛教第一次經典結集之處：七葉窟！

七葉窟是因為洞窟之前有七葉樹而得名（七葉樹：學名*Alstonia Scholaris*，是一種高達七、八

七葉窟位於座南向北的山壁峭壁上，是一個隱密卻視野開闊的洞窟。據說，另有一處也被認為是七葉窟，但以此地較為可信。

大般涅槃雕像．犍陀羅．貴霜王朝．西元二世紀。

右頁：七葉窟裡非常陰暗而且潮濕，旺季時朝聖者來來往往，淡季時卻被蝙蝠、蟲、蛇所盤踞，自古以來它就不屬於任何人。據當地人說，從此處可以通到山南的松班達石窟，但從地圖上看來，距離過長，似乎並不可能。

公尺的常綠喬木），據說原本應有數座巨大且深邃的洞窟聚集於此，但目前只看到五至六個較為明顯的洞穴，其中保存得還不錯的只有四個。

洞窟前的平臺還算寬敞，但洞口和洞內通道並不大，旺季時經過整理，可讓人進入洞中，洞窟內部安置了一尊佛像供人奉祀禮敬。

不過，在淡季的時候，由於少有訪客，這裡就成了蝙蝠理想的窩巢。才剛走近洞口，就會聞到空氣中潮濕而刺鼻的蝙蝠糞便的惡臭，再要向內探索，就會聽到蝙蝠們不安的振翅啪啪和吱吱鼓譟聲。為了安全，還是不要去打擾牠們比較聰明。

第一次經典結集，可以說是佛教史上最為重要的事件，如果沒有這一次的結集，後世的人們或許根本沒有機會能聆聽到佛陀的教誨。至於為什麼一向宣說「萬法依因緣生滅而無常」的佛教僧團，會出現這次「希望佛法能如佛陀在世時那般純正地流傳下去」的結集呢？

據說是因為這樣一段插曲——

　　諸位同修呀！不必悲傷了，世尊在世時，時時以戒律約束我們，使我們不得自由，如今世尊不在了，從現在起我們可以隨心所欲了！

　　　　　　　——六惡比丘之一　跋難陀語

正覺後四十五年間未曾停止遊化講學的佛陀，在八十歲時因為腸胃疾病過世了！當時，眾人都悲傷而哀慟，只有一位年老的怠惰比丘跋難陀像鬆了一口氣般地勸告大家：「別哭了！長久以來我們一直被這個大沙門管得死死的，不准做這個，不准做那個的，煩都煩死了！現在他死了，再也沒有人會管我們了，我們這才叫作真正的解脫呢！」

　　聽到這句話的大迦葉長老又驚又怒，這才警覺自己若是繼續離群獨修，少與人教授說法，那麼這個跟隨佛陀修學的僧伽團體，一定會在佛陀入滅後很快地分崩離散。難道他可以眼睜睜地看著佛陀用生命實證弘化的教法，就這樣消失在世間嗎？當然不行！世界上雖然有像跋難陀這樣的比丘，但必定也會有為了不再受空虛苦惱所逼迫而努力不懈的精勤行者才是。

　　於是，在唯恐「正法將亡」的心情下，一向獨來獨往、實踐身教多於言教的大迦葉，毅然決定召開正法的結集會議，而結集的地點，就在他的家鄉——王舍城。以大迦葉在僧團的地位以及民間的聲望（其父為摩揭陀國大富豪，而他亦因修頭陀行而受到人民及僧眾的敬重），再加上阿闍世王的護持，終於順利地將佛陀的教說結集成為傳世經典。

　　這就是佛陀入滅之後的首次僧團大結集，結集的時間就在佛滅後的雨季安居期，大約三個月之久。因為有近五百位清淨解脫的阿羅漢參與此次會議，因此史稱「第一次結集」、「七葉窟結集」或「五百結集」。

　　這次的聚會結集出原始經典——《阿含經》與《律藏》等，猶如為脆弱易滅的燭火，罩上可遮風擋雨的外護，為世間留下了純正的佛法與傳承的法脈，對佛教日後的影響非常深遠。

　　坐在洞口平臺上，眼前是開闊而一望無際的恆河流域大平原，天氣非常清朗，淡淡的雲飄在湛藍的天空中，倒映在分割齊整的水田上，涼風輕輕拂來，把時光推回了二千多年前，佛陀入滅那年的雨季安居期。大迦葉尊者召集了五百位證悟聖道的大阿羅漢（Arhat，正覺的人），魚貫進入洞穴中，他們推選出長年照顧佛陀、多聞強記的阿難尊者，朗誦佛陀曾對大眾說過的教誨，而持戒精嚴的優波離尊者，則負責誦讀佛陀所制定的戒律，誦出的內

舍利

舍利一詞原是梵文Sarira的音譯，本義為「身體」，又指遺體火化後之「遺骨」、「骨灰」等。原本只是一個印度的日常用語，但由於聖者的崇高地位，以至於這個語詞逐漸演變為專指具有宗教地位或神祕力量的聖人遺骨。

❹ 收藏於加爾各答博物館的佛陀舍利。

🧭 從七葉窟可遠眺一望無垠的大平原，而王舍城就在你的腳下一覽無遺。七葉窟的諸大阿羅漢，每天就是面對著這一片廣闊的大地，辛勤地誦唸著結集的經文。

◗ 右頁：七葉窟第一次結集是佛法傳衍極為重要的一件大事，由於眾長老比丘們的努力，純正的佛法才得以走出昏暗窄小的洞口，光耀全世界！

容經由與會大眾確認確為佛所說之義後，再由數百比丘如「雨後蛙群」般集體誦念出至真至善的法典。

這鏗鏘迴盪的正法之聲，穿過整座洞窟、山嶺、平原和村落，喚醒耄耄昏睡的人心，順著輕輕的涼風，拂進二十一世紀的今天，繼續滋潤著人們乾渴的心靈……

如是我聞：一時，佛住舍衛國祇樹給孤獨園，爾時，世尊告諸比丘：

「當觀色無常，如是觀者，則為正觀。正觀者則生厭離，厭離者喜貪盡，喜貪盡者說心解脫。如是觀受、想、行、識無常，如是觀者，則為正觀。正觀者則生厭離，厭離者喜貪盡，喜貪盡者說心解脫。

如是比丘，心解脫者，若欲自證，則能自證；我生已盡，梵行已立，所作已作，自知不受後有。如觀無常，苦空非我，亦復如是。」

時諸比丘聞佛所說，歡喜奉行。

——大正藏《雜阿含經》第1經

王舍城——過去與發現

法顯《佛國記》這樣說：（距今約1620年，距佛陀過世約890年。）

出城南四里，南向入谷，至五山裏。五山周圍，狀若城郭，即是莽沙王舊城。
其城中空荒，無人住。

法顯於新城中買香、華、油、燈。倩二舊比丘送法顯上耆闍崛山。華、香供養，然燈續明。慨然悲傷，收淚而言：「佛昔於此住，說《首楞嚴》。法顯生不值佛，但見遺跡處所而已。」既於石窟前誦《首楞嚴》。停止一宿。還向新城。

出舊城北行三百餘步，道西，迦蘭陀竹園精舍今現在，眾僧掃灑。精舍北二、三里有屍摩賒那。屍摩賒那者，漢言棄死人墓田。搏南山西行三百步，有一石室，名賓波羅窟，佛食後常於此坐禪。

又西行五、六里，山北陰中有一石室，名車帝。佛泥洹後，五百阿羅漢結集經處。

玄奘《大唐西域記》這樣說：（距今約1385年，距佛陀過世約1120年。）

宮城東北行十四、五里，至姑栗陀羅矩吒山，接北山之陽，孤摽特起，既棲鷲鳥，又類高臺，空翠相映，濃淡分色。

如來御世垂五十年，多居此山，廣說妙法。頻毘娑羅王為聞法故，興發人徒，自山麓至峯岑，跨谷凌巖，編石為階，廣十餘步，長五、六里。中路有二小窣堵波，一謂下乘，即王至此徒行以進；一謂退凡，即簡凡夫不令同往。

山城北門行一里餘，至迦蘭陀竹園。今有精舍，石基甎室，東開其戶。如來在世，多居此中。說法開化，導凡拯俗。

右頁圖為王舍城靈鷲山上的岩石和洞穴入口，由亞歷山大・E・卡迪（Alexander E. Caddy）於1895年拍攝。

座落在群山圍繞的開闊山谷中的王舍城，在佛陀生命中扮演著重要的角色，由於頻婆娑羅王對佛教這類非婆羅門體系較為有善，因此佛陀曾經多次在靈鷲山上的石窟內說法，也會在王舍城周邊的許多地方做短期的安居。

佛陀過世後，弟子們在王舍城旁的七葉窟舉行了第一次佛教集結會議，當時就是由阿闍世王為集結的長老們提供居所。我們可以在這張照片的背景中看到這兩座石窟，它們旁邊發現的石砌建築，以及石窟內找到的雕繪著過去七佛的紅陶板，說明了其重要性。

卡迪在當時記錄著到達七葉窟的經過：「爬上白跋羅山的途中，我們經過了幾個地下室，以及兩座佛塔的遺蹟。接下來我們經過了三座耆那的廟宇，來到第四座。我們在這裡順著山徑往下走了幾碼，來到另一座地下室。穿過廟宇北方的一座天然平台，就到北方大石窟的洞口了。

這些石窟直接從山壁往內挖鑿，深度長達五十英呎以上。窟內是延伸有三十到四十呎，呈直角分布的交錯廳廊。」

🔺 白跋羅山上的七葉窟與其他修行者遺蹟，於1895年拍攝。

133

那爛陀

Nalanda 聖地之六

─佛學大城─

僧徒數千，並俊才高學也，德重當時，
聲馳異域者，數百餘矣。
戒行清白，律儀淳粹，僧有嚴制，眾咸
貞素，印度諸國皆仰則焉。

──玄奘《大唐西域記》

佛學大城

 *Nalanda*

此寺內僧眾有三千五百人，屬寺村莊二百一所，並是積代君王給期人戶、永充供養。

——唐·義淨《大唐西域求法高僧傳》

那爛陀（Nalanda）意為「賜蓮之地」，「Nalan」這個音和一種蓮花的名稱很相近，而蓮花在印度是智慧的象徵，「da」則有「給予」之義，所以那爛陀的地名又有「給予智慧」的寓意。

不過玄奘在《大唐西域記》中卻另有解釋，認為那爛陀是一位國王的名字。在當地的傳說中，這裡曾經出了一位悲憫眾生、布施無限的國王，人民多稱他為「施無厭」（Na-alam-da），並以此作為地名以茲紀念，因此那爛陀又多了一個「施無厭」的意涵。

雖然玄奘於七世紀來此修學時，這裡早已名滿天下，然而，在五世紀時到訪的法顯，卻並未記載有這樣一座佛教大僧院，只是提到當時這裡有一個叫作「那羅」的聚落，是舍利弗的本生村。可見在西元五世紀之前，它一直是安分而沉靜的小村莊，經典中也並未記載佛陀曾在此發生過什麼重大事蹟。

名聞世界的佛學中心

那爛陀真正發跡是在孔雀王朝滅亡之後，當時的印度陷入近五百年的黑暗局面，外族入侵、政治分裂、爭戰紛擾不休，直到西元四世紀，興起於摩揭陀國地區的笈多王朝才又再度統一全印，而長期處於異族勢力的混雜文化，也再次由恆河中游地區取回主導

那爛陀是世上最早的大學之一！西元前五、六百年，她只是一個平凡的農村，較明確的史實記錄是：佛陀的兩大弟子舍利弗尊者和目犍連尊者就出生於附近的優波提舍村（Upatissa）與拘律迦村（Kolika），而舍利弗晚年亦回到此地入滅。

沒想到，那爛陀卻在佛滅後的一千年，成為規模龐大、名師輩出、育才無數並享譽國際的佛教最高學府。各種佛教宗派在此沸揚地討論了八百年。

○ 藍天綠草間的紅磚遺蹟，是那爛陀大學曾經的輝煌。

◁ 厚實強基宛如城邑，那爛陀大學的遺蹟，有著古王宮城的氣勢。

前頁 舍利弗塔崇偉至極，不僅是那爛陀最壯觀的建築遺蹟，也是印度佛教遺蹟中，數一數二的華麗建物。

權。後來，西元五世紀時，在極力護持佛教的鳩摩羅笈多王（Kumaragupta）大力支持下，於那爛陀創建了這所那爛陀大僧院（Nalanda Mahavihara），並背負起推動佛教發展與傳衍的責任。

鳩摩羅笈多王之後的繼位者，承續了護持佛教的傳統，更積極地建設規劃，使其成為一座完備的佛教學府，於是，佛教發展的重心再度移回佛陀當年遊化弘法的重點區域——摩揭陀國境。

西元七世紀王位傳到戒日王（Harshavardhana）手中，護法更為熱忱，他積極地增建寺院僧房，擴充修學設施，將那爛陀推向國際化，成為世界上最早的大學之一。

自此，那爛陀正式從一個沒沒無名的小村落，一躍而為名聞世界的佛教修學中心！

這裡最著名的學生就是中國的玄奘了！他不畏艱難，千里迢迢西行求法，在此度過五年的留學生活，既是學生，也任老師。他對這裡的第一印象是：「印度伽藍，數乃千萬，壯麗崇高，此為其極。」一語道出那爛陀建築難以筆墨形容的華麗堂皇，而其教育規模之龐大，亦是當世少有。據說在全盛時期，光是教師就多達兩千餘人，學生則逾萬餘人，其中包括來自中國、日本、韓國、爪哇以及蘇門答臘等國的佼佼學者。到後來，不論僧俗皆可入學時，修學狀況就更熱烈了。

除了學生多之外，這裡的經藏之多亦令人咋舌：據說藏書共九百餘萬卷，分別收藏在寶彩、寶海、寶洋三個大殿內，其中的寶洋殿更高達九層樓，可以想見其廣大壯觀。

為了容納萬餘名師生及如此可觀的書籍，實際建

🄰 那爛陀園區十分廣大，總面積超過十五公頃，目前仍在持續開挖。印度考古協會在這裡發現大量笈多王朝時期的錢幣、雕刻、碑文，以及約三百餘座的僧舍。

🄰 印度考古協會在這裡發現了大量笈多王朝時期的錢幣、雕刻、碑文，以及約三百餘座的僧舍。

🄳 右頁：國王與民間豐渥的供養，造就了那爛陀大學的世紀盛況。

造的講堂、學舍、浴室、廚房等，數量之多、雕飾之華麗，更是難以盡述。面對如此龐大的人口，要如何維持日常生活所需的一切開銷呢？

> 國王欽重，捨百餘邑，充其供養。邑二百戶，日進糖、米、酥乳數百石，由是學人，端拱無求而四事自足。
>
> ——玄奘《大唐西域記》

也就是說，戒日王以一百多個村莊的稅收，作為對那爛陀大學的供養，此外，附近二百戶人家也每天供應食品原料及日用品，讓僧眾師生們不必再出外托缽乞食，而能於寺中研讀經書，專心修學。

那爛陀的學生生活

那爛陀大學的學習內容相當廣泛，幾乎包含了當時知識份子應涉獵的所有學科。除了佛教學說和經典外，還傳授婆羅門教的吠陀典籍及邏輯學、文法學、醫學、數學，並附設藝術、建築、農學，乃至於冶金術的修學。

至於上課的方式，則採取研討辯論的形式，亦即將學生與老師分為大大小小數百個班級，由老師出題學生發表，或學生發問老師回答，以激盪出不同的看法與思維。

以優渥的物質條件，以及佛學、外道、世間知識廣泛學習的環境，讓那爛陀大學「學者信出，寫書立著，各各窮理思辨，清論高談，口才便給」。

當時最盛的學風就是「辯論」，學僧們「抗異端如驅野獸，善辯解如沸雲融霧」，在玄奘的記載中：「他們一天到晚請教問題，談論深奧義理，互相警誡，不論長少，互相促進，如果不談論三藏深義，這個人就要自慚形穢了。……想入寺論辯的人，大多因為回答不了守門人的問難而敗走，只有學識淵博、通達古今的人才能進去……但最後也無不鋒芒全失，名聲掃地。」

真是比現在念大學恐怖很多啊！不但同學之間彼此競爭督促，還得隨時準備應付校外的挑戰者，稍一不慎就可能身敗名裂，壓力一定很大。

印度教的攻擊與學習

西元八世紀時印度教彌曼差學派（Mimansa，古印度正統哲學思想六派之一）的鳩摩利羅（Kumarila），與吠檀多學派的商羯羅（Sankaracharya），展開了婆羅門復興運動。他們對佛教採取既攻擊又學習、既批判又融合的態度，據說這兩位婆羅門曾行腳全印度，和佛教僧侶辯論並打敗他們，使佛教徒們漸漸屈服，轉而敬重婆羅門。

亂了陣腳的佛教為了適應社會而逐漸調整路線，大量接受了世尊所反對的咒術與祭祀，在不知不覺之間，日漸向印度教靠攏，而這正是佛教在印度沒落乃至消失的主要因素之一。

🅐 那爛陀大學是僧伽教育的搖籃，中國的玄奘法師即為學成畢業的高材生。

🅑 右頁：據說，那爛陀園區內有許多紀念塔，是為那些來自四面八方、負笈異地卻不幸往生的各國學子們所建。千年丘塚、重新出土、頗為可觀！

不過，如此皓首窮經、側重思辨，卻使修習「佛法」慢慢演變為知識份子的專利，再加上笈多王朝以梵語為通用語言，因此，離當初世尊以市井俗語廣說正法，讓一般百姓易聽善解的用心已愈來愈遠。

自此以後，佛教急速地「阿毘達磨化」（理論化），各名師大德依自己對佛法的見解而著述的「論藏」不斷增加，導致解釋「經」的「論」比「經」本身還難懂，而解釋「論」的「疏」又比「論」更艱澀。若是不曾受過高等教育，面對這許許多多佛教論理，肯定是一片不知所云。

因此，當時的那爛陀大學，雖然在形式上是佛教學術化的黃金時期，但與民間普羅大眾的距離，卻是漸行漸遠了。

> 僅因多言，不是奉持正法的人。
> 聽聞雖少，而以身行正法、對於真理不放逸之人，
> 才是真正奉持正法的人。
>
> ——巴利文《法句經》第259經

佛教勢力衰微

在西元八世紀到十二世紀之間，帕拉王朝（Pala）統治東印度時，那爛陀大學依舊在皇室的大力護持下持續發展，包括印尼、爪哇、蘇門答臘等國的君王，都曾派遣使節前來晉見國王提婆波羅（Devapala），並攜帶豐厚的禮品供養，作為建設寺堂僧院的護持，那爛陀至此可說是達到前所未有的極盛巔峰。

然而，此時的佛教由於受到印度教怛特羅神密學派（Tantra）的影響，以及與傳統民間信仰自然地

交融揉雜，開始崇尚咒語、法術與神祕儀式等，漸漸地，佛教與印度教愈來愈像，最後幾乎無有差別！

其實在玄奘訪印時，佛教在印度民間的勢力已經開始走下坡了。早期許多重要的佛教修行中心已逐一荒廢，佛教在大部分地區都已失去民間的信受與支持，只能靠皇室的護持，在那爛陀這樣的大型佛學中心裡，看似活躍，實為苟延殘喘地存在著。

這樣的發展導致佛教更加遠離了平民大眾，過於形而上的學理哲思，不僅無法打進為迷惑所苦的人心，反而促使外道哲人的論理功夫不斷提升，婆羅門教的知名導師如雨後春筍般冒出頭來，並開始推動婆羅門的改革運動。

大火與戰爭的摧殘

一場失控的大火引燃了那爛陀急速衰頹的命運。

據說有一天，兩位婆羅門苦行者來到那爛陀附近托缽乞食，但是幾個年少頑皮的沙彌卻輕視地用污水潑向他們。受辱的婆羅門立刻展開報復，他們舉行了一場火祭，並從獻祭的火坑中取出燃燒的火炭，投入那爛陀的各個寺院，造成一場無可挽救的劇烈火災。在此事件中，許多建物遭到焚燬，其中還有一座寶貴的圖書館完全化為灰燼。

搖搖欲墜的那爛陀在十二世紀時，遭受了最後的噩運！

來自中東土耳其與阿富汗的回教侵略者，為那爛陀敲響了滅絕的喪鐘。根據伊斯蘭教史書記載，他們殘暴地對佛教和印度教的寺院聖地展開世上罕見的徹底破壞——搶奪財寶、擊毀聖像、焚燒廟宇、虐殺僧尼，令那爛陀的堂堂基業在一夕之間毀於兵燹。

那爛陀除佛學外，還傳授醫學、數學、藝術、農業，甚至還有畜牧場。

回教徒侵略那爛陀的時候，大部分的僧侶逃往尼泊爾，從此以後那爛陀的藍色天空便轉為黑暗。

少數在戰火中倖存的比丘們，從混亂的殘磚灰燼中搶救出一部分極具價值的經籍原稿，慌亂地逃往尼泊爾等地，從此以後，那爛陀就在歷史上消聲匿跡，不復存在。

同樣受到巨創的印度教，在經過一段時日的休養生息後，又悄悄地在民間萌發出新芽，並且在成長時順勢將衰敗的佛教融攝入印度教的神教信仰中，以更為圓熟的樣貌，在廣大民間深深扎根、蓬勃發展，直到今日！

不過，佛教卻再也沒能東山再起，就這樣，靜靜地消逝在佛陀的故鄉。

在戰場上，擊敗百萬人；不如戰勝自己，才是最上的勝利者。

——巴利文《法句經》第103經

⚑ 十九世紀中，英國行政長官布坎農・漢密爾頓（Buchanon-Hamilton）和考古學家馬克漢姆・基托（Markham Kittoe）首次發現在巴貢村（Bargaon）的土丘，可能是那爛陀的遺跡，在經過亞歷山大・康寧漢的詳細調查下，確認這些土堆確實是那爛陀寺院遺址的一部分。1904年，印度政府收購附近四十八英畝的土地來保護該地區，並在1916年至1938年間進行較詳實的考古挖掘。

 # 那爛陀巡禮

西元1861年，為了尋找古老大學那爛陀遺址，由亞歷山大·康寧漢領導的考古團隊，根據當時的考古線索，以及《大唐西域記》中記載的方向和距離，展開了搜尋挖掘的工作。

經過長時間的努力，終於在距離巴特那東南九十公里、王舍城北方約十一公里處的巴貢村落附近，發現了一枚古印度政府的印信，上面刻有銘文：Sri Nalanda Mahavihara Arya Bhikshu Sanghasya，意為「住在那爛陀雄偉僧院之比丘組成的莊嚴僧團」。因著這個明確的證據，此地區正式被證實為名震一時的那爛陀大學舊址所在。

目前，考古學家在那爛陀一帶發掘出土的面積，已經超過十五公頃，並且仍在挖掘中。

那爛陀遺址的出土與確認，對佛弟子可謂意義非凡，因為這讓人們得以更明晰地釐清佛教在印度的興衰歷程，因此目前整座園區都受到良好的規劃與維護，可以說是佛陀聖地中保存最完整妥善的遺蹟區之一。

那爛陀大學遺蹟公園

在那爛陀舊址中，考古人員發現許多珍貴的文物，包括大量鳩摩羅笈多王時期的錢幣、雕塑及重要碑文等，而出土的建築遺蹟更為可觀，有一座九層樓高的建築、六座寺廟和十二座僧院，建材一律採用紅磚。僧院主要分布在那爛陀東區，其中有一座是蘇門答臘國王於西元九世紀時護持興建完成，而第四與第五號僧院則

🄰 刻有那爛陀僧院的古老印信，目前被收藏在孟買的威爾斯博物館中。

🄱 舍利弗塔雄偉壯麗，是那爛陀遺址的主角，不時有信徒在塔寺角落進行祈福祭拜儀式。

是鳩摩羅笈多王所建。從現存的遺蹟看來，當時的僧院設計包括有學生宿舍、講堂、浴室、廚房、圖書館、貯藏室以及蓄水池等。

僧院的內部型式大致相同：大批的小僧房，圍繞著一座開放的四方形天井，門前有迴廊和欄杆，每一群建築都有一座主要的聖殿，供奉著巨大的佛像，應是僧眾們聚會布薩之所。此外，這裡也挖掘出巨大的鍋爐，一般猜想可能是供學僧烹煮飯食的公共廚房，但也有人認為是讓僧眾煮染袈裟之用。

那爛陀西區則分布著許多塔寺，其中，最雄偉莊嚴的建築就是舍利弗塔（Sariputra Stupa）。這座塔的起源是因為舍利弗尊者在此地誕生並入滅，於是阿育王特地建了一座小型的紀念塔以示尊敬與懷念。之後繼任的國王同樣不遺餘力地護持佛教，於是不斷地修建擴充，終於成為現在所見的壯麗大塔。

這座塔共分三層，外觀雕飾繁複，在角樓的展示壁龕中，刻有許多尊佛陀像，內容多為描述當時佛陀在菩提迦耶、王舍城及鹿野苑等地的弘化事蹟。塔底有階梯可通達頂部平臺，在那裡可一覽整座那爛陀的全景。一眼望去，整片綿密齊整、高低排列的紅磚建築群，盤踞在占地廣闊的校區中，令人遙想千百多年前，萬餘比丘身著褚黃僧衣，在櫛比鱗次的校舍間穿梭，每一位都才高碩學、意氣風發，嗡嗡的論法聲迴盪在長廊天井間，展現著知識份子的自信相輕！

舍利弗塔的四周立有許多大大小小的紀念

塔，這是享譽盛名背後的淡淡惆悵——許多千里迢迢從世界各地慕名前來修學的佛子，在留學過程中不幸過逝，於是校方便為他們建塔紀念，讓後人能記得他們求法的虔心與毅力。

那爛陀博物館（Nalanda Archaeological Museum）

那爛陀遺蹟公園對面，有一條綠蔭小徑，通往那爛陀博物館。博物館規模不大，收藏從遺蹟中挖掘出來的雕塑、器物，以及一些九到十世紀帕拉王朝時期的精美銅雕，不妨撥空一遊。

那爛陀佛法修學中心（Nava Nalanda Mahavihara）

印度獨立後，曾在那爛陀的附近建立了一座巴利文及佛法修學中心，開設有中文、日文、梵文、巴利文及藏文等佛學課程，並接受世界各國留學生來此修學，中心裡收藏有一些珍貴的文獻原稿和巴利文研究論文。

玄奘紀念館

距離那爛陀二公里外的地方，有一座看來像是世界和平塔的巨大建築，那是玄奘紀念館，裡頭陳列著與玄奘相關的文物及紀念物品，有時間可順道一遊。

◆ 那爛陀的園區廣大、景點分散，建議最好找一位專業導遊解說。

◆ 在塵土掩埋七百多年後，直到二十世紀初期那爛陀僧院遺址才陸續出土，重見天日。

◆ 那爛陀博物館中，收藏此地出土的文物，但較為珍貴的古物，多已分散收藏在印度主要大城市的博物館中。

那爛陀——過去與發現

法顯當年那爛陀大僧院與大學應尚未建設，所以《佛國記》沒有任何到訪記錄。

玄奘《大唐西域記》這樣說：（距今約1385年，距佛陀過世約1120年。）

　　從此北行三十餘里，至那爛陀僧伽藍。聞之者舊曰：「此伽藍南菴沒羅林中有池，其龍名那爛陀，傍建伽藍，因取為稱。」從其實義，是如來在昔修菩薩行，為大國王，建都此地，悲愍眾生，好樂周給，時美其德，號施無厭，由是伽藍因以為稱。

　　於是周垣峻峙，同為一門，既歷代君王繼世興建，窮諸剞劂，誠壯觀也。

　　西元十二世紀時，一位出身自南阿富汗突厥族人巴克地耶爾‧卡爾吉（Bakhtiyar Khilji），面容醜惡，身材短小，手長過膝，並且是一位殘暴的將領。他在年輕時加入軍隊服役，在阿巴克（Qutb al-Din Aibak）的指揮下侵略印度各地。1193年，卡爾吉率軍入侵比哈爾，並對當時中世紀印度佛教的最高學術中心——那爛陀大僧院展開大肆的破壞與殺戮，不僅圖書館、寺院、僧房遭到摧殘，許多佛學生、僧人被殺害，倖存者被迫四處流亡逃難。經過卡爾吉的破壞，那爛陀佛教學術中心從此衰落下去，淪為廢墟，而印度的佛教也終至滅亡。

　　直到西元1861年，亞歷山大‧康寧漢的的考古隊伍，才將曾經輝煌數百年的那爛陀大僧院及其周邊遺蹟，陸續挖掘出來。

❂ 印度佛教僧團的滅亡就在西元1193年。
當古爾的穆罕默德率軍席捲北印度建立起回教政權的時候，唯一還在保護佛教的王族，只剩下位在比哈爾與孟加拉的帕拉王朝。侵略者中最凶殘的將軍巴克地耶爾‧卡爾吉，大膽地攻進比哈爾，造成帕拉國王倉惶逃亡，留下僧侶們獨自面對自己的命運。幾乎大部分僧侶都遭到屠殺，僧侶留下的佛教典籍無人能讀，導致佛教最終從印度完全消失。

舍衛城
Sravasti 聖地之七

―祇園之聲―

佛告長者:「汝可於彼建立精舍,令
諸比丘往來宿止。」
長者白佛:「但使世尊來舍衛國,我
當造作精舍、僧房,令諸比丘往來止
住。」爾時世尊默然受請。

――大正藏《雜阿含經》第592經

祇園之聲

池流清靜，林木尚茂，
眾華異色，蔚然可觀。
即所謂祇洹精舍也。
——大正藏《雜阿含經》第592經——

據說，舍衛城是因為一位傳說中的賢者——舍衛陀（Savattha）居住於此而得名，她最早本是宗教修行之地，後來才逐漸發展成一座城市。另有一種說法是：由於這裡民生富庶、安和樂利，舉凡人們生活所需之物，此地無所不有，因此被稱為「一切有」（Savatthi）！

純真的波斯匿王

在這個「一切有」的豐饒王城裡，出了一位在佛教經籍上頗具盛名的君王，他就是波斯匿王（Prasenajit）！這位強大的國王統治著稱霸恆河以北的憍薩羅國，就和摩揭陀國的頻婆娑羅王一樣，波斯匿王不但在政治上武功鼎盛，對佛教僧團也是大力護持，只不過他似乎比頻婆娑羅王具備了更多求法向學的精神，因為佛典中留下了許多波斯匿王向佛陀熱心問法的經文。

比方說在《雜阿含經》中，就有一個相當有趣的故事，透露了波斯匿王的純真性格。有一天，波斯匿王前來祇樹給孤獨園拜訪佛陀：

時波斯匿王，其體肥大，舉體流汗，來詣佛所，

在佛陀時代，恆河平原大約有十六個國家，維持著政軍上微妙的平衡。其中，位在恆河中游北岸的憍薩羅國和南岸的摩揭陀國，隔著滔滔大水相互競爭對峙著。

由於舍衛城正好位於三條重要商道會合之處（其中一條通往王舍城），使得她成為西元前六世紀時，繁榮的商業中心與貿易集散地。經濟的發達導致宗教的興盛，不僅佛教團體在此非常活躍，婆羅門更以此地為研習吠陀思想的重要聚點。

這座城市之所以在佛教歷史上占有一席地位，是由於世間導師——佛陀，對憍薩羅國的國王與臣民，投注了非常多教化心力的緣故。

🔺 帕耆俱提遺蹟，又稱為鴦掘摩羅塔。

◀ 左頁：犍陀俱提精舍遺址。

前頁 卡耆俱提精舍遺址。

151

稽首佛足,退坐一面,氣息長喘。爾時世尊告波斯匿王:「大王!身體極肥盛。」

　　大王白佛言:「如是,世尊!患身肥大,常以此身極肥大故,慚此厭苦。」

　　爾時世尊即說偈言:「人當自繫念,每食知節量,是則諸受薄,安消而保壽。」

　　　　　　　　　——大正藏《雜阿含經》第1150經

　　波斯匿王聽完佛陀要他「飲食要知所節制」的話後,覺得非常受用,於是特別要求一位年少侍從,將這段偈子背頌下來,每當要用餐時,就讓他隨侍在側,不斷的複誦世尊這段話以為警策。

　　日子沒有過多久,波斯匿王就身體纖細,容貌端正,恢復了年少時英挺的身材。為此,波斯匿王特別於樓閣住處,面向佛陀的方向,右膝著地,合掌恭敬,虔誠地禮敬感謝佛陀對他的開示,令他得到即時的利益。

　　只因篤實遵行佛陀之言,為肥胖所苦的波斯匿王就能現世得到「減肥瘦身」的利益,相對照於「知法卻不行法」的大多數聲聞弟子而言,波斯匿王可愛也踏實得多了!

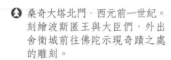

🔼 桑奇大塔北門·西元前一世紀。刻繪波斯匿王與大臣們,外出舍衛城前往佛陀示現奇蹟之處的雕刻。

🔼🔽 在商業鼎盛的憍薩羅國中,富甲一方的貿易商人,其財富有時會更勝於王室(圖為卡者俱提——給孤獨長者的故居)。

除此之外，另有一個特殊的事件，展現了波斯匿王寬大為懷的胸襟。有一次，阿闍世王率領著四軍——象軍、馬軍、車軍及步軍，浩浩蕩蕩地來到憍薩羅國挑釁，波斯匿王在倉猝間結集軍隊迎戰，結果各有勝負傷亡，最後波斯匿王生擒了阿闍世王與他的象、馬、車乘及財物，並將他們押送到佛陀的座前。

在念及與頻婆娑羅王亦親亦友的關係下，波斯匿王當著佛陀的面，釋放了前來侵犯的阿闍世王。這樣寬宏待人的心量，不僅獲得佛陀的讚揚，也贏得世人的感佩。

戰勝增怨敵，敗者臥不安，勝苦二俱捨，臥覺寂靜樂。

——大正藏《雜阿含經》第1236經

不幸的是，波斯匿王晚年似乎與他的好友頻婆娑羅王一樣悲慘。在一次前往迦毗羅衛城與佛陀會面時，憍薩羅國發生了政變，留在國內的毘琉璃太子與大臣們（據說亦有外道團體支持）將其罷黜並自立新王。波斯匿王悲憤之餘，立即趕往王舍城向阿闍世王求助，打算奪回王位，然而，才走到王舍城外，就因勞累含恨而死。

在那弱肉強食、父為子傷的年代裡，波斯匿王雖然無奈地走完他的生命，但他與佛陀間雋永交流的法音，卻靜靜地留在佛弟子們心中！

祇園精舍的誕生

除了波斯匿王依於王權對佛教的支持外，舍衛城民間最廣為周知、引人感懷的，就是祇樹給孤獨園的故事了！

祇樹給孤獨園（Jetavana Vihara）的興建緣起，傳說是這樣的：大約在西元前六世紀，舍衛城裡有一位家財萬貫卻仁慈悲憫的長者，名叫須達多（Sudatta），由於他非常樂善好施，經常濟助貧苦的人們，因此大家都稱他為「給孤獨長者」（Anathapindik），意思就是「無可比擬的布施者」。有一次，他前往王舍城做買賣，無意間巧遇到正居住於寒林丘塚間的世尊。

……給孤獨長者遙見佛已，即至其前，以俗人禮法，恭敬問訊：「云何世尊，安穩臥不？」爾時，世尊說偈答言：「婆羅門涅槃，是則常安樂，愛欲所不染，解脫永無餘。斷一切希望，調伏心熾然，心得寂止息，止息安穩眠。」

爾時，世尊將給孤獨長者往入房中，就座而坐，端身繫念。爾時，世尊為其說法、示教、照喜已。世尊說諸法無常，宜布施福事，持戒福事，生天福事。欲味，欲患，欲出遠離之福。給孤獨長者聞法已，見法、得法、入法、解法，度諸疑、惑，不由他信，不由他度，入正法律，心得無畏。

——大正藏《雜阿含經》第592經

聽聞佛陀說法的給孤獨長者，當下就皈依三寶成為在家居士，並告訴世尊他將終生虔敬供養僧團——包括衣被、飲食、房舍、床臥及隨病湯藥等一切所需，希望世尊能到舍衛城淨住說法，而佛陀默然地接受了這位仁善長者的請求。

給孤獨長者回到舍衛城之後，立刻開始積極物色合適的土地，以便建造精舍恭請佛陀前來淨住。幾經挑選後，舍衛城南端一座美麗的花園吸引了他的注意，那是屬於當時舍衛城王子——祇陀（Jeta）所有的祇陀洹花園，於是給孤獨長者直接向王子表明想要購買花園的心意。

不過，王子相當喜愛這座林園，又不想明白地拒絕這位善良長者，就故意刁難的說道：「要買祇陀洹園可以，但價碼是鋪滿整座花園的金幣。」

王子打的主意是：「任您再富有，也無法弄出那麼多的金幣來鋪滿我的花園吧！到時不必我開口，您就會自動打退堂鼓了！」然而，虔敬的給孤獨長者並未因此退縮。

他打開家中的金庫，變賣所有值錢的物品並換成金幣，一塊一塊地鋪在花園之中，最後，還差一小塊空地未能鋪滿，但金幣已用盡了。

此時，祇陀王子來到花園中，告訴長者：「既然這塊土地和旁邊的樹木都未被鋪上金幣，那麼它們仍然屬於我。不過，看到您如此誠心盡力，使我深深感動，這件事也算我一份，就用我的樹木在這塊空地上蓋一座精舍，獻給那智者吧！」

就這樣，由祇陀王子捐樹、給孤獨長者獻地所建造而成的這座林園精舍，就被世間人普遍被稱為「祇樹給孤獨園」。

太子戲言：「金遍乃賣。」善施聞之，心豁如也，即出藏金，隨言布地。少未滿，太子請留，曰：「佛誠良田，宜植善種。」即於空地建立精舍。世尊

● 巴呼特石雕，西元前二世紀。由於祇園精舍的布施，讓給孤獨長者成為佛經上最出名的在家居士。

◀ 左頁：佛陀至少在祇樹給孤獨園中度過有二十四個雨季安居，這幾乎占了佛陀傳法生涯中一半的歲月。

▼ 桑奇塔門石雕，據信是描繪佛陀在祇園內居住的二座精舍。——桑奇大塔北門，西元前一世紀

即之，告阿難曰：「園地善施所買，林樹逝多所施，二人同心，式崇功業。自今已去，應謂此地為逝多林給孤獨園。」

——玄奘《大唐西域記》

戰遮女與孫陀利

當然，祇園精舍啟建緣由帶有濃厚的戲劇性，所謂的黃金鋪地購買林園，在現實中實有難以克服的困難。但早在西元前二世紀的印度古老遺址上，就已經有描述這個故事的雕刻出現，可見它很早就在民間廣為流傳了。不論真相究竟為何，唯一可以確定的是，在二千多年前，人們對於盡心盡力的護法者，就已極力地讚揚與稱頌，並有相當程度的憧憬與崇仰了。

可是，這並不代表佛陀在舍衛城的弘法之路就是一路順暢，事實上正好相反！經典中，佛陀在舍衛城受到外道誣衊陷害的事例屢見不鮮，甚至比其他地方的干擾更多。其中最有名的，就是「戰遮女的謗佛」與「孫陀利棄屍事件」。

戰遮女（Cinca）是一名篤信外道的女子，她因為見到佛陀的聲望日益高漲，心中十分不服，於是設下計謀。她先請外道於城內四處散播謠言說：「戰遮女懷了佛陀的孩子，這個大沙門原來是個偽君子！」然後，在一次世尊為大眾說法的正式場合裡，戰遮女在腰間綁上一只木盆，衝上講臺扯住佛陀的袈裟，向大眾宣稱：「這個口口聲聲自稱覺悟的人，使我懷了他的孩子，卻又拋棄我、不認我，而你們竟然還會相信他的胡說八道，讓他在這個臺子上高談闊論？」

就在大眾半信半疑、議論紛紛之際，得意忘形的戰遮女綁在腰際、偽裝成大肚子的木盆，卻在拉扯

△ 秣菟羅·貴霜王朝·西元二世紀。古印度婦女沐浴石雕，讓人可以在心中描繪出戰遮女和孫陀利的形貌。

之間，咕咚一聲掉了下來，當場戳穿了她的謊言。當場戰遮女就在眾人一片恥笑與謾罵聲中，慌亂羞愧地逃離現場。一場原本可能會對世尊造成傷害的毀謗鬧劇，就幸運地以喜劇收場。

但是，另一件「孫陀利棄屍事件」就更為陰狠殘忍了！據說，當時嫉恨佛陀的外道買通一位妓女孫陀利（Sundari），請她天天到祇園精舍聽佛陀說法。經過一段時日，當舍衛城民都知道妓女孫陀利在祇園精舍學法後，幾位外道就聘請凶手殘忍地殺害了孫陀利，並偷偷將屍體埋在祇樹給孤獨園中。

他們對外大肆宣稱佛教僧團殺害了孫陀利，而當屍體在祇樹給孤獨園中被發現時，可以想見祇園精舍的比丘們是如何的百口莫辯！一時之間，舍衛城民對僧伽們大加韃伐，忿怒不已，幸而沒幾天，百姓們抓到因分贓不攏而起內鬨的凶手，這才還給僧團清白。

外道激戰舍衛城

這也難怪，憍薩羅國原本就是外道興盛之地，不但傳統的婆羅門教在此紮根已久，勢力龐大，其他新興宗教也把這裡當作布教重鎮。直到今天，耆那教徒依然把這裡尊稱為「明月城」，因為有兩位耆那教的聖者——「尊生主」（Sambhavanatha）和「月光主」（Candraprabhanatha）就是在此誕生的。

在這種情況下，原本可安享城民崇敬與供養的諸外道們，突然之間遇上佛陀樸質無華、落實人間教法時，爭又爭不過、打又打不贏，眼見城內富商王侯紛紛轉而信受護持佛法，可以想見外道們心中的憂急與嫉妒會是多麼的熾盛啊！

在這樣宗教雜處、詭譎多變的環境中，外道對佛

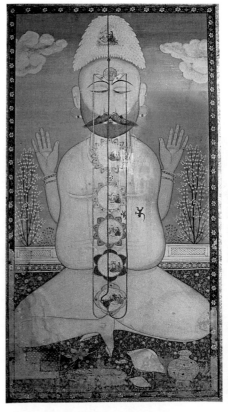

教僧團的處心迫害已令人難以招架，偏偏僧團內部還有破僧者提婆達多來湊熱鬧！據說一心想取代佛陀領導地位的提婆達多，曾在佛陀於舍衛城淨住期間，把毒藥塗在指甲中，企圖在禮敬佛陀時乘機殺害世尊。

這些事件的真偽目前已難以探究，但在西元五世紀法顯遊歷舍衛城時曾提到：「憍薩羅國有九十六種外道，各有各的信徒……且在城中仍有提婆達多的徒眾，他們供養過去三佛，卻不供養釋迦牟尼佛。」由此可知這些傳說絕非空穴來風，至少透露出當時佛陀在舍衛城中的傳法環境是多麼的困難與險阻。

無畏於外道的挑釁衝突，佛陀在這個繁華都城度過大半生歲月，渡化數不勝數的舍衛城民成為虔心護法的優婆塞、優婆夷。而在佛陀的諸多弟子中，除了舍利弗、目犍連與大迦葉等為王舍城出身外，其餘諸大長老大都是此城的子民，由此可見佛陀對舍衛城的苦心教化依然是十分成功的！

站在這數千年前的舍衛城故地，想像當時佛門四眾與各種異端思想，齊聚在這商賈雲集、辯者輩出、人文薈萃、雄霸一方的大城市中，猶如百川匯入大海、群鳥爭鳴樹端，雖然免不了遭遇狂風暴雨，但世尊也因此得以針對諸多不同的因緣條件一一開示，留下許多珍貴的智慧言語，供後人細細思量。

時至今日，不論是初聞或久學的佛弟子們，讀誦到：「如是我聞：一時，佛住舍衛城祇樹給孤獨園。爾時，世尊告諸比丘……」這耳熟能詳的章句時，都必然興起對祇園精舍與舍衛城的無限嚮往，宛若展讀家書，親切之感躍然紙上，懷思之情油然而生。

舍衛城巡禮

西元1863年，英國考古學家亞歷山大‧康寧漢率領著一支考古研究隊，在印度UP省境內、拉普提河（Rapti）南岸的雙子村落莎荷（Saheth）與瑪荷（Maheth）中，發現了一群小土丘，初步探查後，發現其中掩埋有不少遺蹟古物，在更深入的挖掘與考據之後，他們欣喜地宣布：這個地方即為古老的憍薩羅國首都——舍衛城！

在莎荷村中，考古隊於一座土堆裡挖掘出一尊佛像的頭和肩膀，而在另一個土堆裡，又挖掘出一座高逾二公尺的立佛像。從這座充滿細密小孔的砂岩雕刻風格看來，它顯然來自著名的佛像藝術中心秣菟羅（Mathura）。於是他們更進一步挖掘，終於發現了一座古老寺廟的牆基與地板，地板上刻著佛陀的足印，足印旁則有一塊石碑，碑文中描述這座雕像是「拘賞波俱提精舍的說一切有部（Sarvastivadin）老師所贈送的禮物」。就是這塊寶貴的碑銘，證實了此地即是著名的祇樹給孤獨園所在地。

在這座遺址附近，有三座很深的大湖，根據玄奘的說法，這是當年提婆達多與其弟子瞿伽梨和戰遮女等三人，因為陷害、毀謗世尊而墮入地獄的地方，這個巧合更加令人深信，此地即祇園精舍的舊址。

經過持續不懈的考古工作，陸陸續續又有十六座風格各異的遺址出土，不過多半是屬於較晚期增建的佛塔和寺院。

遺蹟磚石中發現許多西元五世紀到十二世紀的佛像及菩薩像，顯示佛教在舍衛城的活動一直相當活

在舍衛城這個經常出現於佛教經典的說法舞臺上，遺留有許許多多重要的佛史軼事，可惜的是，傳說繼任的憍薩羅國王——毘琉璃太子為了一雪身世之恥，親手吞併了釋尊的故鄉迦毗羅衛城，並對釋迦族人進行殘酷的滅族屠殺。從此以後，佛陀就很少再前來這個令人遺憾的繁華都城了。

🔺 現今的祇樹給孤獨園經過規劃整理，成為一座花木扶疏的林園。

◭ 祇園精舍一景。

◮ 莎荷遺蹟區的祇園精舍介紹牌。

◭ 右頁：拘賞波俱提精舍遺址，周邊有一長條平臺，據說是佛陀經行之處。

躍，直到十二世紀遭到回教徒的毀滅性攻擊後，佛教的時代才在此畫上休止符。

相對於莎荷村落以祇園精舍遺址為主要歷史古蹟，位在東北方約二公里的瑪荷村落中的史蹟就分散許多。

瑪荷的遺址是在1905年的挖掘工作中重見天日，其厚實城牆與壯觀塔門，被確定是強盛繁榮的舍衛城遺址。雖然有高大的城牆遺蹟易於辨識，不過人們的焦點卻經常被祇園精舍耀眼的光芒所吸引，而在不經意間冷落了它。

事實上，出土的只是古城一小部分，經過考證研判，僅有四座城門及後代增建的城牆基座尚可辨識，但附近並未發現有明顯的皇宮或王國街市遺蹟。另外，兩座壯觀的巨大土丘——帕耆俱提和卡耆俱提，則是此區最重要的佛教史蹟。除此之外，大部分的古城都還沉睡在層層厚土之下，等待人們將它們喚醒，接續那朦朧殘破的歷史謎團。

祇樹給孤獨園（Jetavananathapindi Karama）

池流清靜，林木尚茂，眾華異色，蔚然可觀，即所謂祇洹精舍也。

——法顯《佛國記》

祇樹給孤獨園又簡稱為「祇園精舍」（Jetavana Vihara），這個令佛教徒們記憶深刻、遐想無限的經典林園，占地大約十甲，目前種了一些低矮的灌木和幾棵高大的樹。

隨著季節輪放的各色花叢、鋪設平整的參訪步道、茵茵綠草襯著洗刷乾淨的遺蹟紅磚，讓現代的祇

園精舍儼然是一座雕琢美麗的社區公園,人們閒暇時分在此漫步休憩,卻已不再記得它的光榮過去。

　　從四散分佈的佛塔底座以及僧房殘基看來,祇園精舍在過去確曾度過一段輝煌的時光,只是,如果您滿懷著思古之幽情,急欲找尋佛陀在此烙下的生命痕跡,那麼,您唯一會找到的,只有深深的失落和莫明的悵然而已,因為那座給孤獨長者鋪金建造的原始祇園精舍早已頹圮消失,現有的所有殘基都是後代王朝的重建擴充之作。

　　祇洹精舍本有七層,諸國王、人民競興供養,懸繒幡蓋,散華燒香,燃燈續明,日日不絕。

　　鼠銜燈柱,燒花幡蓋,遂及精舍,七重都盡。

——法顯《佛國記》

　　這是西元五世紀初,法顯遊歷印度時留下的記錄,生動地描述出祇園精舍當時香火興盛的熱鬧情景,可惜後來因為老鼠將燈芯銜出,引燃佛殿上的華蓋布幡,進而波及整座精舍,結果七層樓的建築全部毀於祝融之手。

　　到了七世紀玄奘來參訪時，入口兩側還可以看到兩根阿育王石柱，「左柱上作輪形，右柱上作牛形」，不過園區中已是「室宇傾圮、唯餘故基」的衰敗景象。時至今日，連阿育王石柱都湮滅消失了。現在人們所有的，就只有遺留在經典中得來的虛幻印象了！

● 僧院遺蹟

　　現在的祇園精舍中，留有大批的僧院遺蹟，其中大部分是貴霜王朝到笈多王朝時期的建築。在這群遺蹟中，位居最北的寺院是規模最大的一座，由於其位置正好在祇園精舍的東門和北門之中，因此有人猜測，這裡可能就是當年給孤獨長者鋪設黃金的所在。

　　從殘址看來，內部原本應有禮拜堂和水井，大殿四週則井然有序地排列著許多小僧房，從位在較高的地勢看來，透露出它代表著較重要與尊貴的地位。

● 拘賞波俱提精舍（Kosambakuti；三號寺院 Temple 3）

　　位於阿難菩提樹的北方，是祇園精舍之中有名的建築遺蹟。因為它被認為是當初給孤獨長者所建的七層精舍所在地，並且因為佛陀曾經淨住於此而顯得特別神聖。

　　精舍遺蹟前有兩座平臺，據說佛陀曾在這長廊道路上漫步經行，因此建立平臺以標示紀念。考古學者在這裡挖掘出一座巨大的雕像，根據上面的刻文記載，這雕像是西元一世紀貴霜王朝時期，豎立在拘賞波俱提精舍中的。

　　在這裡，有一個關於佛像的有趣傳說。根據法顯記載，七層精舍被火焚毀後，各國國王與人民均感到相當難過，待大火熄止五天後，他們傷心地打開東邊

的小精舍，準備重整環境，卻意外的發現，原本以為被火燒盡的一座古老栴檀佛像，竟然被放在裡面，完好如初。一時大家士氣大振、欣喜若狂，於是再度修治精舍，在原地重建一座兩重樓閣的廟宇，並將栴檀佛像安奉其中。

　　但是西元七世紀玄奘前來時，只見廣大的祇園精舍中，「獨一磚室，巋然獨存，中有佛像」。人們相信，玄奘那時候看到的，應該就是拘賞波俱提精舍，只是其中的佛像想必已經不是那一尊傳奇的栴檀佛像了吧！

●犍陀俱提精舍（Gandhakuti）

　　「犍陀俱提」專指世尊所居住的房舍，一般又稱為「香室」，也稱為「佛殿」。

　　犍陀俱提精舍是園中另一座重要的遺蹟，一般認為這是祇園精舍的故址，以及佛陀最早說法淨居之所。但它真正出名的原因是，根據北傳佛教的說法，這裡是佛陀說《阿彌陀經》的地方，因此經常會有大乘佛教徒在這裡舉行各項紀念儀式。

　　精舍遺蹟正前方有一座圓錐形的階梯狀小塔，是目前祇園精舍內的祭祀中心。來參觀朝禮的信徒們，都很喜歡在這裡焚香祭祀，並且為

◐ 位居最北的僧院，是祇園內最大、最壯觀的建物。

◑ 空空蕩蕩的園區，高照的艷陽，過去無常、現在無常，況未來乎！

◐ 左頁：祇園一隅，八個不同時期所建的佛塔聚集於一處，可以想見此地舊時為「塔林」。

◑ 犍陀俱提精舍前的祭祀小塔，被信徒貼上金身，又被火燭燒灼出灰黑磚漬，使得色彩鮮艷的花朵看來特別亮眼！

小塔貼上金箔或掛上花環，以示虔誠崇敬。小塔後方有階梯通往一座巨大的方形平臺，這是以前主佛殿的遺蹟，在遺蹟的最深處，有一間凹下去的小室，許多人會在這裡點上燭火、誦唸經文，或是做一些私密的宗教儀式來紀念或祈禱。

人們在犍陀俱提精舍裡所做的各種祝禱儀式，為冰冷的祇園精舍遺蹟添加了些許宗教氛圍，只是，現在的人間似乎已經很難再看到佛陀住世時那種純樸實修的風氣了。

●阿難菩提樹（Ananda Bodhi Tree）

從入口處沿著主要的參訪道路前進，遠遠的就會看到這棵盡情伸展枝椏、撐出綠色傘蓋、美麗而巨大的阿難菩提樹屹立在路邊。在這個滿是沉寂磚土的偌大園區中，見到一棵綠意盎然的巨樹，已為人心上灑下一片清涼，如果再聽到那久遠的傳說，剎那間將為這蒼涼的祇園，披上一片輕柔的溫馨……

故事來自錫蘭的古老典籍：在佛陀仍住世傳法的時代，曾規定比丘們一年中只有三個月的雨季安居期，可以住在一個固定的地方，其他時間都必須到各地托缽行腳。也就是說，即使佛陀在祇園精舍結夏安居三個月，但其他時候，世尊仍是遊化於印度各處，居無定所。於是，在下一個雨季來臨前，舍衛城內的佛弟子們就必須忍受九個月的思念世尊之苦。

這一年，眼看著雨季又快要結束，世尊又即將離開祇園精舍。依依不捨的舍衛城民們，在一次機會中拜託阿難向佛陀請求，希望能在祇園精舍內留下一件紀念物品，以便世尊與弟子們遊化他鄉時，人們可以睹物思人，同時也能有禮敬的對象。為了滿足人性上

經行

「五天之地，道俗多作經行。直來直去，唯遵一路，隨時適性，勿居鬧處。」

步行，在印度是一件人們每天都在做的事情，除了工作或外出，古印度大部分的人——不論修行人或一般庶民，都會在一天之中找一個適當的時間，在固定的路線上直來直去地，憑著自己的習性來回步行，這亦稱為「經行」，一來可治病，二則有助於消化。

接近中午時分和午後近黃昏時，是經行的時間，可出寺長行，也可在寺內長廊下緩步。如不經常步行，身體必定多病，腳腫肚脹、臂膊疼痛、喉中痰瘀不消，這些都是長時間不活動筋骨所引起的毛病。

故鷲山、覺樹之下，鹿苑王城之內及餘聖跡，皆有世尊經行之基耳。
——唐·義淨《南海寄歸內法傳》

◀ 左頁：阿難菩提樹的年齡寫在盤結的樹身上，而它的智慧就在微風、葉影之間。

⊙ 祇園精舍中的犍陀俱提，據說
是佛陀當時最常安住的精舍。

⊙ 帕耆俱提有著一段放下屠刀、
立地成佛的傳奇故事。

的依賴與渴求，佛陀答應了阿難之請，於是眾人便商請以神通著名的目犍連尊者，運用神足到菩提道場的菩提樹上取下一株枝苗回來。

樹枝取回來後，大家一致希望能由當時的國王波斯匿王親手種植，但國王婉謝了這項殊榮，於是給孤獨長者被選為最具資格的植樹人，並在一次盛大的典禮中，將菩提樹種植在祇樹給孤獨園內。從此以後，每當佛陀不在舍衛城內時，人民就將這棵菩提樹視為佛陀的親身，向其禮敬與供養。而為了感謝阿難的傳達之情，舍衛城民就將此樹命名為阿難菩提樹。

由於樹身上的古老痕跡，阿難菩提樹被當地人認為是從佛陀時代留存至今的古樹。不過，從法顯和玄奘的遊記中均無記載，以及樹木實際壽命有限的事實看來，這段故事無疑只是一則古老而美麗的虛構傳說而已。

事實上，根據印度考古部門的說法，這棵樹是後人由斯里蘭卡的阿努拉達普拉市（Anuradhapura）內，那棵具有歷史意義的菩提樹上切枝栽植而來的。

古樹、新枝、殘石、片瓦、羊腸小徑、千年佛塔……如今，整個祇樹給孤獨園區內，已經找不到世尊當初在此度過二十四個溽夏雨季的安居房舍了。但是，每一寸翠草紅磚間，都因為世尊曾在此宣說世間正法與律戒寶藏，而瀰漫著神聖莊嚴的氣氛。隨著足跡踏在磚石上的喀喀輕響，千年前那正法的誦念聲，似乎也隱隱迴盪在淡淡的綠草香間。

帕耆俱提（Pakkikuti）

又稱鴦掘摩羅塔（Angulimala's Stupa），從祇園精舍通往瑪荷的主要道路上，可以輕易地到達帕耆俱

提遺蹟。這座土丘是由紅磚堆砌而成的巨大建築，正下方有一個明顯的洞穴通往遺蹟中央，再往上垂直穿鑿，直通塔頂。當地人在塔頂圍了一圈鐵欄杆，讓觀光客可以從塔頂直接往下望見大塔內部。

從整座建築的結構看來，考古學家推定此為舍衛城的遺蹟，但是當地卻另有傳說，認為這個洞穴曾經是大盜鴦掘摩羅的藏身之處，同時也是他遇見佛陀而得道、以及最後入滅火化的地方，因此人們均稱這裡是鴦掘摩羅紀念塔。

鴦掘摩羅據說曾是一個凶殘陰狠、殺人無數的強盜，但其實是個充滿戲劇張力的悲劇人物。傳說鴦掘摩羅原名阿因薩卡（Ahinsaka），意為「善良」、「無惱」。他是憍薩羅國大臣之子，生性溫順且天資聰穎，十二歲時就跟著一位學識通達的老婆羅門修行，對老師非常地尊敬與信服。

有一次，師父有事外出，留下「善良」和師母單獨相處。誰知道這位師母竟趁著丈夫不在，想誘惑這位俊美的弟子行非禮之事，正直的「善良」當然是嚴辭拒絕了！

惱羞成怒的師母於是向丈夫謊稱，「善良」趁兩人獨處時意圖對她非禮。受騙的老婆羅門想到自己對這位弟子教導愛護有加，而他竟恩將仇報，不禁怒火攻心，於是想出一個報復的毒計。

他將「善良」叫到房中，說要傳授祕法：「若欲成道生天，就在城中，殺一千人，每殺一人，即取其右指，用線貫串成鍊，掛於頸間。殺滿一千人，即成正道。」「善良」不疑有他，真的遵照老師的吩咐，每天站在城門口，見到人就殺，然後割下手指，掛在自己的頸子上。

鹿野苑摩犍陀俱提寺內的壁畫，大惡盜鴦掘摩羅將割下的手指掛在自己的頸上，直到遇見佛陀才放下屠刀。

🔺🔺 藍天綠草間的帕耆俱提一片寧
靜，然而那貫穿塔丘的垂直裂
口，卻又讓它透出一抹淒涼。

▶ 右頁：卡耆俱提遺蹟位於道路
的最尾端，被認為是給孤獨長
者的故居。

🔻 在帕耆俱提旁邊休憩的牧童與
牛兒。

　　不用多久，「善良」就成了人人聞名喪膽的大惡盜「鴦掘摩羅」（Angulimala，意譯為「指鬘」，也就是手指項鍊之意）。

　　當他殺人累積到九百九十九人之時，他的母親前來勸誡他莫再行惡事，誰知他竟然意圖殺害母親來湊滿一千人之數。

　　幸好佛陀及時出現，對他開示正法，令他當下悔悟成為比丘。在追隨佛陀修行後，天性聰慧的「善良」終於也證得聖道，成為一位阿羅漢。

服人用鉤鞭，或是手鎚杖，世尊均未用，卻使我服降。

我名為「善良」，行為卻殘酷，如今已改過，名實已相符。

親近無上世，佛法我尊行，苦軛已放下，愛欲已斬除。

　　　　　　　　　　　　——鴦掘摩羅長老偈

　　一個殺人取指的江洋大盜，竟然能幡然悔悟，成為一位戒行清淨的比丘僧，這樣的轉變讓鴦掘摩羅成為佛教史上令人印象深刻的長老。

　　據說，由於出家前所造作的惡業實在太鉅大，因此，即使在鴦掘摩羅放下屠刀成為比丘後，仍有許多人故意在他托缽乞食時，用石塊、棍棒毆打他，以發洩對他的恨意，但他總能默默地承受這遲來的責罰，任人打罵與報復。

　　不過，或許是有感於鴦掘摩羅長老「浪子回頭金不換」、「放下屠刀、立地成佛」的偉大轉變吧，舍衛城的城民在他逝世之後，還建了一座塔來紀念他的勇氣與精神，以及那令造惡之心轉而澄清的「法」的真諦！

卡耆俱提（Kachchikuti）

位在瑪荷最北端的巨大土丘，就是卡耆俱提，它又被認為是須達多長老的故居遺址，故又稱須達多塔（Sudatta's Stupa）。

這座令人印象深刻的紅磚建築，曾經歷過不同時期的增建，最早大約在貴霜王朝時代，最晚則大概到西元六世紀左右。不同時代的不同建構風格，讓這座磚丘呈現出相當複雜的建築體。在主建物西北角的下方，有兩座圓形的佛塔基座，這是唯一可以證明卡耆俱提是一座佛教建築遺蹟的證據。

巨大的紅磚土丘內有一座笈多王朝時期的佛殿，其中陸續挖掘出許多匾額、屋簷、門楣及陶器等古物。考古學者根據史籍上的記載，推斷此處應為須達多長老（即給孤獨長者）的故宅遺址，只不過至今並沒有明確的出土文物可茲證實。

耆那寺（Jain Temple）

在莎荷到瑪荷之間，距帕耆俱提約一公里處的道路右手邊，有一座中古式的耆那教寺廟遺蹟。耆那教徒們相信，這裡是他們教中第三位聖者尊生主的誕生地，因而對其禮敬有加。

根據法顯在《佛國記》中的記載：「其道東有外道天寺，名曰影覆，與論議處精舍，夾道相對，亦高有六丈許。所以名影覆者，日在西時，世尊精舍則映外道天寺，日在東時，外道天寺影則北映，終不得映佛精舍也。」就地理位置而

言，我們有足夠理由懷疑這座遺蹟可能就是其中提到的天寺「影覆」，雖然無法證實，不過由於它就站在大馬路邊，經過時倒不妨順道一遊。

它之所以值得旅人停下腳步，是因為其獨特的半圓形屋頂造型頗為少見。順著階梯繞到寺廟背面，即可看到如同剖面圖的天寺全貌。

由於大半部都已崩毀，因此目前用鋼樑支撐著，一眼望盡圓頂、鋼樑，殘磚，更覺其壯觀。

天寺後方有一片廣闊的建築遺蹟，顯示這裡曾經也有許多外道修行者淨住共修。雖然目前只餘蕭瑟殘基，但耆那教修行者們至今仍然以傳統的修行方式，在印度過著苦行遊化的生活，而曾經「讓外道天寺無法覆影」的佛陀教法，卻早已在祖國凋零萎謝，近乎滅絕了！

曾經歡舞笙歌，曾經聖哲競起，曾經冠蓋雲集，曾經叱吒風雲！歷盡風霜、繁華落盡的舍衛城，如今沉默了！再沒有三教九流的思想家咄咄逼人，再沒有意氣風發的大富商一擲千金，再沒有打滾市集的愁苦小民汲汲營營……

林間驟然響起一片綠色的盛夏大合唱，歌聲中沒有快樂，沒有感傷，卻也並非漠然，那歌聲只是明白：世間並沒有恆常永住的事物，也沒有可以消散湮滅的主體，如果一定要有什麼，那麼，勉強可以說，我們有的，只是許許多多因緣條件在電光火石間碰觸的剎那，所展現的當下罷了！

那歌聲是明白的，所以用盡力氣唱著：「知了！知了！知了！……」數千年來，不絕於耳。

○ 如同這殘剩的半片圓頂天蓬，耆那教在印度仍能撐起半個天空。

舍衛城——過去與發現

法顯《佛國記》這樣說：（距今約1620年，距佛陀過世約890年。）

　　法顯、道整初到祇洹精舍，念昔世尊住此二十五年，自傷生在邊地，共諸同志遊歷諸國，而或有還者，或有無常者，今日乃見佛空處，愴然心悲。彼眾僧出，問法顯等言：「汝等從何國來？」答曰：「從漢地來。」彼眾僧歎曰：「奇哉！邊地之人乃能求法至此！」自相謂言：「我等諸師和上相承以來，未見漢道人來到此也。」

玄奘《大唐西域記》這樣說：（距今約1385年，距佛陀過世約1120年。）

　　城南五、六里，有逝多林，是給孤獨園。勝軍王大臣善施為佛建精舍，昔為伽藍，今已荒廢。東門左右各建石柱，高七十餘尺，柱鏤輪相於其端，右柱刻牛形於其上，並無憂王之所建也。室宇傾圮，唯餘故基，獨一磚室巋然獨在，中有佛像。

　　1863年亞里山大・康寧漢的《古印度地理》一書中的文字記載，顯示當時考古人員的嚴謹與辛苦比對法顯與玄奘的歷史記載：「佛教史上最著名的地點之一，大名鼎鼎的舍衛城，其確切位置在哪裡，長久以來一直困擾著我們最優秀的學者。這一半是因為中國朝聖者們的記載相互矛盾，一半則是因為烏德利省（Oudli）沒有夠精準的圖。」

　　康寧漢根據法顯和玄奘各自記錄的方位和距離做了實測比對後，再加上古印度的婆羅門《往世書》記錄，確認法顯有部分的方位記錄可能是錯誤的。

▶ 亞歷山大・康寧漢爵士，英國陸軍少將、考古學家。康寧漢以創建印度考古勘探團，發現鹿野苑、那爛陀寺、桑奇大塔等重要佛教遺址而聞名於世。

憍賞彌
Kausambi 聖地之八

─法盡之地─

釋迦法盡，此國最後，故上自君王，
下及眾庶，入此國境，自然感傷，莫
不飲泣，悲歎而歸。

——玄奘《大唐西域記》

◉ 法盡之地

無鬥無有諍，慈心愍一切，
無患於一切，諸佛所歎譽。
——大正藏《增壹阿含經》高幢品第24-3——

憍賞彌，又譯做拘睒彌，是佛陀時代北印度十六
大國之一跋蹉國的首都，也是佛陀主要遊化弘
法區域裡偏西之地。

關於這個城市的源起，最早出現於印度神話史詩
《摩訶婆羅多》，故事主人翁之一的潘達閥五兄弟原
本定都於哈斯汀那浦（Hastinapur，古印度文明之一，
位於德里北方約一一〇公里處），卻因為一場大洪水
沖毀了這個城市，不得已之下只好帶著臣民往南遷
移，到亞穆那與恆河交會處附近的小村重新建國。這
個被選為新都的地方，就是後來舉足輕重的政治文化
大城——憍賞彌。

憍賞彌依傍著幽深的亞穆那河而建，恆河從北方
激盪流過，在六十三公里外的婆羅門教聖城阿勒哈巴
與亞穆那河會合。因著這兩條無比神聖重要的河流，
憍賞彌有著得天獨厚的交通優勢：沿著恆河下行，她

憍賞彌，一個總是被遺
落在聖地名單之外的地名。

曾經，她是古印度政商
繁榮的大城，各種宗教門派
在此相互爭輝；曾經，她是
佛陀親履說法與雨季安居之
所，烙印下世尊許許多多的
著名教誨；曾經，因為國王
貴族的尊崇信奉，在這座城
市裡出現了佛教史上第一座
佛像。

然而，這兒也曾經因為
一件小事而引發嚴重的僧伽
鬥諍，甚至佛陀親臨調解也
無法解決，最後只好無語遠
離這座繁華大城……

◐◑ 阿勒哈巴是恆河與亞穆那河
的交匯處，自古以來就是印
度教的聖城。

◀◀ 左頁：憍賞彌的阿育王石
柱，被重新豎立在水泥地
上，最上端還可見破裂接合
的痕跡。

前頁 寧靜的亞穆那河邊小村
中，靜靜躺著古代政商
大城憍賞彌的遺蹟。

△ 圖左的阿勒哈巴城堡內，收藏
有一根阿育王石柱，可惜並不
開放參觀。

▽ 瞿師羅園遺址被包圍在農田裏
面，相信有很多的古蹟仍深埋
在農作物之下。

▷ 右頁：笈多王朝．秣菟羅．西
元五世紀。世界上的第一尊佛
像，據說是出現於憍賞彌，由
優填王打造。圖為笈多王朝的
佛陀立像。

可以一路往東通達鹿野苑以及華氏城，直到孟加拉灣
出海與國際接軌，或是沿途轉運往南通往王舍城、菩
提迦耶，往北達吠舍離、拘尸那羅與舍衛城。順著亞
穆那河北上，則可以到達秣菟羅等重要城市，也難怪
古印度亞利安人會選擇她做為新都之所。

便利的交通帶進了人潮，人口的擴張造就頻繁的
貿易發展，而政商都發達的城市，對宗教修行者一向
有著不可抵抗的吸引力，更何況苦行外道最重要的沐
浴聖地——阿勒哈巴就鄰近身旁，於是各種宗教異術
紛紛在此搶占地盤，不論是婆羅門教、耆那教還是土
著神鬼信仰，各宗教古籍傳說中都有憍賞彌的身影留
存，可見這座城市在西元前六世紀到西元五世紀間，
實是不折不扣的政商、宗教與文化中心。

佛陀，當然不會在這場盛會中缺席。

根據南傳經典記載，佛陀在正覺後的第六年
和第九年曾經來到憍賞彌，雖然一生只履足此地
兩次，但佛世時這裡就已建立了四座著名的精舍
林園——瞿師羅園、雞園寺（Kukkutarama）、婆
婆梨迦芒果林（Pavarika-Ambavana）和跋陀梨園
（Badarikarama），可見當時佛陀的教說在有力的傳
佈下，必定很快就在地打下了基礎。

瞿師羅長者的美音林園

　　憍賞彌諸多出家在家弟子中，最重要且著名的，就是堪與給孤獨長者媲美的另一位富商弟子——瞿師羅長者了。根據《四分律》記載，瞿師羅長者前世曾經是一隻狗兒，他的主人負責每天敦請五百位辟支佛前往應供。有一天時辰到了，主人卻忘了這件事，這狗兒便獨自上山對著諸位辟支佛大聲吠叫，將他們請至受食處應供。因著這個因緣，他得以轉生為富裕人家，並得名「瞿師羅」（Ghosita，意譯為美音）。

　　瞿師羅長者是一位非常虔敬好施的佛弟子，為了護持佛教，他將自己位在城東南郊的林園房舍，奉獻給僧團做為精舍，這就是著名的瞿師羅園。除此之外，《律藏》中還記載，瞿師羅長者竭盡一切家產供養佛陀與比丘，甚至狂熱到連自己吃飯都成了問題，需要靠親友日常接濟糧食過活。

　　已經布施到貧窮見底的長者，仍舊有不少比丘天天到他家中乞食，並且每次都裝一滿缽而回，鄰人實在看不過去，便出言呵責這些比丘。怨憎之聲因此逐漸傳開，佛陀輾轉知道這件事後，便命比丘們到長者家中懺悔，並規定日後前來受食的諸比丘們須知有所節制，只能取三分之一缽的份量。

　　瞿師羅長者虔心奉獻的心，讓他的名字在千年後仍流傳人間。雖然最終散盡家財、一貧如洗，令人感歎，但或許這就是瞿師羅長者體現生命無所執取的方式吧！

傳說世間的第一尊佛像

　　我弟子中第一優婆塞……至心向佛，意不變易，所謂優填王是。

——大正藏《增壹阿含經》清信士品第6

　　在佛陀時代，憍賞彌的國王是優填王（Udena，又譯為優陀延那、鄔陀衍那），由於他所寵愛的王后差摩婆帝（Samavati）虔信佛法，在王后的影響下，優填王也成為佛陀虔誠的弟子，經常以極豐厚的供養奉獻僧團。不過，優填王最

著名的護佛事蹟，不是奉獻大林園、也不是精勤問法，而是創造了世上有史以來的第一尊佛像！

《增壹阿含經》卷二十八記載著，佛陀有一次往三十三天為母親說法，一去三月未歸，世間人們都十分想念，尤其是波斯匿王與優填王：「二王思如來，遂得苦患。」

優填王甚至還對群臣說：「設我不見如來者，便當命終。」為了排解這位君王對佛陀的思念之苦，群臣便想出一個點子，告訴優填王可以做一尊如來形像，把佛像當做是世尊來禮敬。優填王聽了十分欣喜，便命巧匠以牛頭栴檀刻了一尊五尺高的如來像，於是，世間誕生了第一尊佛陀造像！

一般認為，玄奘在西元七世紀到此旅遊時曾看過此佛像：「城內故宮中有大精舍，高六十餘尺，有刻檀佛像，上懸石蓋。」但近代印度的考古工作卻從不曾發現有西元前所遺留的佛像，僅有佛足印、金剛石、法輪、菩提樹等象徵佛陀的圖騰，因此其真實性尚需考證。

然而優填王畢竟以此經文而為人所熟知，而製造佛像也在佛滅後三、五百年間日益昌盛，佛像雕工益顯華麗雄偉，甚至出現「三十二相」、「八十種隨形好」等非凡異貌。時至今日，佛像藝術已成了佛教研究領域裡不可忽忽視的一門學術，它不但填滿了人心

🔺 憍賞彌村落仍維持古老的農耕生活，當地人不靠任何的機械器具，完全依靠牛隻、人力與簡單的農具耕種與收割。

🔻 桑奇大塔北門．西元前一世紀。佛陀從三十三天回歸人間的敘事雕刻，階梯上的聖樹代表佛陀順著階梯走下人間。

思念與情感的空虛，也為過去的時光留下了美麗的見證，更為晦澀難辨的佛教歷史，提供了足以溯源與實證的珍貴記錄。

無解的僧團鬥諍

　　雖然憍賞彌在佛陀的弘化生命中占有一席之地，但在這兒留下最深的烙印，卻是一個傷痕——那是連佛陀也無法調解的僧團鬥諍事件。

　　據說，一開始只是一件小事，一位比丘做了一件有爭議的事，經過布薩羯磨，被判定為犯戒。但這位比丘不服判定，便私下拉攏其他比丘議論說自己為是，布薩結果為非，於是導致僧團分為兩派，相互鬥諍攻擊，甚至嚴重到「刀杖相加」的地步。

　　鬥諍事件愈演愈烈，終於傳到當時居住於舍衛城的世尊耳中，根據《摩訶僧祇律》記載，佛陀原本先請優波離長老前往憍賞彌滅此諍事，但卻怎麼樣也無法勸和雙方，於是世尊最後還是從舍衛城千里迢迢來到憍賞彌，為相諍比丘們說了六和敬的教誡。

　　根據巴利文中部《隨煩惱經》記載，當時佛陀苦勸比丘們：「唉！諸比丘！勿鬥諍，勿異論，勿鬥諍，勿紛論。」但比丘卻回答：「世尊！法主之世尊，請待，世尊！世尊不被擾亂，唯請住現法樂住，我等應當鎮靜此鬥諍、異論、論難、紛議。」也就是請世尊不必多事，僧團自己處理就可以了。佛陀數次好言勸誡，但比丘們依然不願和合。

　　勸解無效且受到不尊重對待的佛陀，不久後就收拾好自己的座具衣鉢，在未驚動任何人的情形下，默默地離開了憍賞彌。從此以後，佛陀似乎就不曾再履足這個城市了。或許，這就是佛陀長達四十年的弘化生命中，只在此蜻蜓點水地待了兩個雨季的原因吧！

釋迦法盡人天感傷

因僧團鬥諍而留名，已經夠讓人唏噓了，然而，憍賞彌卻還有另一個更讓人心情沉底的傳說——這裡是佛法最後滅盡之地！

在《雜阿含經》卷二十五中，記載著佛陀訴說了令人震撼的預言。或許是預見自己將於不久後般涅槃，為了讓正法能常久住世，世尊敘述了千年後佛法滅失時世間的悲慘狀況。

佛陀告訴諸天世人，千歲之後將有四惡王在十二年間毀滅敗壞佛法：「百千眷屬，破壞塔寺，殺害比丘，四方盡亂。」此時憍賞彌會出現一位叫作「難當」的國王，而摩揭陀國的首都華氏城則會出一位名叫「弟子」的三藏法師，以及一位名叫「修羅他」的阿羅漢。

在修羅他阿羅漢和三藏法師的說法渡化下，難當王「於佛法中，生大敬信」，並且發下弘願：「我當十二年中，當供養五眾。」

諷刺的是，得到豐厚供養的諸比丘們，卻成了佛法滅盡的導火線：「諸比丘輩食人信施，而不讀誦經書，不薩闍為人受經。戲論過日，眠臥終夜，貪著利養，好自嚴飾，身著妙服，離諸出要、寂靜、出家、三菩提樂。形類比丘，離沙門功德，是法中之大賊，助作末世壞正法幢，建惡魔幢；滅正法炬，然煩惱火；壞正法鼓，毀正法輪；消正法海，壞正法山；破正法城，拔正法樹。」比丘的惡行使得人天鬼神俱不歡喜，不僅不再護持，並且同聲認為佛法即將滅盡。

到了布薩說戒的日子，修羅他阿羅漢知道現今只有憍賞彌仍有僧眾聚集說戒，便來到這裡參加布薩。當時世間僅存百千僧眾，除修羅他之外世間已無阿羅漢。難堪的是，在這些僧眾中竟無人能說戒，連最德高望重的三藏法師「弟子」都未學戒律。

此時修羅他便挺身而出，告訴大家自己對佛所制律儀悉已備足，能為大眾說戒。眾僧不識修羅他，正有疑慮時，三藏法師的一位弟子即因不服氣而起身辱罵，最後竟然手持利刃將這位世間僅存的阿羅漢給殺害了。

修羅他的弟子見老師被殺，大為忿恨，當下也將世間最後一位三藏法師予以殺害了。於是，就在憍賞彌的最後一場布薩裡，如來正法全部滅盡，再也無阿羅漢能說法傳戒，也再沒有通達三藏的法師能將如來所說法繼續傳衍流布。

這就是佛陀所預見的法盡之相！多麼讓人驚心與錯愕，光是想像那動人心魄的混亂場面，就足以令人搖頭歎息，親歷聖地遙想當年，又怎能不「感傷飲泣，悲歎而歸」呢？

憍賞彌，優厚奉獻於此，諍論發生於此，佛像出現於此，釋迦法盡於此。即便是佛法，也必須面對世間的無常，但世尊真正想要傳達的訊息，應該還是此經最後的教誡吧！

法盡之相，如上所說。是故汝等，今者不可不以勤力加於精進，護持正法，久令在世。

——大正藏《雜阿含經》第640經

🅐 艾羅拉石窟外的天空。

🅐 艾羅拉石窟內的佛像石雕。

🔽 阿姜塔石窟。無明的人心讓人間的紛擾爭鬥輪迴不休。

◀ 左頁：憍賞彌的阿育王銘文拓印，作者是歐根・富爾丘吉（Eugen Hultzsch），1925年。

憍賞彌巡禮

憍賞彌的確切位址，在《佛國記》、《大唐西域記》和其他古籍中的記載差距很大，因此在考古工作上遇到相當大的困難。不過，目前普遍受認定的，還是由亞歷山大·康寧漢所確立，位在亞穆那河畔的小村落——柯桑村（Kosam）。

今日的憍賞彌是一個安靜躺在亞穆那河邊的小農村，僅存稀落的紅磚僧院遺蹟，倔強地記憶著令人不想回顧的僧團鬥諍。而那斷殘光滑、獨自挺立的阿育王石柱，就彷彿千年前佛陀默然離去時的背影，孤獨卻又堅毅⋯⋯

🔺 憍賞彌的阿育王石柱，獨自挺立在平野之間，顯得特別醒目。

西元1861年，印度考古研究所的總指揮亞歷山大·康寧漢首度踏入柯桑村，在當時的教育部人員協助下，他來到遺蹟所在地做了簡單勘查。這次調查雖然沒有找到任何明確證據，但康寧漢已十分確定，這兒就是佛陀時代的政經大城——憍賞彌。

可惜的是，康寧漢的直覺並沒有引起考古學界的重視，這個小村又沉寂了將近八十年，一直到1940年，才在阿勒哈巴大學的夏瑪教授（G. R. Sharma）領導下，開始進行挖掘工作，憍賞彌幾近滅失的遺蹟才一步步重現天日。不過，挖掘工作進行到1966年，似乎就呈現停滯狀態了，印度政府對於已出土的珍貴遺蹟也沒有予以應有的照顧，因此，目前出土的遺蹟依舊孤獨地站在荒僻空曠的田野上受日曬雨淋。

坐著顛簸搖晃的悶熱巴士，緩緩行過塵土飄揚的土石小徑，來到現代的柯桑村。放眼望去盡是旱田農舍，烈日之下，偶見幾棵枝繁葉茂的大樹孤獨挺立，倒頗有些玄奘大師所形容的「粳稻多、甘蔗茂，氣序暑熱，風俗剛猛」之感。在當地人的熱心帶領下，總算找到了藏在小村田野間的憍賞彌遺蹟區。

遺蹟區並不大，也沒有任何路標或圍籬，出土的遺蹟包括了：

阿育王石柱

孤獨矗立在荒野田中的半截阿育王石柱，是整片遺蹟區中最醒目的標的物。這根失去了柱頭的石柱就和其他的阿育王石柱一樣，有著結實且光滑的柱身，

上頭刻著殘破的銘文。較奇怪的是，柱身上還有一些如藤蔓般蜿蜒的花紋，看似隨意的塗鴉，但又精美得彷彿刻意的設計，令人駐足細觀不忍離去。

據信阿育王原本應該是在這兒立了兩根石柱，其中一根在回教王朝入侵時，被移到了阿勒哈巴城堡中。而在這根被移到回教城堡中的石柱上，銘刻著阿育王極為嚴厲的敕文——諭令僧團不得分裂！

奇怪的是，法顯以及玄奘都沒有提到這裡有阿育王石柱，玄奘只記載了城東南瞿師羅園中有無憂王所建的窣堵波，高兩百餘尺。一般而言，阿育王的塔和柱都是在同一處，玄奘只見塔未見柱，難道是石柱在西元五世紀前，就已經倒塌埋藏於土石中了嗎？依照印度考古學界對這片遺蹟的態度，這個問題恐怕永遠無人能解了。

瞿師羅園遺蹟（Ghostarama Monastery）

根據覺音（Buddhaghosa）尊者記載，憍賞彌有三位富商：瞿師羅（Ghosita）、古古塔（Kukkuta，意譯為雞）和婆婆梨迦（Pavarika），他們一起乘象旅行至舍衛城，並且在祇樹給孤獨園接受佛陀的開示。三人聞法後非常歡喜，便邀請佛陀到憍賞彌說法。

為了讓佛陀在憍賞彌能有地方安住，三人回國之後便各蓋了一座精舍獻給佛陀與僧團，這便是憍賞彌著名的三座精舍：瞿師羅園、雞園寺和婆婆梨迦芒果園。

聖地小百科

憍賞彌的阿育王石柱敕文

殘破石柱刻文對照桑奇及鹿野苑的敕文，可以解讀其內容為：

「天佑慈祥王諭令憍賞彌之官員如下：任何人不得於僧團中製造紛爭，僧團與尼僧團必須和合無諍，這和合必須維持到我的子子孫孫，與日月同壽。任何人若於僧團中製造分裂，不論僧尼，均令其著白衣，並擯出僧團。僧團長久的和合是我的期望，務將這期望廣為告知僧團與尼僧團：天佑慈祥王如是說：你們務須將這份文告抄寫一份告示於你們集會的大廳中，並另抄一份交予俗家信眾。每個布薩日俗家信眾務須前來監督這份諭令，特定官員亦須定期參與布薩，確認這份諭令的執行及通告。你們必須將這份文告確實地在轄區中廣為流傳，並確認這份嚴謹的文告發布於軍事管轄區。」

敕文證明了，憍賞彌在西元前三世紀時仍是相當重要的佛教中心，同時也證實了僧團鬥諍很可能從佛陀時代就持續到阿育王時期。

◀ 阿勒哈巴城堡內的阿育王石柱繪圖。

根據夏瑪的考據，阿育王石柱旁有一片紅磚遺蹟，應該就是瞿師羅園的遺址，但這裡已經看不到玄奘所說的無憂王塔，只見大片草地上羅列著紅磚基座，有的看似小僧房，有的疑似塔基或說法臺，在缺乏標示的情況下實在難以辨識。

宮殿城牆遺蹟

這裡還挖掘出約六公里長的城牆遺蹟，有部分甚至高達九公尺。根據夏瑪教授的觀察，這些城牆很類似印度河流域的城市，因此它們的年代很可能可以追溯到西元前五世紀。在挖掘過程中，還出土了許多陶器、陶偶和錢幣，現在都存放在阿勒哈巴博物館中。

柯桑小村與亞穆那河

沿著遺蹟旁的羊腸小徑，可以順道走訪靜靜躺在亞穆那河畔的柯桑小村。秋末的玉米成熟期，一片金黃的穗花鋪滿田野，女人們頭上頂著高高一綑玉米桿子忙收成，孩子們頂著水罐取水而歸。村子裡有幾口石砌的水井，但路旁幾個男人仍忙著用簡單的器具挖井抽水，生活的步調充滿農情悠閑。

穿過矮房散落的村莊，眼前豁然開朗，亞穆那河寧靜的河岸在面前展開。幾綑稻穗，幾隻小船，展現出簡樸的水岸生活。亞穆那河粼粼生光的潺潺流水，讓人暑氣盡消。數千年的飛揚風光，幾世紀的法音飄蕩，這裡有過虔誠奉獻，有過僧團紛爭，有過繁華榮耀，有過兵戎戰火，然而如今這一切都止息了。只有偶爾出現的匆忙朝聖者，虔心在遺蹟石柱旁，以雙腳繼續寫著無聲的歷史，靜靜聆聽亞穆那河緩緩流過的水聲，輕輕唱著回憶的歌。

🔼 瞿師羅園一景。

🔼 村落內的公共水井。

▶ 右頁：阿育王石柱。

🔽 當地居民每天須頭頂水桶，步行到河邊或水源處汲水。

憍賞彌——過去與發現

🔺1870年拍攝的阿勒哈巴城堡內的阿育王石柱，當時石柱頂上有個石獅柱頭，據說是英國殖民時期一位叫愛德華‧史密斯（Edward Smith）上尉的人在1838年所設計裝上。

🔺根據1931至1962年的印度考古報告顯示，憍賞彌的宮殿建於公元前八世紀，經歷六次建造持續居住到公元 一世紀，宮殿設有尖拱和走廊，完全用磚和石頭建造，沒有使用木材，宮殿下面有巨大的地下室通道。

法顯《佛國記》這樣說：（距今約1620年，距佛陀過世約890年。）

　　自鹿野苑精舍西北行十三由延，有國，名拘睒彌。其精舍名瞿師羅園，佛昔住處。今故有眾僧，多小乘學。

玄奘《大唐西域記》這樣說：（距今約1385年，距佛陀過世約1120年。）

　　伽藍十餘所，傾頓荒蕪，僧徒三百餘人，學小乘教。天祠五十餘所，外道實多。

　　城東南不遠，有故伽藍，具史羅長者舊園也。中有窣堵波，無憂王之所建立，高二百餘尺，如來於此數年說法。其側則有過去四佛座及經行遺迹之所，復有如來髮、爪窣堵波。

　　釋迦法盡，此國最後，故上自君王，下及眾庶，入此國境，自然感傷，莫不飲泣，悲歎而歸。

　　阿育王（在位期間西元前272至231年）是孔雀王朝最傑出的國王，他在征服了奧里薩的羯陵伽後，看到自己造成那麼大的殺戮感到悔恨，便皈依佛教，之後一生都致力傳播佛法。為了傳法，他在許多石碑、石柱和石窟上刻了敕文，遍布整個帝國。這些敕文都用當時淺顯的文字寫成，是印度地區最早期書面文件的代表。

　　目前站在阿勒哈巴城堡內的阿育王石柱，一般公認原本是豎立在憍賞彌。班達卡（Bhandarkar）博

士在研究後表示：「我們在三個不同地點的阿育王
石柱上，都發現刻有阿育王禁止分裂的律法（或命
令），這三個地點分別是鹿野苑、桑奇和阿勒哈
巴。」「我們相信前兩個地點的石柱都是立在原始
地點，但是目前在阿勒哈巴的這根石柱，已經被公
認原本是豎立在憍賞彌。」

他補充說：「憍賞彌銘文是針對憍賞彌的僧團
所做的敕文。」

因為這根站在阿勒哈巴的石柱上所刻的敕文，
是針對禁止分裂破壞佛教僧團。敕文大約內容如
下：「破壞僧團者，不論是是僧是尼，一律令其著
白衣，不得再居於僧團之中。」銘文清楚顯示，這
篇法令敕文確實是直接針對憍賞彌的僧團所頒布。

根據歷史研究憍賞彌的僧團分為兩派，一派屬
於總督，國王的旨意都透過總督來傳布給僧團，有
時候國王本身就是總督。另一派則是地方上的領導
人，他們也能直接接收國王的指令。

▲1900年拍攝的阿勒哈巴城堡內
的阿育王石柱。
這支石柱在1583年的時候由
印度蒙兀兒帝國皇帝阿克巴
（Akbar）拿來做為阿勒哈巴
堡的門面。整根石柱由拋光石
材製成，高十點七公尺，上頭
刻有阿育王的敕文。

僧迦施

Sankisa 聖地之九

―天上人間―

卻後七日如來當來下至閻浮里地僧迦
尸大池水側。爾時四部眾聞此語已，
歡喜踊躍不自勝。

——大正藏《增壹阿含經》聽法品第36

天上人間

汝等當勤學，於佛法聖眾，當滅死逕路，如人鉤調象，
若能於此法，而無懈怠者，便當盡生死，無有苦原本。
——大正藏《增壹阿含經》聽法品第36

一段悠古的人間傳說，三道不復得見的天上寶
梯，造就了僧迦施這座傳奇的聖地。沒有世尊
的生活記錄，沒有如海的經卷佛典，沒有著名的教誨
流傳，僧迦施有的，只是一個縹緲的神話——她是佛
陀到天上為母親說法後，回到人間的下凡地點。根
據《增壹阿含經》記載，整件事的遠因是源於帝釋天
的要求：「今如來母在三十三天欲得聞法……善哉世
尊，可至三十三天與母說法。」。

然而，真正促使佛陀決定離開人間的主要原因，
其實是因為當時世間所發生的另一件故事。

神話古老傳說

傳說當時人間有二龍王作亂，後來被目犍連尊者
降服，皈依佛陀並誓願受持五戒不復殺生。正巧此時
波斯匿王前來朝禮佛陀，但二龍王所化成的人形卻沒
有起身迎接，此舉讓波斯匿王心生瞋恚，私下盤算要
將他們抓起來處死。二龍王知道波斯匿王的心念後心
生怨恨，也計畫要將憍薩羅國的全國人民盡取殺之。
佛陀對雙方的思緒了然於胸，於是暗中派遣目犍連尊
者保護波斯匿王。事情過後，波斯匿王得知自己差點
命喪龍王，驚嚇之餘，對世尊更是崇敬與感恩。

對於這件事，佛陀心中非常感慨，因為一方是

一般提到僧迦施，大約
都只著墨在佛陀到天上為母
親說法後，經由三道寶梯回
到人間。因著這個傳說，阿
育王在西元前三世紀建塔立
柱時不能忘記她，五世紀的
法顯和七世紀的玄奘大師訪
印時不能錯過她，十八世紀
英國學者在印度考古挖寶時
也沒有遺漏她……

直到今天，她依舊站在
那小村郊野，等待著全世界
的佛弟子們，前來懷想聖者
既真實又飄忽的容顏。

🔺 朝聖團體在巨大的菩提樹
下，聽聞佛陀從天上回到
人間的典故。

◀ 左頁：阿育王所立之象形
柱頭，目前被供立在一開
放式的亭閣之中。

前頁 僧迦施因佛陀下凡而聞
名，各國的佛子們，千
里迢迢地尋找著人間道
路，來此朝仿佛典中的
三道寶梯。

僧迦施之謎

　　一個原本沒沒無聞的小村落，只因佛陀下凡而聲名大噪，這是僧迦施極其特殊之處。更特別的是，這裡遠離佛陀傳統遊化的場域，距佛教重鎮王舍城與舍衛城至少有七、八百公里。

　　佛陀若真有上天說法，為什麼選在這偏僻的郊野下來？又為何如蜻蜓點水般，日後不曾再回來？這一圈圈令人疑問的漣漪，令人難解再三。或許，遠離眩人耳目的神話情節，回到真實的人間，才是尋得解答的途徑。

佛教與龍王信仰

　　王舍城裡遺留有一座摩尼耶摩達古塔，供奉的就是民間信仰的龍王——摩尼蛇。從古塔規模看來，龍王信仰在當時擁有一定的宗教版圖，足以與當時的新興宗教並駕齊驅。

　　因此，經文中提到的龍王，指的或許就是龍王信仰的宗教領袖。經文中描述龍王作亂：「此禿頭沙門恒在我上飛，我等當共制之，令不陵虛。」帶有鄙視的「禿頭沙門」一詞，可嗅出民間宗教師對於佛教凌駕於其上的強烈不滿。

長年護持的皇家大護法，一方是新近皈依的天神龍王，但他們在學佛之後，依然煩惱熾盛，滿腦子打打殺殺。於是佛陀心想：「此四部之眾多有懈怠，替不聽法亦不求方便使身作證，亦不復求未獲者獲未得者得，我今宜可使四部之眾渴仰於法。」就這樣，佛陀未告訴任何人，便直接上三十三天為母親說法了。

　　如來一去便是三個月，世間無人知道世尊到哪去，眾人思念至切，其中尤以波斯匿王和優填王最甚，因此衍生優填王造世間第一尊佛像以解思念之苦的故事。最後，世人得知世尊在天上為母親及諸天說法，便請目犍連代表四部之眾請求世尊回到人間，而佛陀回答說：「四部之眾遊化勞乎？無鬥訟耶？外道異學無觸嬈乎？」目犍連告訴世尊大家都行道無倦，佛陀這才說：「卻後七日如來當往僧迦尸國大池水側。」於是各國人民齊聚於僧迦施迎接佛陀下凡。當天佛陀從三道寶梯中的金梯緩緩步下，梵天在右側的銀梯上，帝釋天在左側的水精梯上隨侍一同回到人間，並為在場大眾開演正法，當下六萬餘人諸塵垢盡得法眼淨。這就是佛陀離開人間為母說法的因緣始末，也是僧迦施在佛陀生命中唯一一次的重要演出。

貪嗔痴惱的人間

　　這篇經文前面花了整整三分之一的篇幅，敘述龍王作亂、目犍連降龍及龍王與波斯匿王的糾紛鬥法，這其實隱含著當時宗教與政治的競爭角力。佛陀一生努力弘法，讓許多民間龍王信眾皈依佛門。也許是入門未久或虛假皈依，也可能是波斯匿王在處理民間宗教事務時，與龍王信徒產生極大的衝突，因此雖然同為佛陀弟子，但雙方似乎一度幾乎爆發殺戮事件。

若說新進外道弟子與波斯匿王的殺戮衝突，是優婆塞與優婆夷怠惰的最壞示範，那麼比丘和比丘尼是否也做了讓佛陀無言歎息的事呢？答案就在憍賞彌了！那兒的僧團曾為了一件小事引發激烈爭執，連佛陀親自前往調解都無法平息鬥諍。四部之眾如此不受教，難怪佛陀會心生「四部之眾多有懈怠」的慨歎。沒有告訴任何人就默默離開的佛陀，所選擇的隱居之所或許就是荒僻的僧迦施小村。在交通不發達的古印度，只要離開平時慣常履足的區域，要找到失去音訊的人，簡直宛如大海撈針。因此當人們四處尋找不到佛陀時，會傳出世尊已離開人間到天上去的說法，也是非常自然的事。

　　簡言之，「天上說法」極有可能是佛陀在看到弟子無心向法且勸誡無用時，選擇暫時遠離人群的一段神祕經歷，而這也解釋了為什麼在佛陀消失的期間，波斯匿王和優填王思念會最為急切，因為他們心裡很清楚，自己就是讓佛陀失望離去的罪魁禍首之一。

　　在佛陀仍住世時，人間就已紛擾不休，如今的佛子世界，喧譁更甚於前。輕輕誦讀佛陀在返回人間僧迦施之前，於須彌山頂所說之偈，驀然間醒覺，不論佛是否真能神通往返於人天，對人們最重要的，還是他不倦的再三叮嚀呀！

⊙ 山丘上的一棵菩提樹，是佛教在此丘頂上的唯一標誌，其餘皆為印度教所占據。

⊙ 僧迦施的小土丘，其實曾經是一座巨大的佛塔，每天皆有來自四面八方的朝聖者，爬上丘頂虔誠禮敬，再循著原路踏上歸途。

⊙ 殘存的佛足石雕，倒也頗能代表僧迦施聖地的精神。

　　汝等當勤學，於佛法聖眾，當滅死逕路，如人鉤調象，若能於此法，而無懈怠者，便當盡生死，無有苦原本。

　　　　——大正藏《增壹阿含經》聽法品第36

僧迦施巡禮

僧迦施古名Sankasya，不論是現在還是二千年前，都是一個不太起眼的小村落，若不是因為各國佛教徒的虔誠朝聖，恐怕永遠不會有人注意到她。僧迦施的傳說至少在佛滅後不久就已經開始流傳，因為在西元前三世紀時，阿育王就已經把僧迦施列為一個重要的聖地，他不但在此建了一座磚塔，還豎立了一根莊嚴雄偉的象形柱頭石柱。

小村經歷了印度教洗禮乃至於回教的統治，僧院崩毀，石柱倒塌。直到西元1842年，英國考古學者亞歷山大‧康寧漢循著法顯和玄奘的旅行記錄，首度確認了她的存在，但直到1862年，康寧漢才首次親自來到這裡。在他精確的計算及挖掘下，僧迦施終於重現天日，也挖掘出此地曾經享有的宗教光環。

阿育王象形柱頭

僧迦施最重要的史蹟焦點，就是巨大雄偉的阿育王象形柱頭了！雖然它的臉部、象鼻、象牙和尾巴都已經毀損，又被石製混凝土涼亭與欄杆包圍保護著，顯得有些委屈，但仍不失其絕美魅力。阿育王石柱的精緻雕工，在它身上樣樣具備——高度拋光、平滑無紋的巨象身形，脖子與腳下垂掛著典雅的項鍊裝飾，腹下與四腳似乎包夾著象徵富足的金磚銀塊，穩穩地站在雕著繁花捲草與菩提葉的圓形平臺上，下方銜接著圓潤流線的覆蓮基座，一體成型，氣勢雄偉。遙想象頭與象尾若依然完好，在艷陽的照耀下巍然挺立在平原之上，景象肯定令人震懾難忘。

西元五世紀法顯到訪僧迦施時，曾經提到三道寶階還留有七級在地面上，阿育王在寶階上建了一座精舍和一尊佛像，周圍遍布了許多小塔。當時的僧團還約有一千人，顯示這裡曾一度是相當興盛的佛教修學重地。

西元七世紀玄奘來訪時，佛學風氣還算興盛，他也提到在城東二十餘里處的大伽藍內，仍留有三道寶階的遺蹟，但已是後世國王所建。寶階上有精舍，精舍中有佛像，旁有石柱，寶階旁有佛塔、水池和經行石，皆佛陀曾入定經行之地。遺憾的是，玄奘之後就很少再有關於僧迦施的文獻記載了。

🔼 山丘上的比丘與菩提樹。

▶ 阿育王象形柱頭比一個人還要高大，雖然象鼻與臉部已損壞，但仍散發雄偉氣勢。

根據康寧漢的記載，石柱原本應是站在阿育王佛塔的正北方，從柱頭的直徑及法顯的記載看來，石柱總高約有十六到十八公尺，因此康寧漢就以此為挖掘半徑，希望能找到柱身。可惜除了一座方型的石柱基座遺蹟，並沒有發現任何柱身殘骸。由於這尊柱頭是在地面下約七十公分處出土，根據土壤堆積的速率推算，它應該是在西元750年時斷裂倒塌，而柱旁的僧院也是在同一時期崩毀。從僧院的圍牆厚度和石柱的直徑看來：「我強烈懷疑它們是毀於一場地震，因為僧院和石柱倒塌的方向完全一樣。」康寧漢如此記載著。換句話說，在玄奘來訪後不到一百年，僧迦施就毀於一場大地震，而殘存的僧眾或許也就此離散，僧迦施的佛教傳承，在此劃下了句點。

在象形柱頭旁一棵菩提樹下，有間小小的斯里蘭卡風格白色祠堂，裡頭供奉著一尊金色佛像，左右是隨侍的梵天和帝釋天，描繪著佛陀從天而降的傳說。寺廟很小，勉強容一人彎身走進禮佛。佛像前留有蠟燭燒盡的殘跡，從供品、香花和蠟蠋的數量看來，這兒的禮拜人潮似乎比不上山丘頂上的毗娑利女神。

寶階佛塔與菩提樹

從象形柱頭再往下走幾步，右手邊有一座巨大土丘，趨前細看會發現土丘上其實曾建有紅磚砌建的房舍，只是目前已傾倒毀損。土丘前有一面小小的藍色牌子，標示著它是政府保護的國家級古蹟。人們絡繹不絕地踩著土丘紅磚階級往上攀登，禮敬蓋在丘頂的印度教毗娑利女神廟（Bisari Devi）和旁邊的哈努曼猴神廟（Hanuman Temple）。

這座已被踩出一條階梯通道的土丘，其實曾經是

🌐 菩提樹是佛教的聖樹，但眼前所見樹下的香火，卻大多由印度教信徒所有。

🌐 在通往遺蹟的大路邊，另外建有一座造型獨特的美麗建築，門口高大的牌樓上寫著「緬甸寺」，這是現代緬甸佛教僧團所建，也是附近唯一一座佛教僧院。
如果有時間，不妨在遺蹟區附近散散步，在充滿農村風情的小村裡，將周邊的遺蹟做一趟簡單的巡禮。

一座高六公尺、直徑四十九公尺的巨大佛塔。十九世紀末康寧漢來此時，毗娑利女神廟已經存在，大塔周遭散布著土丘，推測應該也都是佛塔遺蹟。這座大塔應該就是法顯和玄奘所提到，從天上下降至人間的三道寶階遺蹟所在處，可惜因為塔頂中央站著小小的毗娑利女神廟，而且香火非常旺盛，所以康寧漢沒有辦法從塔頂挖鑿豎井進入挖掘，探查塔心以及後世擴建的軌跡，否則應該會找到更多的歷史證物才是。

目前整座山丘幾乎都被印度教占領，唯一能夠象徵佛教的，是丘頂一隅的菩提樹。樹身嬌小，樹齡頂多不超過十年，應是朝聖的佛弟子們深感佛影悽涼，而特意栽植的吧！樹身上纏掛五色旗幡，樹下則是紀念祈福的燭火燃香之地。但印度教徒也未忘記此處，隨處可見神像圖騰傍樹而放，所有教派皆可在此撫額敬拜或燒香祭祀，菩提樹展現了人間最大的包容。

康寧漢初次到訪時，僧迦施四周還散布著許多小塔遺蹟，在柱頭倒臥處周邊也挖掘出雖已倒塌但仍完好的石牆遺蹟，可惜都被附近的村民移走作為建材了。康寧漢認為它們很可能就是玄奘所提到的僧院遺蹟，遺蹟區的東南方有一座水池，康寧漢認為這是玄奘所說的龍王池，當地人現在把它稱做「卡利瓦」（Karewar），每年四、五月與八、九月間的五龍節（Nag-Panchami）以及需要祈雨時，村民們都會向池子舉行祭並奉獻香乳。

站在丘頂放眼一望，無際的農田與零星散落的農舍，說明了今日的僧迦施是個極度貧窮的聖地。佛教經文雖清楚描述了世尊從天上下凡來到此處，但似乎並沒有為僧迦施帶來豐饒的財富，有的只是煙霧與塵土、虛華與孤獨，以及世代相傳不斷的人間故事。

僧迦施——過去與發現

法顯《佛國記》這樣說：（距今約1620年，距佛陀過世約890年。）

此處僧及尼可有千人，皆同眾食，雜大、小乘學。

住處有一白耳龍，與此眾僧作檀越，令國內豐熟，雨澤以時，無諸災害，使眾僧得安。眾僧感其惠，故為作龍舍，敷置坐處，又為龍設福食供養。眾僧日日眾中別差三人，到龍舍中食。每至夏坐訖，龍輒化形作一小蛇，兩耳邊白。

（註：顯示當時佛教與印度教信仰已共融共存。）

玄奘《大唐西域記》這樣說：（距今約1385年，距佛陀過世約1120年。）

城東二十餘里有大伽藍，經製輪奐，工窮剞劂，聖形尊像，務極莊嚴。僧徒數百人，學正量部法，數萬淨人，宅居其側。

伽藍大垣內有三寶階，南北列，東面下，是如來自三十三天降還也。

傍有石柱，高七十餘尺，無憂王所建也。色紺光潤，質堅密理，上作師子，蹲踞向階，雕鏤奇形。

（註：現存是大象柱頭，象徵阿育王的石獅已毀損，後代王朝再新刻。）

亞歷山大‧康寧漢在1862至1865年間描述當時的發現：「在寺廟所站立的小丘北方約四百英呎處，發現一個古老石柱的柱頭，上頭刻著一隻站立的象，但象牙和象尾都不見了。柱頭本身是著名的覆鐘型，垂直的線條或溝槽，有著跟阿勒哈巴石柱類似的刻著花藤的頂板。這隻象的雕刻是目前我所見過的印度雕象中，把大象表現得最好的一個。」

1870年約瑟夫‧大衛‧貝格拉於僧伽施拍下這張大象柱頭照片，由於是用品質較差的負片沖洗出來，因此可以看到邊緣有膠捲乳化的損壞現象。

巴特那

Patna 聖地之十

阿難啊！當阿利安人仍常往還且商賈
雲集，此波吒釐子城將成為一大都市
與商業中心。但此波吒釐子城將有三
種危險：一者為火，二者為水，三者
為鄰友相爭。

——巴利文《大般涅槃經》

Patna

● 孔雀之心

> 吾今最後留此足跡，將入寂滅，顧摩揭陀也。百歲
> 之後，有無憂王命世君臨，建都此地，匡護三寶，
> 役使百神。
>
> ——玄奘《大唐西域記》

　　巴特那古名波吒釐子城（Pataliputra），Patali原是一種會開放淡粉紅色花朵的樹，而putra則為「子」的意思，因此中文譯為「華子城」或「華氏城」。會有這樣浪漫的名字，自然是因為它的起源來自於一段浪漫的傳說。

　　很久以前，有一位青年學子遠離家鄉，來此跟著一位婆羅門修學，卻因為學業無法突破而心生鬱悶。為了消解愁悶，青年與一群同學來到附近的波吒釐林中遊玩，並學著當時的禮俗玩起婚禮的家家酒，還開玩笑地摘下一枝波吒釐花枝給他當「新娘」。

　　遊戲玩到日薄西山，同學們一一回家，只有這位入戲太深的青年仍坐在樹下回味。沒想到就在此時，林中突然大放光明，一位年老的樹精牽著曼妙美麗的花精少女出現，為他們倆舉行了一場真正的婚禮，並希望他就此定居在這林中。

　　青年又驚又疑，卻也沒有拒絕。第二天，只見人役來往，大興土木，很快就完成了一座房舍林立的市鎮，後來又加築了城牆，於是一座新的城鎮就這樣建立了起來！

　　佛陀時代恆河邊一個不起眼的小村莊——波吒釐村（Pataligrama），世尊晚年從王舍城出發進行此生的最後之旅時，恆河渡船口就在這附近。當時佛陀已看出她優越的水路交通，因而說出「此地將成為一座偉大城市」的預言！

　　隨著國與國之間的戰爭與阿闍世王的大力建設，波吒釐村在短短的時間內發展為繁榮大城，她的重要性隨著摩揭陀國的壯大而與日俱增。佛滅後百餘年間，印度出現了強盛的孔雀王朝，此渡口小村也跟著搖身蛻變為繁華的國都「波吒釐子城」，邁入了前所未有的極盛顛峰。時至今日，繁華雖已凋零，但她仍是車水馬龍的比哈省政府與交通中心，扮演著舉足輕重的角色。

　　◗ 孔雀石雕‧巴呼特‧西元前二世紀。

　　◖ 左頁：孔雀王朝首都華氏城的唯一遺址——肯拉哈爾公園，由原本陽剛的帝工居所，轉為光焰戀愛氣氛的浪漫公園。不一樣的年代，有不一樣的味道。

　　前頁 肯拉哈爾公園內的西元前三世紀孔雀王朝議會廳石柱。

▶ 右頁：圖中的阿育王石柱原立於吠舍離附近的勞格利亞那旦格（Lauriya-Nandangarh）村落，現被移放在首都德里的印度考古協會裏。

▼ 位於恆河、干達河、宋河等河流交匯點的波吒釐村，由於先天的優勢，讓她由原本摩揭陀國最北邊境的小村落，變為邁向印度統一的跳板，成為孔雀帝國的心臟！

由於該城的住民都是波吒釐花精的後代，因此人們就把這座新城稱為「波吒釐子城」！

真是一段粉紅色的浪漫傳說，為波吒釐子城的天空灑下奇幻的雲彩。不過，現實的人間可就沒有那麼美麗了！

阿育王與華氏城

要談波吒釐子城的發跡，就不能不從摩揭陀國開始說起。在佛陀時代，古印度的摩揭陀國掌握有從迦耶到巴特那一帶的恆河流域領土，她最早的首都，定在由五山圍繞的上茅宮城，然而，隨著頻婆娑羅王的軍事擴張政策，摩揭陀國的國土日益向外拓展。

首先，他向東征服了控制著恆河三角洲並擁有許多港口的鴦迦國（Anga），這些港口正是印度東岸及緬甸海港之間重要的貿易孔道，得到這些港口的控制權，讓摩揭陀國開始快速發展。

此時，以攻防為主要考量的首都上茅宮城，已無法靈活因應新的局勢，於是摩揭陀國便將首都遷移到地勢較為開放的王舍城。

阿闍世王繼位之後，更積極地實行擴張政策，只是他在軍事行動之外，還意識到恆河與貿易經濟的重要性——在交通不便的上古時代，河道航運與港口有如國家的命脈，控制了恆河，就等於控制整個恆河平原，這點對軍事戰略與經濟發展均相當重要！於是，阿闍世王將眼光轉向北方和西方，並開始考慮將首都遷離王舍城。

幾經選擇，他先在恆河的五個河口附近建立了一座小要塞——波吒釐村，後來他的兒子（一說為孫子）優陀延（Udayin）繼位，開始在這裡大力建設，

並將首都搬遷至此。政治地位的提升加上地理交通的優勢，使得這個小村莊快速地成長，最後超越了昔時的都城，成為後來著名的孔雀王朝首都——華氏城！

統一了全印的孔雀王朝，領土廣大，國力富強，聲勢如日中天。

藉由貿易的往來，孔雀王朝和西方世界有了頻繁的接觸，許多西方國家均派有使節在此任職，舉例來說，當時的敘利亞地區即曾派遣美加蘇得尼斯（Megasthenes）來到華氏城擔任大使，他把在華氏城的見聞民情作了詳細的記錄，為當時的華氏城社會狀況留下了珍貴的史料；據說當時有六十四座城門、五百七十座箭樓，其中光是四個主要城門，每天的稅收就有四十萬枚錢幣。

此外，中國朝聖者法顯亦曾在西元五世紀時，見識到尚未被毀損殆盡的「華氏古城」壯麗堂皇的屋宇樓閣，與依稀尚存的繁榮物質生活。

凡諸中國，唯此國城邑為大，民人富盛，競行仁義。
——法顯《佛國記》

阿育王是將孔雀王朝與華氏城搬上歷史舞臺的重要人物！他不但虔誠地皈依佛教，大力護持法脈的傳承，並且將佛法所宣說的和平、非暴力、平等、慈悲等思想，運用於治理國家人民。

他派遣僧侶使節將這樣的訊息廣布於印度乃至世界各個角落，使佛教在橫向的空間上成為一個世界性的宗教，然後以西方風格的石柱與石刻敕文，在縱向的時序中，為當時的佛教發展留下了歷史的見證，其影響可說深達現世每一位佛弟子，實可謂無遠弗屆！

印度裘那迦（Junagadh）地區知名的阿育王石刻法敕。

孔雀王朝無疑是偉大的！而阿育王則是締造這個偉大帝業的人，他的功績不只是在勢力版圖的擴張，同時也在於文化的深度開發與歷史顯像。由於阿育王的提倡，佛法得以快速的擴展於全世界，因著他頒布法敕刻文，印度的歷史得以清晰而具體，不再模糊迷濛。

第三次佛法結集

阿育王的廣護佛法，還衍生出一件對佛教意義深遠的重大事蹟，那就是在華氏城舉行的「第三次佛法結集」。

在阿育王稱霸印度時，佛陀已入滅三百多年了。在這三百年間，佛教僧團的發展和佛陀在世時已大大不同，不但在戒律持守上因為各地習俗不一而有不同的認定標準，在法義知見上也出現很大的分歧，僧團因此分裂成好幾個部派。

阿育王初登基時，僧團的分裂還算單純，僅分為大眾系、上座系以及屬於上座系統的分別說部，然而在阿育王秉著誠心派遣僧侶四出傳法後，分裂卻反而日益惡化。為了打進當地社會，佛教漸漸融入各地風俗民情，導致每個地區都有一套不同的法與律，進而分裂出許多派別。

而原本一片赤誠全力推廣佛教的阿育王護佛政策，不但沒能改善這種情況，反而衍生出另一個重大的問題——非佛教的外道修行人愈來愈不容易得到崇敬與供養，為了生存，許多外道假扮僧侶混在僧團中，這些人被稱為「賊住比丘」。他們只想求取利養，並無學法之心，甚至將許多民間信仰的傳說與外道思想滲入佛教教義中，導致僧團中見解混雜、良莠難分而無法和合共住。

這其中分裂最嚴重的就是阿育王所啟建且護持最力的阿輸迦園（Asokarama，意為「無憂園」），由於供養十分豐厚，以致賊住僧侶特多，於是見解分歧、戒律鬆散，導致七年無法舉行布薩（每月定期集會，討論戒法與懺悔生活中的違犯）。阿育王看這樣不是辦法，便派遣使節到阿輸迦園為比丘們調停。

怎料到不論這位使者怎麼勸說，僧眾們仍是各持己見，不願和解，使者一怒之下，拔刀斬殺了一名僧侶。阿育王知道後又驚又懼，親自到阿輸迦園悔過請罪，並請教僧眾：「我的使者一時糊塗，竟殺害僧眾，請問應如何定罪？」沒想到僧眾們各執己見，莫衷一是，讓阿育王大起疑惑，不禁歎道：「難道沒有人能告訴我真正的佛法，解開我的疑惑？」這回大家倒是異口同聲地推舉了一位德高望重的長老——目犍連子帝須（Moggaliputta-tissa），他是優波離尊者的第四代弟子，是當時上座系分別說部的大長老。

於是阿育王從阿呼恆迦山（Ahoganga）請出目犍連子帝須長老，由長老招集約一千位長老大德僧，在華氏城聚集會議，重新整理佛陀的教法和律制，做成《論事》（Katha-Vatthu）一書，並乘機將賊住外道擯出正統僧團。

據說當時用的方法簡單俐落，由長老們組成口試團，所有僧眾一個一個進入試場，闡述自己對佛法的理解，凡見解有偏失者，一律視為賊住，迫其還俗擯出僧團。這次規模龐大的僧團自清行動與經律整理工作，即佛教史上的第三次結集，而結集的所在地——華氏城，也因而增添無可抹滅的歷史重量。從桑奇、鹿野苑及憍賞彌等地的阿育王石柱法敕均教戒「僧團須和合無諍，不可製造分裂，否則將擯出教團」的刻文內容來看，這次結集事件相當可信。

混亂的王城故都

繼孔雀王朝之後的笈多王朝，是另一個在文化、藝術、經濟等各方面均繁榮鼎盛的統一王朝，此時的華氏城仍是笈多王朝的首要都市。直到西元六世紀

🔺 1951至1955年之間的石柱照片。

🔺 雄偉的議會廳裡，曾有八十根石柱在此豎立著。

末，一場巨大洶湧的洪水吞噬了這座繁華都城，華氏城就此一蹶不振。西元七世紀玄奘來到這裡參訪時，它已是一座荒煙蔓草、殘跡頹圮而充滿神話的「故城」了。

　　殑伽河南有故城，周七十餘里，荒蕪雖久，基址尚在。

——玄奘《大唐西域記》

西元十二、三世紀時，回教徒的入侵再度摧毀這個城市剛萌芽的一絲生機，直到十六世紀，才稍稍重振一些往日的輝煌。十九世紀，英國勢力入侵，在英國的殖民統治政權下，這座小城被塑造成為典型的殖民城市，並被更名為巴特那。

＊　＊　＊

現代的華氏城是座令人傻眼的混亂小城，英印風格混合的建築布滿市區，馬路上擁擠著各種車輛：腳踏車、三輪車、牛車、馬車、嘟嘟車、巴士、卡車、摩托車和小汽車，在這些車的縫隙間還漫步著悠哉游哉的牛、馬、羊、豬、狗和人，路上沒有分向線，沒有紅綠燈，南來北往的人、車和動物們如同八仙過海，各顯神通，引擎聲、喇叭聲、腳踏車鈴聲和人們的呼喝聲，充斥於耳膜間。啊！怎一個亂字了得！

過去閃耀繁華的國都華氏城終究已逝去，再也尋不回了！

　　覺觀萬法如泡沫，覺觀萬法如夢幻，
　　這樣觀察世間者，死魔無法見到他。

——巴利文《法句經》第170經

■巴特那巡禮

歷史上的紛紛擾擾,使得巴特那幾乎沒能留下什麼過往名震國際的帝國痕跡。值得一遊的,除了著名的巴特那博物館之外,就是位於市郊、保存了所有重要史蹟的肯拉哈爾公園了。

肯拉哈爾公園（Kumrahar）

位在甘克巴路（Kankerbagh Rd.）上、距離甘地廣場（Gandhi Maidan）約六公里的肯拉哈爾公園,是目前唯一可以追想華氏城風采的遺蹟公園。

歷經古代摩揭陀國阿闍世王、孔雀王朝阿育王與繼起之笈多王朝等數代國王大力建設,繁華強盛近一千年時光,這座昔時的國際大城市,如今只餘下一方園林供人憑弔。

●議會廳

1912至1913年間,印度考古研究所在這裡挖掘出一座占地廣闊、呈長方形的集會廳,從遺蹟上可以看出這裡曾豎立有八十根高大的圓形石柱,但是只有一根石柱被較完整的保存下來。

根據考證,這應是阿育王所建的宮殿。由於阿育王和西方國家（如希臘、埃及、敘利亞等地）,有頻繁的政商往來,受到西方文化的洗禮,因此在建設華氏城時,運用了許多西方石雕建築藝術手法,例如這座由巨大石柱支撐的華麗議會廳,就頗有西方百柱宮的風格。

一般認為,法顯來朝聖時,曾親見這座大廳的雄

巴特那古名為「波吒釐子城」,現在是比哈省的省府所在。Bihar之名是由「Vihara」——「佛教僧院」而來,由此可知比哈佛教寺院眾多。

由於比哈省是目前印度最窮、最落後的省分,因此髒亂、吵雜和污染在這裡可以說是司空見慣的事。

▲這片沼澤傳說是阿育王弒親奪位的池塘,然而,除了空中凝結的猜測外,真相永遠在人的心中飄蕩著!

207

肯拉哈爾公園中的議會廳遺址，雨季時變成一座水池。

波光蕩漾的水面下，就是華麗議會廳的遺址，可惜排水不良、一雨成池！於是，富有詩意的羅曼蒂克氣氛就成了情侶們對它的印象了！

阿育王的子民挺立在石柱的柵欄外，生活的困頓似乎關不住他們與生具有的自信與開朗。

偉壯麗，而留下了「城中王宮殿，皆使鬼神作，累石起牆闕，雕文刻鏤，非世所造」的記載，不過，由於這座遺址的地基深陷於地下，每到雨季時，便常會積水成池，將所有遺蹟都淹沒水中，因此最好是在乾季前來。

另外，根據玄奘和法顯的記載，阿育王曾在此地豎立了一根石柱，並銘刻有碑文。西元七世紀玄奘來訪時，看到的景況是：「佛跡精舍側不遠有大石柱，高三十餘尺。書記殘缺，其大略曰：無憂王信根貞固，三以贍部洲施佛、法、僧，三以諸珍寶重自酬贖。」石柱在1903年被重新挖掘出來，但已斷裂且銘文已被磨滅。

但現在在園區中只能看到一支折斷的議會廳石柱殘基，被保護在一座鐵欄杆圍著的涼亭中，一旁的草地上不時可見碎裂的石柱破片，其中很可能混雜有阿育王石柱的殘片。

從這些破片可以看出石柱原本都被精心磨製得光可鑑人，陽光灑下來，反射出金黃色的光芒，若是完好豎立，必定十分懾人，可惜如今只能隨人想像了。

●僧院遺蹟

公園裡還有一座磚造的僧院遺蹟，當地人說是阿難僧院，一起出土的尚有一些灰泥塑像及木雕門楣、橫樑等，被簡陋地放置在園中的小貯藏室裡，看管的人會熱心地招手邀你入內參觀，等你失望地走出來時，他們就會向你要小費。裡面的收藏很貧乏，如果不想花多餘的錢，可直接拒絕入內。此外，園中有一座大池塘，據說是阿育王當初為奪王位，殘忍弒兄後的棄屍水塘。不過這只是後人的猜測，並沒有實證。

進入肯拉哈爾公園，彷彿走入另一個時空，所有的紛擾雜亂在踏入公園的那一刻，就完全被隔絕在外，只剩茂密林木間偶然響起的一陣啁啾鳥鳴。陽光透過樹葉溫柔地灑在小徑上，好一片寧靜安詳。由於只有對佛教和考古歷史有極大興趣的人才會來此參訪，因此園中人跡稀少，偶爾幾對濃情蜜意的青年男女坐在池邊樹下互述衷曲，為這個有著花精傳說的古城遺蹟增添了些許浪漫。

巴特那博物館（Patna Museum）

印度三大著名博物館之一——巴特那博物館，座落在佛陀路（Buddha Rd.）上，是在1917年時由英國建造，收藏了超過五萬件的珍貴古玩和藝品，包括許多從巴特那、那爛陀和菩提迦耶等重要佛教遺址出土的文物及雕像，來到巴特那不要錯過了。

典藏巴特那

巴特那博物館內最有價值的收藏品，是一只從吠舍離挖掘出土的舍利罐，裡面保存了佛陀的舍利遺骨。

一樓大廳中豐富的石雕收藏亦值得細細品味，許多佛陀、菩薩像以及犍陀羅風格（Gandhara）的故事性石板都相當有趣，其中最具代表性的，當屬一座集希臘、印度風格於一身的藥叉女像（Didarganji Yakshi），為黑色玄武岩雕刻、全身綴滿飾品的多羅菩薩像（Tara）。

其他尚有許多孔雀王朝和笈多王朝時期的雕像等，均是極具歷史意義的古物。

◗ 藥叉是古代民間自然崇拜的神祇，專司守護財富，常見於一般石雕。此女藥叉石雕是西元前三世紀的作品，服裝與項鍊等配飾均是古時的貴族打扮。

◢ 雄偉的巴特那博物館。

巴特那——過去與發現

法顯《佛國記》這樣說：（距今約1620年，距佛陀過世約890年。）

　　度河南下一由延，到摩竭提國巴連弗邑。巴連弗邑是阿育王所治城，城中王宮殿皆使鬼神作，累石起墻闕，雕文刻鏤，非世所造，今故現在。

　　凡諸中國，唯此國城邑為大。民人富盛，競行仁義。

　　阿育王壞七塔，作八萬四千塔。最初所作大塔在城南三里餘。此塔前有佛腳跡，起精舍，戶北向塔。塔南有一石柱，圍丈四、五，高三丈餘。上有銘文題云：「阿育王以閻浮提布施四方僧，還以錢贖，如是三反。」

　　塔北三、四百步，阿育王本於此作泥梨城。中有石柱，亦高三丈餘，上有師子。柱上有銘記作泥梨城因緣及年數、日月。

玄奘《大唐西域記》這樣說：（距今約1385年，距佛陀過世約1120年。）

　　殑伽河南有故城，周七十餘里，荒蕪雖久，基址尚在。昔者人壽無量歲時，號拘蘇摩補羅城，王宮多花，故以名焉。逮乎人壽數千歲，更名波吒釐子城。

　　王故宮北有石柱，高數十尺，是無憂王作地獄處。釋迦如來涅槃之後第一百年，有阿輸迦王者，頻毘婆羅王之曾孫也，自王舍城遷都波吒釐，重築外郭，周於故城。年代浸遠，唯餘故基。伽藍、天祠及窣堵波，餘址數百，存者二三。唯故宮北臨殑伽河，小城中有千餘家。

　　佛跡精舍側不遠，有大石柱，高三十餘尺。書記

殘缺，其大略曰：「無憂王信根貞固，三以贍部洲施佛、法、僧，三以諸珍寶重自酬贖。」其辭云云，大略斯在。

　　自1895年考古學家在巴特納周邊進行挖掘後，美國考古學家大衛‧伯納德‧史邦那（David Brainard Spooner）於1912到1913年間，在肯拉哈爾公園的舊遺址上找到七十二個柱洞，裡頭都是石柱碎片跟瓦礫，顯示這裡必定曾經站立著其他的石柱。直到1951到1955年間，陸續又找到了八個同樣的柱洞，因此這座大廳被稱為──八十柱議會廳。

　　八十柱議會廳沒有圍牆的遺跡，顯示這應該是一座開放式的露天大廳。這些石柱排列成八排，每排有十根柱子，每根柱子間距離四點七五公尺。石柱由米黃色帶黑點的巨大砂岩，一體成型雕製而成，每根石柱高九點七五公尺，其中二點七四公尺埋在地下。由於沒有發現任何其他的石造遺跡，因此學者認為它原本應該是支撐著一座木造屋頂。另外，在石柱大廳南方挖掘出七座木製平台，被認為可能是支撐著一座階梯，直接通往運河水道，以迎接賓客的到來。

　　有學者認為西元前250年，當時統治者阿育王（在位期間為西元前273至232年）主持，在華氏城的阿輸迦園舉行的第三次佛教集結，就是在這座大廳舉辦。

吠舍離
Vaishali 聖地十一

─生命之旅─

爾時，世尊見人尋船、尋筏或結桴，
欲用渡河，遂說偈曰：「當於人結筏
時，有人捨深處而造橋，依此得渡河
與海，如是彼為賢智者。」
　　──巴利文《大般涅槃經》佛渡恆河所說之偈

生命之旅

無上佛世尊，理當受崇拜，將我與眾生，引導出苦海。
苦諦已覺知，貪因已止息，如實知滅諦，住於八正道。

　　　　　　　　　　　　　──大愛道長老尼偈

　　在印度古老的敘事史詩《羅摩衍那》中，位在恆河北岸的離車族（Licchavi）之城──吠舍離，是強壯善良的國王吠舍離（Vishala，意為「廣大」）的領土，許多古老的神話都是在這塊土地上熱烈地展開，而吠舍離之名也正是得自這位神話中的國王。

　　起源於神話的吠舍離，長久以來就是外道活躍之地，尤其對耆那教徒而言，這裡絕對是必須禮拜敬重的聖地，因為他們第二十四位聖者祖師「尼乾陀・若提子」（Nigantha Nataputta），就是在附近的小村落中出生，並在此度過他的青春歲月。

　　而在佛弟子的心中，吠舍離不僅是佛陀最後一次開示法義並預示自己即將入滅之地，許許多多佛教史上的重大事件亦在此發生，不論是佛陀住世時或是入滅後，這兒有太多的人、事、物值得紀念與回憶。

比丘尼的出現

　　爾時大愛道即聞法已，深已歡喜從座而起，合掌向佛白言：「世尊，頗有女人，於佛法中出家，近圓成比丘尼性，堅持梵行，得第四沙門果不？」

　　　　　　　　　　──《根本說一切有部毘奈耶・雜事》

　　就在吠舍離，佛陀做了一個足以在僧團和當代社

　　在佛陀時代十六大國中的跋耆（Vajji）聯邦，是由離車、毘提訶及跋耆等八個部族共同組成，他們沒有國王，而是各部族推派民意代表，組成議會共商政策治理國家，因此跋耆聯邦很可能是世界上第一個共和國，而國都就是歷史名城吠舍離！

　　佛陀在二十九歲左右初次來到吠舍離，日後亦經常在此遊化講學。在世尊過逝前幾個月，從王舍城展開最後的行腳，他渡過恆河來到吠舍離，留下很多珍貴的遺教。佛陀的步履雖然堅毅向前進，但已漸漸失去昔日的活力。

🔼 吠舍羅城遺蹟帝的貯水池。

🔹 左頁：斜陽落日之下，吠舍離的孩子與舍利塔。

前頁 夕陽下的舍利塔與阿育王石柱。

女性出家的難處

女性在佛陀當時的社會角色是這樣的：

女性幼時處在父親監督下，青春期處在丈夫監護下，老年時處在兒子保護下，女性絕不可任意行動。
——《摩奴法典》9-3

當時的印度是傳統的婆羅門社會，不但實行嚴密種姓制度，而且刻意貶低女性的權利地位，女性基本上就是男人的附屬品與所有物。

對佛陀而言，當初不顧社會的指責，以平等法施的態度接受首陀羅出身的優波離進入僧團，已引起輿論的壓力，因而可以想見，若是貿然接引女性成為出家眾，勢必再度掀起軒然大波。對於剛成型的佛教僧團而言，是否能夠承受這樣劇烈的衝擊呢？

再說，那時僧團的組織尚未健全，以寺院或精舍為居所的修行方式亦未成熟，所有離家修行的沙門比丘，仍然過著四處遊化與外道婆羅門雜處，或是露宿林野塚間的簡單生活，這樣的方式絕對不適宜女性，單是安全考量與生理的不便就是一大問題。

會激起驚濤駭浪的重大決定，那就是女眾得以受戒進入僧團學法修行！這不僅是吠舍離這平靜小村裡的大事，更是佛教史上重要的里程碑。

第一位提請出家的女性，是如母親般慈愛扶養世尊成長的姨母——摩訶波闍波提夫人（大愛道）。她那出家向法的念頭，從佛陀正覺後回到迦毗羅衛說法的時候就已經萌芽了，但是一直到淨飯王過世以後，她才真正下定了決心。

趁著一次佛陀回鄉說法的機會，大愛道召集了宮中所有的婦女，表達自己想要出家的心意，沒想到宮中竟有許多婦女也有相同的想法，結果，和大愛道相約一起出家的釋迦族婦女，包括佛陀俗家的妻子耶輸陀羅在內，共有數百人之多。

於是一群女眾來到佛陀淨住的尼拘律園中，請求佛陀接受她們進入僧團出家修行，然而世尊的回答卻是：「汝應在家著白衣服，修諸梵行，純一圓滿清淨無諍，此能獲得長夜安穩利益快樂。」意思就是：請她們在家清靜修行即可，不必出家為僧伽。但是大愛道並不死心，連續又問了三次，世尊仍舊沒有答應，於是大家只得失望地頂禮告辭。

回到王宮後，大愛道告訴同行的婦女們：「多說

無用，我們應展現堅定的決心讓世尊知道。」於是數百位婦女便自己剃除了頭髮，換上修行的袈裟，第三天再度去見佛陀。

但是當他們到達尼拘律園時，卻發現世尊已在前一天帶著弟子們離開，前往販葦部落去了！

大愛道並沒有因此而放棄，她更堅定地帶領著一群女眾，風塵僕僕地上路追趕世尊。然而，女子的腳力與男眾們畢竟不同，不論她們如何日夜趕路，總是與世尊相距一日的路程。

終於，到了吠舍離，世尊一行人在一座相思林中停下來休息，她們才總算趕上了。

可憐一群嬌生慣養的王族婦女，何曾吃過這樣的苦？大夥站在大廳門口，「雙腳腫脹，蓋滿塵土，滿面愁容」，每個人都疲憊不堪。但是她們卻沒有休息，立刻就禮敬拜見世尊，待世尊為其開示說法後，大愛道再度提出出家的請求，然而，世尊仍再度告訴她們：「你們可以剃除頭髮，披著無條縫的袈裟，在家清修，一樣能得到清淨安穩的身心。」大愛道再三懇求，世尊依舊不允。

身心都疲累已極的大愛道終於忍不住了，她走出大廳後，靠在門邊，就傷心地哭了出來。這時世尊的侍者阿難走了過來，阿難尊者原是佛陀的堂弟（大愛道算是他的伯母），他在得知原委後，十分同情這些女眾同胞，於是便前往向佛陀請求答允女眾出家。

阿難的說情一開始也被打了回票，世尊向他解釋無法答允女人出家的理由，但阿難一再懇求，請世尊看在大愛道的撫育之恩上，能開女眾出家的先例。

終於，世尊歎了一口氣，在有條件的情況下，允許這數百釋迦王族婦女們受戒出家。從此以後，在依

◀ 左頁：女性是社會穩定的基石，尤其是印度的女性更是讓複雜種姓能和平共處的安定力量，她們不論身處何處，總能席地而坐、隨遇而安！

🔺 阿姜塔第九窟壁畫。

⊙ 被認為「嬌弱」的女眾，毅然
走出安逸舒適的王宮，邁向出
家之路！此舉感動了阿難尊者
並代為向世尊求情，從此以後
世間終於有了比丘尼眾。

⊙ 吠舍離佛塔、石柱與小女孩。

循「八敬法」的先決條件下，女子終於也能夠出家修學，趣向正道。而「佛門四眾」──比丘、比丘尼、沙彌、沙彌尼，也就在吠舍離具足了！

其實佛陀再三地拒絕女眾出家，絕非認為女眾的智力無法確知法義，證得聖道，而是在當時的印度社會中，確有實際修行上的困難。雖說佛法的修證畢竟是個人身心的事，但是牽涉到僧伽團體的組織，身為師長的佛陀就背負有重大的社會責任了。

在細細思維與諸般複雜因素的考量下，世尊終究還是毅然決定承擔所有責任，准允女性出家成為沙門。當時，世尊的心情必定是十分為難吧！想到日後女眾在修行道路上可能必須面對的種種困境，以及僧團將要面對的社會壓力，世尊不知道是以什麼樣的廣大胸懷來承擔規劃這一切？思憶至此，他那慈悲的心量與擔當，在二千五百年後，依然令人讚歎！

我心勤守持，智循解脫道；正法親體悟，女性亦無妨；
遠離諸貪欲，斬斷瞋痴愚；摩羅當知曉，汝已被滅盡。

註：摩羅為煩惱之意。

──索瑪長老尼偈

渡化菴沒羅女

自女眾正式加入僧團以後，歷史上陸續出現了許多傑出的比丘尼眾，在吠舍離，也有一位傳奇女子為佛教史留下一段佳話。

二千五百年前，吠舍離出了一位美麗的女子，名為菴沒羅波利（Amrapali，Amra意為「芒果」，而pali則為「女保護者」之意）。這位菴沒羅女天生麗質，姿色豔麗，舉凡歌舞伎樂，無一不精，是周旋於王宮貴族間的吠舍離名妓。

一天，她聽說佛陀遊化至吠舍離，就住在她的芒果林中。當時世尊已高齡八十，身體狀況並不是很好，這很可能是他最後一次來到吠舍離，因此，對這位導師相當崇仰的菴沒羅女，就帶著侍女驅車來到這塊屬於她的芒果林間拜謁世尊，而世尊也慈悲地為她解說法要。菴沒羅女聽了佛陀的開示後，非常歡喜信受，便恭敬地禮請佛陀在第二天中午到她的家中接受供養，而佛陀也默然答允了。

然而這個消息卻間接傳到了吠舍離的離車王族耳中，令他們大為震驚。佛陀是何等尊貴的聖者，怎能到卑賤的女妓家中接受供養？婆羅門會如何攻擊？人民又會作何感想？於是離車王族們決定，絕不能讓世尊做出如此有失身分的事！他們找到菴沒羅女，希望以十萬金錢換取這次供養的機會，但是菴沒羅女堅定地拒絕了。

第二天佛陀依約前來應供，齋後即開演無上清淨之法，菴沒羅女聞法後，心開意解，生極大歡喜，當下禮敬佛陀說：「我以此園奉獻以佛陀為首的比丘僧眾。」佛陀接受了這奉獻，從此以後，吠舍離就多了一座供僧團安住的菴沒羅女芒果園精舍。

佛陀無不傳之祕法

阿難，難道比丘僧眾盼望我之遺教？阿難，我所說法或顯或隱，絕無分別，如來於法絕無祕密，吝而不傳。阿難，若有人做此念：「我將引導僧伽」或「僧伽以我為依」，則此人應對僧伽設立教言，但如來不作此想。阿難，為何如來應留關於僧伽之遺教？阿難，我已年老力衰，衰耄矣，旅程將盡，壽命將滿。我行年八十，如同舊車勤於理，尚勉強可行。阿難，我想如來之身體亦復如是，應勤於攝養。阿難，當如來停止顧念一切，及任何感覺皆已息止而入於滅想定時，如來身軀，始為安穩。

因此，阿難，以自己為明燈、為歸依，不以他人為歸依；以法為明燈、為歸依，不以他人為歸依……。

阿難，因此比丘以自己為明燈、為歸依，不以他人為歸依；以法為明燈、為歸依，不以他人為歸依。阿難，無論現在或我去世後，若有人以自己為明燈、為歸依，不以他人為歸依；以法為明燈、為歸依，不以他人為歸依。阿難，彼等依此而樂於修學者，在我之比丘中將達最高境界。

──巴利文《大般涅槃經》

219

◎本頁：印度孟買附近的勘赫利
石窟佛像（Kanheri Cave）。

而美麗的菴沒羅女在奉獻出芒果園後不久，就深自體認到生命無法長久、美貌無法永恆、青春終將逝去的世間真實，於是剃除青絲，換上袈裟，成為一位精進修行的比丘尼。

八十歲高齡的佛陀慈悲地接受被人輕視的菴沒羅女供養，並讓她出家成為僧伽，圓滿展現出對一切眾生平等教化的崇高胸懷。世尊平凡中見偉大的風範，也就這樣從日常生活間，緩緩流洩到人們的心中。

青春少年時，軀體美如玉；如今已衰老，乾癟滿皺紋。佛法為真諦，如實第一義。
此身已衰耄，眾苦居其中，好似老朽屋，頹敗將崩毀。佛語為真諦，如實第一義。
——菴沒羅長老尼偈

最後的一堂課

世尊離開芒果林後，繼續行腳至附近的白鹿瓦村。此時雨季來臨，於是世尊決定在此度過雨季安居。

安居期間，年事已高、身體漸衰的世尊，突然罹患嚴重的痢疾而幾乎喪命。勉強撐過病痛的折磨後，一天，佛陀與阿難坐在樹下休息，阿難對佛陀說出在導師重病期間自己恐慌無措的心情，說道：「世尊生病時，我唯一可以安慰自己的就是：『世尊絕不會不留下遺言教說就與此長辭』！想到這裡，我就覺得心裡好過一些。」

佛陀知道自己生命將盡，想到與自己最親近的阿難都如此惶恐，那其他許多尚在修學階段的新進比丘，在佛陀過世後必定更加不知所措。一生都在推動法輪運轉的世尊，在生命的最後幾天，念茲在茲的仍是弟子的滅苦修學與法的傳衍。

於是，不久後佛陀便找了一個機會，請阿難召集吠舍離附近淨住的所有比丘僧眾，齊聚於大林的重閣講堂，做了生命中最後一次公開的說法開示，並告知大眾自己將於不久後入滅。

佛陀一生說法四十五年，直到八十高齡仍未曾停止，為苦惱輪轉不休的懵懂世間，留下有所依循的珍貴法音。

在吠舍離的最後之旅中，佛陀為了撫慰勉勵比丘僧眾們，留下了比丘對如來說法應「善解、善行、善思、善布」並「自洲自依」、「精勤取證」的最後教

佛陀的最後一堂課

於是世尊從座起，走向講堂，就座已，告諸比丘說：

「因此，比丘們，我所知及為你們所宣說之法，當善解、善行、善思、善布，因而清淨之法可以長遠住世。此是為饒益眾生之福，及慈悲此世界，為人天之饒益、快樂與幸福。

比丘們，什麼是我所知及為你們所宣說之法，當善解、善行、善思、善布，因而清淨之法可以長遠住世。此是為饒益眾生之福，及慈悲此世間，為人天之饒益、快樂與幸福？蓋即：四念處、四正勤、四神足、五根、五力、七菩提分、八聖道。

比丘們，此即是我所知及為你們所宣說之法，當善解、善行、善思、善布，因而清靜之法可以長遠住世……。」

爾時世尊告諸比丘：「諸因緣合和法皆有壞時，當精勤取證！如來的圓寂甚近，三月後如來即將入滅。」

——巴利文《大般涅槃經》

導。這真誠而殷切的教示與提醒，讓後世的人們在沒有世尊的引導下，仍舊能依循內覺自省的實踐修行，得見法的光明。

時至今日，世尊的殷殷教誡，仍為迷失在法海叢林間的佛弟子們，指引出一條澄澈明晰的清淨道路，那慈悲的法輪，從來不曾停止！

我之生命已圓熟，我之壽命將盡，終將離汝等而去，獨依靠我自身；諸比丘當自精勤、當具正念、時守戒行、思維攝意、慎守己心，若能精勤住於正法律，則能超越流轉苦，而證得苦滅。

——巴利文《大般涅槃經》

佛教的第二次結集

佛陀辭世之後，他的清淨教法在聖弟子們的人間普化下，繼續在恆河平原上活躍蔓延。然而，隨著時光變遷與地域隔礙，社會環境與佛陀在世時已大不相同，而後世的弟子們也未必各個均能善解法義、精嚴持戒，因此，依著不同地區、不同部落、不同風俗習慣，佛法開始在信解教義上產生了極大的差異，終於，在戒律分歧、各持己見的狀況下，僧團中發生了一次重大的衝突！

那是佛陀入滅約一百年後的事。當時，一位來自舍衛城西方的佛教中心——秣菟羅的上座長老耶舍尊者（Yasa）遊化到吠舍離，依例與當地僧團共住同修，第二天清晨，便一起出外托缽。

沒想到這些跋耆族比丘在銅缽中盛了水，告訴城中的信眾：「把金錢放在缽內水中，即為『淨施』，能得福利。」

耶舍尊者見比丘們以這種方法向人們乞取金錢，十分不以為然，因為佛陀在世時曾明確教示：比丘不得收受金錢！

沙門釋子自為受畜金銀、寶物者，不清淨故。若自為己受畜金銀、寶物者，非沙門法，非釋種子法。
——大正藏《雜阿含經》第911經

於是耶舍尊者便向跋耆族比丘提出異議：「各位同修，向在家人收取金錢是違犯戒律的行為，因為比丘並不需要金錢，比丘是為了離欲清淨的生活而出家。」

然而，跋耆族比丘並不這麼認為：「不然！這位同修，人們將金錢投入缽內水中，是為『淨施』，比丘拿的是淨施的錢，因此這是清淨的行為，並不違犯戒律。」說完便將缽中乞得之金錢平均分配，並且也分了一份給耶舍尊者。

沒想到耶舍尊者不但不接受，而且還在吠舍羅城中向信眾們開示說比丘收取金錢是非法非律的行為。這個舉動惹惱了跋耆族的比丘眾，於是不許尊者在吠舍離淨住。

為了匡護正法律，耶舍尊者開始四處奔走，把跋耆族比丘的非法行為，廣為告知西方佛教系諸位地位尊崇的長老，希望他們能出面淨化僧眾，使正法得以久住世間。幾番往返勸說，終於請得諸位長老比丘們答應一同前往吠舍離作一個仲裁。但同時，東方的跋耆族比丘也沒有示弱，同樣在四方為自己的行為解釋，求取認同，於是雙方人馬在吠舍離聚集開會，重新共誦戒律來論決是非。

這次的集會，是佛陀入滅後僧團第二次的結集，

△ 巴呼特石雕，西元前一世紀，朝拜佛陀。

△ 鹿野苑，笈多王朝，西元五世紀，佛陀頭像。

共有七百位僧眾與會，因此歷史上又稱為「七百結集」，結集的內容主要是針對跋耆族比丘們的淨修行止中，十件在戒律上大有爭議之事，包括了收取金銀的行為。雙方在會議上各推出四位代表，依據這十件事逐條審議，在西方上座部長老們的努力與堅持下，討論結果為「十事爭議，均為非法」。

對於這個結果，東方系的跋耆族比丘非常不服氣，他們不但沒有就此回歸嚴謹的律制體系，反而自成一家，形成東方跋耆族比丘與西方上座長老僧團的衝突對抗，佛史上稱此事件為「根本分裂」。

七百結集，原是耶舍尊者為了讓佛陀後世僧迦弟子在法的重審共論下，從方便律法回歸中道法脈的努力，誰能預料在集結後，雖然混沌的戒律澄清了，卻也因為東西對峙、部族相爭的複雜狀況，導致原始僧團開始分裂為西方上座部與東方大眾部兩大系統。

從此以後，和合的僧團正式進入分歧的部派時代，而佛陀以生命體證宣說的覺明之法，也就在混亂的部派迷霧中，漸漸模糊了原始的面貌……

愚人之邪見，如暗夜無月；眾人都遠離，親友不信從。
智者心覺明，如當空皓月；親友均認同，人人都敬重。

註：參與七百結集、認為十事均為非法時而誦出之謁。

——桑普陀長老謁

「根本分裂」的社會背景

其實早在佛陀僧團初組成之時，便明顯有兩種截然不同的修學學風，一是注重精勤實踐、修持嚴謹的苦修行者，如大迦葉、優波離幾位尊者；另一則為活潑善導，隨機應化的智慧比丘，如舍利弗、目犍連諸位長老。只是，風格雖不同，但對「法」的體認卻是一致無二，因此都能彼此體諒了解，和合共處，不曾因此出現分裂。然而，不同學風的長老們所教導的弟子，在法的體認上，不一定都能如第一代長老們那麼深刻透徹，因此，佛陀入滅後，這樣的對比也就愈來愈鮮明。

根據歷史記載，跋耆族是屬於喜馬拉雅山南麓的黃種人，亦即印度的土著民族，因此與外來的雅利安人——以信奉婆羅門教為主的國家，在宗教與民情風俗上大不相同，甚至彼此相輕。在古老的婆羅門法典中更記載著，離車人是因不履行婆羅門宗教儀式，而被剝奪剎帝利身分者的後代：

> 被除名的剎帝利男子所生的兒子，叫遮羅、摩羅、離車、那多、迦羅奈、迦娑和娑多娑多。
>
> ——《摩奴法典》10 -22

這深刻反映了以吠舍離為首都的跋耆國離車人等，與一般的雅利安社會之間，確有宗教衝突及種族對立的問題。

就另一層面而言，吠舍離是由跋耆、離車等八個部族所組成的聯邦國家的都城，實行民主的議會政治，也就是各宗族推派代表共商國家政策。這樣的共和體制社會和君主政體比起來，自然更能包容反對者的意見與個人獨特的想法，而社會中必然也能接受更多元的聲音及較特立獨行的行事作風。

佛陀入滅後，博學多聞的阿難尊者來到這裡廣為布教，其重視法義理解甚於戒律持守的自由學風，就在恆河以北蔓延開來，可以想見，在這樣部族政治平等、修學學風開放與僧團互不干涉的情況下，跋耆族的比丘們會自行修改較嚴謹的戒律是很自然的事，因此，「十事非法」、「七百結集」的發生乃是意料中事，並不叫人驚訝。

▶ 印度毗陀寇拉（Pitakola Cave）石窟內的壁畫。

◀ 左頁：吠舍羅城池遺蹟。

吠舍離巡禮

從恆河南岸的巴特那前往現代的吠舍離村落，必然要橫越著名的滔滔恆河，而旅人們一定要等到車子奔馳在橫跨恆河兩岸、總長約六公里的甘地大橋上時，才會真正知道恆河究竟有多遼闊浩蕩！尤其是雨季時，水量豐沛、洶湧不絕，令人不禁生起一片干雲豪氣，心胸大開。

在世尊的教說中，經常將身心苦惱止息、解脫無明束縛的境界——涅槃，以渡河、行船、到彼岸等形容詞來作比喻，想必是在廣袤無垠的平原曠野中，面對著彷彿從天上洩落的大地之母——恆河之水，而心有所感吧！

比丘！舀去這船中的水，舀去水後，船行快速。
斷除貪欲和瞋恚，能證得涅槃。

註：「船」為人，「水」為無明。
——巴利文《法句經》第369經

帶著驚喜與開闊的心情行過甘地大橋後，循路前往巴薩羅村（Basarh），那兒就是被亞歷山大‧康寧漢確認是古代吠舍離的現代小村。經過數千年，這裡已不再是聯邦共和國的首都，而只是一個小得幾乎會錯過她的貧窮村落。這裡的電力堪稱奢侈品，聯外公共交通亦極不方便。最好事前能在巴特那租車前往，讓這段參訪行程更輕鬆愉快。

吠舍羅城池遺蹟（Raja Vishal Ka Garh Vaishali）

就在村落的主要道路旁，有一片廣大的青翠草原，草原中央靜靜躺著由鐵絲圍住的古城遺蹟，這就是印度古老神話《羅摩衍那》中所提到的善良國王吠舍離的都城，當地人稱之為Raja Vishal Ka Garh，意指「廣博王之堡」。

西元1861至1913年間，英國考古學家康寧漢率領的考古工作隊發現了這座古城遺蹟，經過挖掘後，發現她曾在巽加王朝、貴霜王朝及早期笈多王朝時，分

🔺 吠舍離的阿育王石柱，遺蹟公園一景。

別歷經三個階段的重建整修，其中的出土物涵蓋了五個時期：最早的是西元前六世紀時的黑陶、灰陶及紅土陶器的破片，最晚的則為西元十二至十六世紀時，以帕拉文字雕刻的碑文破片及蒙兀兒王朝時期的彩釉陶器等。

在這遺址的第二層中，曾發現約七百個印章，其中有些寫著「吠舍離某某家主之印」的字樣，由此可以想見這裡確曾享有很長一段繁榮與興盛的時光。

吠舍離是古印度恆河平原上的十六大國之一——跋耆聯邦之國都，從遺蹟的規模看來，這裡似乎曾聚集了許多建築，而且應該還有許多仍埋藏在塵土之下。其中有一座殘基被認為是古時的議會廳，但目前還沒有找到明確的碑、匾或文字能證明。另外在遺蹟旁有一座水池，應該是當時城民沐浴生活之用。

在一望無際的青綠草原上，除了這座安靜的紅磚殘基，就只有幾頭牧人放養的驢子。牠們的四隻腿被麻繩綁住，僅能小步小步跳著，彼此挨著身子低頭吃草。看似輕風藍天、優游自在，然而實際上，想在山光水色間大步奔馳，也僅是可望不可及的夢想罷了！

世界上真正自由的人，除了佛陀與諸位聖弟子外，又有幾人呢？

加冕儀式水池（Abhishek Pushkarina）

距離小村主要道路約一公里遠處，有一座巨大的長方形水池，據說是古時的加冕典禮用水池。當時的離車族會定期選出議會代表的主席，而當選的離車族統治者，便在這座池邊舉行加冕典禮。

典禮進行時，首先在池中沐浴淨身，然後在池邊塗抹香油並接受加冕。

🔺 吠舍離城池已然退盡繁華，只剩下杜撰的神話與殘敗遺基。

🔺 吠舍離城池遺蹟旁的貯水池，平時這裡是放牧的平原、孩童的操場。

▲ 加冕儀式水池，昔日的吠舍離離車族王室，就是在這裡沐浴潔身、塗油加冕，正前方為世界和平佛塔。

▶ 右頁：夕照阿育王石柱，遙想當年輝煌的孔雀王朝。

目前的水池面積廣大，池子四周都建了階梯平臺，讓當地居民能入池沐浴洗衣。

池水平靜湛藍，雪白的雲朵浮在水面上，清風吹來，拂起絲絲漣漪，讓落在水面的綠葉也隨著白雲輕輕兜著圈子。雖然正是艷陽高照時分，這潭池水卻令人感到透心的清涼。

世界和平佛塔（Vishwa Shanti Stupa）

沁涼水池旁，有一座由日本妙法寺新建的世界和平佛塔。巨大而雪白的覆缽佛塔在陽光照射中散放出耀眼光芒，襯著身後的藍天白雲，引人忍不住要多看幾眼。在吠舍離所發現的佛陀舍利，有一小部分被供奉在這醒目的佛塔中，供人禮敬懷思。

吠舍離博物館（Vaishali Meseum）

這座位在加冕儀式水池邊的遺蹟博物館，主要是收藏附近出土的文物，包括西元三世紀到六世紀的古物，其中以陶土燒製、風格迥異的猴頭像最為有趣。

佛陀舍利塔（Stupa No1或 Relic Stupa）

同樣在水池附近，有一條小徑通往一座整理得整齊乾淨的可愛花園，花園正中央有一座圓形的鐵欄杆圍籬，上面蓋著半圓形覆缽式屋頂，圍籬中保護著一座佛塔遺蹟。

佛塔幾乎已全毀，只剩下部分基座。從殘存的基座，可以看出這座佛塔原本應是直徑約七公尺的小磚塔，並且曾經過四次擴建。雖然現在的佛塔已是泥菩薩過江自身難保，但曾經有一度，它是世尊珍貴遺骨的保護者，象徵法脈的傳承，接受無數的虔誠禮敬。

佛陀入滅火化後，恆河平原上的八個大國將佛舍利分為八份，每國各持一份，而離車族也分得其中八份之一的舍利，於是便在這地方建了一座簡約的覆缽式佛塔，將舍利安奉其中，虔敬供養，後來隨著時代變遷、烽火戰亂，這座佛塔就逐漸頹圮毀壞而消失。

直到西元1985年，考古學家愛爾提卡（A. S. Altekar）在一片野地間發現了它的殘基，才又撥開厚重塵土下埋藏的記憶。經過挖掘，發現殘塔內部保存有一只滑石製的舍利罐，其中安奉著佛陀的舍利。這只舍利罐目前被收藏在巴特那博物館中，繼續它見證歷史的工作。

菴沒羅女芒果園（Amrapali's Village）

距離現代吠舍離小村約八公里處，有一座菴沒羅村（Amvara），據說就是當初菴沒羅女奉獻給佛陀的芒果園精舍遺址，不過至今仍未有任何遺蹟或文物在此出土。

由於那兒只是一個平凡的小村落，又頗有一些距離，因此當地人並不太建議觀光客前往。

主要遺蹟公園（Kolhua Complex）

距離村鎮中心約三公里路程，含括阿育王石柱、佛塔及僧院等的遺蹟公園，是吠舍離最著名的觀光與朝聖聖地。

這是一座占地廣闊的遺址，但目前只挖掘出部分區域，許多遺蹟都還湮沒在青青綠草下。平常附近居民會到公園割取青草作為牛的飼料，而幼小的孩子們則成群地在一旁玩耍，身旁的大片遺蹟對他們而言，只是生活的一部分罷了！

🔺 佛陀舍利塔經過好幾次的擴建的痕跡，你是否看得出來呢？幾乎全毀的底座，原本被掩藏在樹林雜草中，直到近年來才被人重視。

🔺 佛陀舍利塔所建的屋頂，仿原始覆缽型佛塔的型式。

▶ 右頁：看著吠舍離的阿育王石柱挺直的站立在眼前，是個令人感動的經驗；看著它圓潤的柱身與威武的獅面，彷彿昔日壯盛的帝國又在眼前昇起。

●阿育王石柱

車子沿著主要道路飛馳，尚未進入遺蹟公園，遠遠就看到這座傳奇的壯麗石柱，巍然矗立在綠意盎然的田野間，當地人對它的稱呼是Bhimesn-ki‧lathi，意為「頻森之柱」。

這是孔雀王朝阿育王為了標示佛陀最後一次正式開示說法之地而豎立的，渾圓光亮毫無刻文的平滑柱身高高聳立，頂端倒扣著一朵造型優美的蓮花，蓮花上坐著一隻線條流暢、比例均衡、威風凜凜的石獅子。它雄偉有力地張著大口，面向西北方對著佛陀入滅的拘尸那羅發出正法的吼聲。

在印度為數不少的阿育王石柱中，吠舍離的這座獅柱不可思議地逃過了雷擊與戰火的破壞，在這片寧靜草地上奇蹟似的保存了二千餘年，依舊完整無缺。

不論是在初升朝陽的燦爛金光中，還是夕陽餘暉的火紅深紫下，置身其中欣賞這座瑰麗石柱，都是令人感動莫名而難以忘懷的經驗。究竟是什麼樣的高度文明，才能創造出這樣傑出的雕刻技巧？一體成型的石柱在沒有現代機械輔助下，又是如何被豎立在印度各地的呢？這一切疑問都加深了阿育王石柱的吸引力與傳奇性。

雖然有些學者因為不太相信這樣的奇蹟，而認為這支石柱可能並非阿育王所造之真品，應是後世所仿造，然而從石柱精美細緻的雕工與高超絕倫的技術水平看來，不論真偽，其藝術價值與歷史意義都是毋庸置疑的。

●阿難舍利塔（Ananda Stupa或2號佛塔Stupa No2）

緊鄰著阿育王石柱，有一座紅磚砌造的覆缽式佛

由於阿難晚年以恆河以北的吠
舍離地區為主要遊化之地，因
此有許多以阿難為名的史蹟傳
說在此流傳著。

右頁：彌猴池側的重閣講堂。
昔日的講堂已水天一色，往日
的樓閣成浮光掠影，只有法音
依然迴盪天際。

塔，據說這也是阿育王所造，印度考古學家愛爾提卡
曾在此發現阿育王所埋藏的舍利容器。

如同石柱一樣，這也是為了紀念世尊在此地作最
後的公眾開示而建。它曾受盜墓者的破壞，幸好殘餘
的磚疊尚稱完整，目前佛塔和石柱相對而立，千百年
來共迎日生月落……

2號佛塔之所以又稱為「阿難舍利塔」，是因為
一則有些淒涼的神話傳說。

據說在佛陀過世後，阿難尊者繼續大迦葉尊者的
腳步，在恆河南北兩岸傳法布教。

一次，尊者在摩揭陀國的林中散步經行，聽到一
個小沙彌正在背誦經文，但其中的章句文辭不通、錯
誤百出，於是阿難尊者好心前來糾正，並用心教導正
確的經文，沒想到小沙彌不但不領情，反而出言譏諷
恥笑：

「尊者，我師父正值壯年，博學強記，聲望清
高，他教我的經文怎麼可能會有錯？倒是尊者您年事
已高，恐怕是老眼昏花，頭腦不清，記錯了吧？」

阿難尊者聽了，沉默的離去，心中卻不免戚然：
「眾生太過愚昧，難以教誨。昔日的同修舊友一一
入滅，留下我一人在世間，既無法教化新進的比丘僧
眾，又無力維繫佛法的純粹正統，獨留又有何用？不
如及早入滅吧！」

於是阿難尊者便離開摩揭陀國，想渡過恆河前往
佛陀最後開示法要之地——吠舍離自行入滅。沒想到
此舉卻引發兩國大隊人馬在恆河南、北岸對峙的緊張
狀況：

摩揭陀國因為感念阿難尊者長年遊化教導的恩
德，希望能勸得尊者回頭留在摩揭陀國安度晚年；

而吠舍離則是聽說阿難尊者將渡河而來，特地整軍趕來迎接，兩軍對峙，旌旗蔽日，彼此叫陣，互不退讓。

　　船正行至恆河中央的阿難尊者見到這一觸即發的緊張情勢，心想：「可不要讓兩國人民為了我而大動干戈、引發戰事。」

　　於是他從船中起身，飛升到恆河上空，以神通力自行火化身軀，舍利在空中分為兩半，一半則落在恆河南岸，一半落在恆河北岸，就此入滅了。

　　見到這樣的狀況，兩國軍隊都忍不住嚎啕痛哭，各自帶著所分得的一半舍利，回國建塔供養。

　　這就是阿難舍利塔的由來！

　　雖然現今的考古研究已經推翻了這個說法，不過民間神奇的佛史傳說，讀起來還是比枯燥嚴肅的殘磚考古來得有趣，也流傳更久。

　　其實，去除掉為了豐富故事添加的誇張描述，不難看出在佛陀過世後，阿難在人民心中的崇聖地位。而當時僧團素質的良莠不齊、國族之間的對抗衝突等社會情勢，也都昭然躍於這民間故事中，使後世的人們在禮敬感懷阿難尊者的同時，也不禁為他晚年獨處的心情感到一絲悽然。

大比丘阿難，亦將入寂滅；多聞法與律，諸法胸中藏。
法眼即將滅，世間入黑暗。

──阿難長老偈

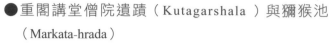

⬆ 大林重閣講堂，是佛陀住世時重要的僧院之一。

⬇ 桑奇佛塔塔門上的獼猴獻蜜雕刻，形象神靈活現。

● 重閣講堂僧院遺蹟（Kutagarshala）與獼猴池（Markata-hrada）

在阿育王石柱附近有一座長方形的水池，據推測是為了供僧團飲用、沐浴而挖掘的。它有一個很有趣的名字「獼猴池」，這是而在佛陀時代，附近的樹林中棲息了為數眾多的猴子，由於獼猴們常會群聚在池畔沐浴嬉戲，因此佛經中以此稱呼。

但是關於這座池子的起源，還有另一則趣味神奇的故事。

傳說有一次佛陀在這片樹林間棲止遊化的時候，住在林中的一群野生獼猴見到了世尊的莊嚴法相與清淨神態，十分敬服，於是特地以手爪掘土，就地成池，獻給佛陀沐浴飲用，因此這座池子才被稱為「獼猴池」。

就在獻過水池之後，有一隻獼猴取走佛陀的鉢，爬到樹上採集了蜂蜜獻給佛陀，慈悲的世尊接受了猴子真心的供養，使得這隻猴子興奮不已，牠快活地在枝葉間盪來盪去，結果一個不小心失手跌下，正好落在一跟斷裂的尖銳樹枝上，就這麼喪失了性命。對於這不幸的結局，傳說最後的結尾是，由於獻蜜的獼猴生前對佛陀所作的虔敬供養，因此身體雖死亡，靈魂卻升上天堂得到無上的福德。

這就是佛傳故事中相當有名的「獼猴獻蜜」。由於故事描述生動活潑，而且充分表現出連聰明刁鑽、不為人所馴服的野生獼猴，也會被佛陀崇高的威儀所懾服而挖池獻蜜，因此常被用作為早期佛教雕刻繪畫等藝術的主題。

只是，從這個故事的內容中已可明顯看出，當時的佛教修學思考，已經從世尊在世時所宣說的「知法

見法後，就算立刻失去生命也無礙其解脫清涼」的內涵，慢慢轉變為「盡心供養佛，即使立即逝去，亦能升天得到福報」的祭祀萬能思想。

後來佛教會被印度教吸收融合，自此消失在印度，或許就是因為這些早期的佛傳神話，讓佛教在不知不覺間變質了吧！

就在石柱附近、水池的南方，有一片廣闊的僧院遺蹟，據考證是當時的離車王族們特別為佛陀建造的大林重閣講堂（也稱為大林精舍、重閣精舍或高樓臺觀）。從遺蹟的殘磚基座看來，這座廣大的精舍有著開闊的天井、走廊和一座巨大的水池，但是由於年代實在太過久遠，塵土堆積、層層掩埋，目前只挖掘出一小部分。

這座經常出現於經典中的「毗舍離獼猴池側重閣講堂」，是佛陀經常講學與淨住之地，其中包括了去逝前最後一次的雨季安居。

在這裡，世尊最後一次誠懇殷切而語重心長地教示僧眾們：「當善學、善修、善思、善布，因而梵教可以長遠住世……」期許僧眾們能為世間苦惱眾生的利益快樂，在佛陀過世後繼續修學傳法，帶領世人從千古迷惑走向清明覺醒的道路。

＊　＊　＊

就在這個引人思念的僧院中，即將辭世的人間導師留下了慈悲無私的遺世梵音，有如千古醒鐘，任憑時空如何流轉，依舊清澈地迴盪在佛子們的心中。

● 耆那教主「大雄」出生地（Mahavira's Birthplace）

距離小村落主要道路大約四公里遠的孔度浦村（Kundupur），是耆那教聖者「大雄」的

🔺 耆那大雄的出生紀念碑，上頭除了梵文外，也有些佛教常用的宗教符號，顯示在相同的時空下，不同宗教彼此有著不可避免的影響。

🔻 耆那教聖者立像．南印度帕拉王朝．西元十世紀。

235

聖地小百科

耆那教與大雄

大雄是耆那教的創建者，傳說他父母皆為耆那教徒。三十一歲時父母依著耆那教傳統絕食而死後，他便出家實行耆那教徒嚴屬的苦行。十三年苦修生活後，他宣稱已成道，到達清淨無染的獨存涅槃。從此，他以「耆那」（Jina）的身分出現於世，成為一大宗教門派。

大雄傳教的地區主要在摩揭陀國和憍薩羅國等地，他也接觸過當時的諸國君王，由於與佛陀的傳法區域重疊，因此不可避免的會相互影響。雖然佛陀並不接受耆那教的教義，但在某些戒律修持上也會彼此參考。在六師外道中，耆那教與佛陀的教義最為相近，因此佛陀總是以較寬容的態度對待他們。例如佛陀曾交代離車將軍，在他離去後繼續供養耆那教的苦行者，便是一個鮮明的例子。

▼ 印度人有繞行紀念物的禮敬習俗，故一般紀念塔都會設計成圓形，並有步道供人繞行。圖為耆那教大雄的出生紀念碑。

出生地。大雄就是耆那教的第二十四祖筏馱摩那（Vardhamana），他和佛陀是同一時期的宗教師，即佛典所謂六師外道中的「尼乾陀・若提子」。

同樣身為剎帝利種姓，大雄年紀稍長於佛陀，當佛陀正覺後出來說法的時候，他已經在宗教界有一定的聲望與基礎了。

沿著曲曲折折的田間小路來到一小塊濃蔭村野中，就會看到一座簡單乾淨的紀念碑，碑上刻了記述大雄生平事跡的銘文。

石碑立在一座圓形的基臺上，圍繞著這臺座的是一條環抱石碑的小徑，供信眾繞行以示禮敬崇拜。

整座紀念碑由一條鐵鍊保護，區隔著內外，造型單純樸實，配上周圍的鄉野農村風光——兩頭咀嚼青草的黃牛、一隻豔藍的美麗鳥兒、搖曳在綠葉間的粉紅花朵，和一曲唧唧不休的蟬鳴，好一片寧靜輕鬆的景致！

瑰麗的祕密花園總是隱藏在村落深處，想要親自體會這番美景，只要詢問當地人，就會得到熱心的回答與指引，而這也是此地美麗的景象之一。

吠舍離——過去與發現

法顯《佛國記》這樣說：（距今約1620年，距佛陀過世約890年。）

毘舍離城北，大林重閣精舍，佛住處及阿難半身塔。其城裏本菴婆羅女家，為佛起塔，今故現在。城南三里，道西，菴婆羅女以園施佛，作佛住處。佛將般泥洹，與諸弟子出毘舍離城西門，迴身右轉，顧看毘舍離城，告諸弟子：「是吾最後所行處。」後人於此處起塔。

玄奘《大唐西域記》這樣說：（距今約1385年，距佛陀過世約1120年。）

伽藍數百，多已圮壞，存者三五，僧徒稀少。天祠數十，異道雜居，露形之徒，實繁其黨。

宮城周四五里，少有居人。宮城西北五、六里，至一伽藍，僧徒寡少，習學小乘正量部法。

傍有石柱，高五、六十尺，上作師子之像。石柱南有池，是群獼猴為佛穿也，在昔如來曾住於此。池西不遠有窣堵波，諸獼猴持如來鉢上樹取蜜之處，池南不遠有窣堵波，是諸獼猴奉佛蜜處，池西北隅猶有獼猴形像。

右圖為1976至1977年印度考古協會的考古照片，當時記載著：遺蹟公園內主佛塔周圍建造了不同尺寸的小型佛塔，一些小型佛塔也被貼上了灰泥。佛塔中心的坑內堆積的碎片被清理乾淨後，露出了被發現嚴重受損的雙壁方形文物室，佛塔的中心是用十字形的磚所砌成的。

獅子柱的挖掘中，發現石柱深入地底有五點五公尺，石柱全身皆有高度拋光，底層的石頭放在天然土壤上。我們在尋寶者所挖的坑中找到一些重要發現，包括含有部分寶石的物品，其中一些嵌在磚中；不同大小和形狀的金葉；一些帶有拋光的石瓶碎片；刻有難以辨認銘文的站立佛像，還有一個陶土猴頭。

拘尸那羅

Kushinagar

—大般涅槃—

爾時尊者阿難走入精舍，立於門楣，哭泣自念：「我還只是一個學生，修學尚未圓滿，而我的導師——對我如此慈悲的人，卻已瀕臨寂滅了！」

——巴利文《大般涅槃經》

大般涅槃

Kushinagar

我聞彼服食鐵匠准陀的齋供以後，世尊忍受幾瀕於死的
劇痛，彼所以患此嚴重性疾病，因進用栴檀樹耳之故。
世尊於清瀉後猶說：「我等去拘尸那羅城。」

——巴利文《大般涅槃經》

西元前543年（北傳佛教記載為西元前486年），
世尊從王舍城的靈鷲山啟程，展開一如往常的弘化旅
程。

雖然當時世尊已屆八十高齡，但是在幾位弟子的
陪同下，他依然以最質樸的方式——行腳托缽、隨緣
受供、應機說法，來實踐聖潔的生命之旅。他們一路
行過那爛陀及波吒釐村，然後渡過恆河到達吠舍離，
這個夏天，他們一行人將在此度過雨季。

最後的供養

在吠舍離安居期間，世尊生了一場幾乎奪去生命
的重病，雖然幸而痊癒，但是他的健康與體力都受到
了很大的折損。儘管如此，雨季結束後，世尊仍帶領
著弟子們繼續往迦毗羅衛與舍衛城的方向前進。當他
們向離車族人告別時，城民似乎隱約意識到這次分手
或許將成永別，因此都依依不捨地跟在世尊身後不忍
離去。據說世尊還將乞食的缽給他們作紀念，但人們
仍不願回頭，直到佛陀　行人渡過干達河，人們因河
水太過洶湧無法越渡，才悲傷地回到城裡。

渡過了干達河，就進入末羅族人（Malla）的領
地。一行人來到末羅國的波婆村（Pava），便淨住在

二千五百多年以前，
佛陀就在末羅國的寂靜娑
羅樹林間「大般涅槃」了
（Mahaparinirvana，意思
是「偉大的逝世」）。

親近得力的諸大弟子
相繼過逝後，佛陀晚年在
人間說法的腳步似乎也就
寂寞許多。佛陀以八十歲
高齡且重病稍癒的身體，
遠從二百八十公里以外
的吠舍離往西北方出發，
腳步蹣跚卻常行不歇，他
們一路走走停停，最後來
到了拘尸那羅的娑羅樹林
間，這一次，世尊安詳、
平靜地永遠沉睡了！

🔺 阿姜塔第26窟。

◀ 左頁：臥佛殿中的臥佛像。

前頁 臥佛殿與大涅槃塔。

鐵匠准陀（Cunda）的芒果樹林附近。聽說佛陀已經到達波婆村的鐵匠准陀，歡喜恭敬地前來禮謁世尊，並請求佛陀：「唯願世尊慈允於明天與大比丘僧眾赴舍間午餐。」世尊默然地接受了。

第二天佛陀依約到達鐵匠准陀家中應供，准陀也很用心地準備了餐點供養僧眾，在席間有一道野生的蘑菇料理似乎有問題，佛陀於食用後，便覺得不太對勁，於是他告訴准陀：「准陀，凡是你所備辦的栴檀樹耳盡奉獻與我，其他食物如甜粥等則分給比丘僧眾。」而為了避免有別人食用這些蘑菇而到受傷害，佛陀又告訴准陀：「所有剩餘的栴檀樹耳應埋藏一小孔裡，不要再使他人食用。」

這時，用過齋供的佛陀開始感到劇烈的腹痛，並引起嚴重的血痢，幾乎瀕臨死亡。看到這個情形的准陀心中非常慌亂害怕，陷入極深的悲痛與自責之中，但是佛陀反而強打精神安慰准陀說：「不要難過啊！准陀，你供養的這蘑菇，和當初蘇陀嘉供養的乳糜一樣，都是出自於至誠至善的心，因此這都是無上尊貴的供養啊！」聽到佛陀這慈悲的話語，更使准陀生起無限的崇敬與悲傷。

佛陀稍事休息之後，等到下痢的情形稍為止住，便忍受著劇烈的腹痛毫無怨怪地離去了。

離別之夜

世尊從波婆村離開後，繼續往拘尸那羅前進。這段數十公里的徒步行腳，令年老體衰的世尊耗盡了最後的氣力，在阿難的隨侍攙扶下，才勉強渡過希連河，來到對岸的娑羅樹林中。此時世尊已疲憊至極，甚至無法站立，於是他告訴阿難：「阿難，請為我

😊 阿姜塔第1窟。

🔺 桑奇大塔·北門·西元前一世紀。

▶ 右頁：阿姜塔第26窟內，尊者阿難獨自依偎在佛足邊，掩面自泣的雕刻。

敷設床具於娑羅雙樹間，其頭向北。我倦甚，欲偃臥。」阿難依照世尊的吩咐，在兩棵娑羅樹之間鋪好了床具，世尊便將僧衣疊作枕頭，右脅而臥，兩腳相疊，心境安穩，如獅子般地睡著了。

寂靜的夜空，只有風吹娑羅樹叢，發出沙沙的聲響，偶爾幾顆流星劃破暗夜，但旋即又消失無光……

世尊靜靜地躺臥在月光下，隨行弟子們圍繞在他的身旁，大家都端身跪坐，強忍著內心的悲痛，不願發出任何一絲聲響，因為諸比丘們都知道，今夜將是他們與敬愛的導師分離的時候了！

隨侍佛陀數十年的多聞聖弟子阿難，在世尊即將辭世時，難以克制地把自己將要失去導師的惶惑不安與悲痛哀傷完全表達了出來，深知阿難心情的世尊，便招喚阿難前來，慈悲和藹地告訴他：

阿難啊！不要悲傷，也不要哭泣。我於往昔不是曾告訴你萬物實性就是如此，與我們最親近者終將要與我們分別隔離？當一物既生而成形，即具分離的必然性，不要其捨離，怎麼可能？且必無此理。

阿難，很久以來，以你慈和善良的身行、言語、意念親近於我，心意堅定且無法計量，甚堪嘉勉。阿難啊！你當善自精勤，不久也將獲得漏盡。

——巴利文《大般涅槃經》

世尊以病弱之軀，殷殷切切地教誨「因緣生滅，萬物本然，凡條件所組成的，終將消散」，來勉勵阿難與諸位隨行弟子。

然而，世間真正能了解並接受這真理的人，又有多少呢？大部分的人們在面臨生離死別時，誰不是哀

最後的弟子

在佛陀生命的最後一夜，有位年老的外道婆羅門須跋陀羅（Subhadra）正在拘尸那羅修行，聽說佛陀即將於今夜入滅，於是便來到娑羅樹林中，請求阿難尊者為他引見世尊。

阿難不忍世尊勞累，便婉拒了須跋陀羅的請求，但佛陀已聽見兩人的對話，便請阿難讓他進來。因為這樣，須跋陀羅得以提出問題，而世尊也強忍著身體的痛楚疲乏，詳細地為他解說八正道。

聽聞佛陀教法的須跋陀羅，很快的就理解並信受，於是請求進入僧團，而佛陀也接受了他的要求，並旋即為他受具足戒正式出家。不久之後，堅定精勤的須跋陀羅就證得聖道，成為一位無漏心解脫的大阿羅漢。

他成為佛陀在生命中渡化的最後一位比丘！

是自苦、不願接受呢？就像佛陀對阿難開示完不久，住在拘尸那羅附近的末羅族人就攜家帶眷，扶老偕幼也前來，參見覺明智者的最後一面。他們愁容滿面，哀痛欲絕，甚至披頭散髮，大聲哭喊：「慈祥的世尊就要入滅了！世間的光明一會兒就從眼前消失了！」

一時之間，娑羅樹林中瀰漫著濃濃的愁苦哀傷，嚶嚶的啜泣聲應和著風兒拂過娑羅樹葉的拍打聲，久久不散。

圓滿的寂滅

在為最後一位弟子須跋陀羅教示之後，佛陀的生命即如將要燒盡的燭火，在風中危危閃爍顫抖著，他最後的談話，只能斷斷續續，猶如慈藹老父對著年幼稚子，心心念念地叮嚀與勉勵：

「阿難，比丘中若有人有這種想法：『導師的教言已畢，我們不再有導師。』實非如此，不應作如是觀。阿難，我為你們所建立的法與戒，在我去世後即是你們的導師。」

「阿難，我去世之後，對惡質怠惰比丘（惡比丘）應施行默擯梵罰；聽任那比丘隨意說話，諸比丘不應與之交談，不勸告他，亦不用教訓他。」

「阿難，於我去世後，若僧團同意可以捨微小戒。」

世尊這時已經沒有體力再作長時間的開示了！他的身心有如油將用盡的燈，那微弱瘦小的火苗就要熄滅了！但佛陀仍不放棄那小小火苗所能發出的最後一絲光明，他提醒僧眾們，如有任何疑惑，應掌握這最後的機會親自向他諮詢。

靜夜之中，一片默然，在座之人無有疑惑……

世尊見無人發問，不放心地再次問道：「諸比丘，如果你們是為了導師，故不發問，可令其友人互相轉達。」世尊如是語已，諸比丘仍皆默然。

當確定在座的所有弟子們對佛、法、僧均已無疑惑，且將不墮惡趣而正向於解脫之境後，佛陀就不再多言了！一生對世人的關懷與對弟子的教導引領之責任，此刻已圓滿完成了！

爾時世尊語諸比丘說：

「諸比丘啊！現在我勸告汝等，諸因緣皆為無常法，

大家應自精勤，不要放逸啊！」

——巴利文《大般涅槃經》

這就是世尊最後的遺教了！

平凡得像娑羅樹的凋葉，平凡得像拘尸那羅小村，平凡得如你我的身軀，佛陀也走過老、病而終將進入寂滅。西元前543年，5月的月圓之夜，人間的覺者、不倦的教育家——佛陀，在這末羅國的寧靜小村中，莊嚴安詳地休息了！

◎本頁：阿姜塔第26窟。微閉著雙眼，佛陀慈祥的離世了，但是他的叮嚀與教法，至今依然常留在人間。

八分舍利

於是拘尸那羅的末羅族人們以新布包裹世尊的遺體，繼以新淨棉，再以新細布纏之。如此，一層布，一層棉，至各有五百層為止。然後將其安放在有油之金棺內，再以另一金棺蓋之；並用諸種香積作火葬檯，然後將世尊的遺體置於其上。

——巴利文《大般涅槃經》

佛陀過世後的六天裡，王族和庶民不論遠近，都聚集到此，向世尊的遺體表達哀思與禮敬。由於大部分弟子都四散各地，而隨侍的弟子又人手不足，遂由附近的末羅族人協助收集香末、花圍、柴木、布帛等治喪物品，依照轉輪聖王禮制，為釋尊裝殮遺體。

此時，率領著五百位弟子從波婆村趕向拘尸那羅的大迦葉尊者，正在路邊一棵樹下休息，當他們聽到世尊過逝的消息後，許多比丘弟子們忍不住悲痛哭泣起來，但是卻有一位年老的怠惰比丘，不在意地坐在路邊，鬆了一口氣似的說：「止止諸師，不應哭！也不應悲慟！我們從該大沙門獲得解脫！他常以『當應行是，不應行是』來煩擾我等，今後我們為所欲為，其不欲者則不為之！」

就是這句話，讓一向不喜多言的大迦葉尊者，決定召開佛教第一次教法結集會議。

當大迦葉尊者匆匆趕到拘那羅時，末羅族的領袖們正準備點燃火葬柴堆，於是大迦葉尊者就以僧團中最受尊敬的兄長身分，帶領大眾頂禮佛足，遶佛三匝後，舉火點燃了葬火。在肅穆哀傷的氣氛中，世尊的遺體，就荼毘於夜空下沙沙悲泣的娑羅樹林間了！

當世尊入滅的消息像火一般迅速傳遍東北印時，許多部族國王們都遠從各地趕來弔唁禮敬佛陀，包括摩揭陀國的阿闍世王、吠舍離的離車族和迦毗羅衛的釋迦族在內，據說共有八個部族聚集在此參加佛陀的火化儀式，然後，每一國都希望能得到佛陀的遺骨舍利，以便回國建塔供養。

為了能分得佛陀的舍利，各國在這裡發生了激烈的辯論與爭執，形成幾乎要以兵戎相向的緊張局面。幸好在場一位摩揭陀國的婆羅門以調停人的身分挺身而出，提醒大家：「容忍是我佛之教訓。因分世尊之舍利，而起戰鬥、殘害，實不應該。我們應融洽和好，將舍利分為八份，讓佛塔遠過諸國，使人們追循此世界之光。」

這一席中肯的話語立刻軟化了現場劍拔弩張的氣氛，而原本態度強硬的拘尸那羅末羅族人，也不再堅持獨占世尊的遺骨，同意由這位婆羅門將佛陀的舍利平均分為八份，交由諸國各自帶回一份，返國建塔供人民禮敬祭祀。這就是佛教史上著名的「八分舍利」史事。

佛陀的入滅與舍利的分配讓印度出現了一種全新的建築型式——窣堵波（Stupa，意為佛塔）。因為各國王族回國以後，都在交通要道上，依著佛陀生前的指示，以缽碗倒扣的樣式，用磚或土起造半圓形的小塔，然後將佛陀的舍利安放於其中保存供養。之後凡是諸長老聖弟子的遺骨舍利，也都以這樣的方式來造塔禮敬，這可以說是印度早期的陵墓型式，也創造了一種特殊的佛教文化。

有趣的是，經典中完全沒有提到有任何聖弟子出來說：「世尊為我等的導師，因此我們應分得一份舍利。」這想必是因為聖弟子們都很清楚，世尊的遺言中，要弟子們「以法為師，以戒為師，精勤不放逸」，只有法與戒，才是佛陀最重要的遺產。

拘尸那羅巡禮

　　拘尸那羅目前的遺蹟區域相當集中，不論是佛陀入滅處還是遺體火化之所，都聚集在一條主要道路上，旅人們只要悠閒地散步就可輕鬆到達，是可以靜下心來細細思維佛陀聖教的好地方。

大般涅槃遺址區

　　就在主要道路旁、印度考古研究所正對面，遠遠地就會看到白色的臥佛殿和大涅槃塔矗立在鄉村矮房之間，是這裡最重要的遺蹟所在。目前出土的遺蹟已被整理成為環境清幽的花園寺院，但尚有大片遺蹟仍沉睡在塵土之下，因此挖掘的工作仍持續進行著。

●僧院遺蹟

　　一進入遺址園區，就會看到一片尚稱完整、仍在挖掘中的僧院遺蹟，據考證這應是笈多王朝時期所建的修行寺院。在這裡曾挖掘出記載有「大涅槃塔」整修重建過程和幾個寺院名稱的石碑刻文，由於是佛滅後千年才建，因此在歷史意義上，並不是那麼重要。

●臥佛殿（Mahaparinirvana Temple）

　　又稱為大涅槃堂或大涅槃寺，是一座白灰粉刷、四週開了小窗戶的圓筒狀建築。

　　在階梯下脫下鞋子，還未進入佛殿，甜膩的鮮花香燭氣味與比丘們吟哦的誦經聲，就已將參訪的人們帶入濃濃的莊嚴氛圍之中。

　　踏入幽暗的大殿，只見一尊六尺長的佛陀像安詳

　　拘尸那羅是古印度恆河平原上十六大國之中，末羅國的一個小城鎮，古名Kushinara。又「末羅」意思是指「力士」，因此這裡又被稱為「力士生地」。

　　因為是佛陀的入滅處，而廣為佛教徒所熟知並禮敬，但對於信奉印度教的印度人民而言，拘尸那羅一直是個不太重要的小村鎮，長久以來受到忽視與遺忘，只有在玄奘、法顯等朝聖者的旅行記錄中，才能見到她的名字，不過，對她的描述也都是「居人稀曠，閭巷荒蕪」的淒涼景象。

🔊 佛陀大般涅槃遺址區內，挖掘出不少西元五世紀左右所建的僧院遺蹟。

⚐ 臥佛殿與大涅槃塔，右方為娑羅樹。

⚐ 比丘們負責維護涅槃遺址區域裡的一切事務，在多神教盛行的印度，他們的身影顯得十分孤獨！

平穩地躺臥在眼前。這座以黑岩雕刻的精緻臥佛像，全身都被虔誠的信眾們貼滿了金箔，並且緊密地裹上金黃色的綢布，只露出慈藹的面容與尊貴的雙腳，因此常讓不知情的人以為這是金屬打造的佛像。

這巨大的雕像與床座是以一塊完整的巨岩一體成型雕造而成，據說在十二世紀時，為了躲避回教徒的破壞，人們將它埋入地底，到十九世紀中葉考古學家將之挖掘出來時，已有多處毀損破裂，經工作人員將散布在四周的碎片重新拼合起來才勉強修復完成。

床榻的基座上雕有阿難、須跋陀羅、末羅酋長瓦吉拉婆尼（Vajrapani）以及另外五位不知名的信眾，人人均是雙掌合十，神情哀傷。此外，床座上也刻了當初的捐獻者與雕刻匠的姓名：「這是摩訶寺（Maha Vihara）哈利巴拉‧斯伐彌（Halibala Svami）的宗教獻禮。此佛像為秣菟羅（Mathura）的地那（Dina）所造……」從雕像的型式和刻文記載看來，這應是西元五世紀時的作品。

如果駐寺的比丘不是很忙的話，就會帶著你從不同的角度來看這座佛像：「看！如果從頭頂往腳部看，佛陀的表情是微微地笑著……如果站在中間看，

就會發現佛陀的表情轉為安詳的沉思……若是從腳部往頭部看，佛陀的面容又變為莊嚴肅穆……」

當然，這只是光影變化與視覺角度差異造成的結果，但人們卻可以藉此想像佛陀在世說法示教時的多種面貌，也算是一種心理安慰吧！

臥佛殿曾在西元1876年時整修過，到了1956年，適逢佛陀入滅二千五百年，人們又特別重修整建，因此如今的涅槃寺才會如此亮白顯眼，和四周的遺蹟廢墟形成強烈的對比。

拜訪臥佛殿最好的時間是午後近黃昏時，那時，柔柔的橘紅色夕陽、鵝黃搖曳的燭火，再加上比丘們平靜的吟誦，整座寺院會浸淫在濃濃的神聖氛圍中。

如果你願意，駐錫在這裡的比丘們會用心地帶領誦念經文，並為你開示，然後帶著你一路介紹寺院附近的水池、佛塔與遺蹟等。如果是為了尋找寧靜心靈而來的旅人，當然也可以為自己守默禁語半天，或坐在大殿中獨自誦讀佛陀的教誨，或靜靜思維感懷佛陀入滅前的慈悲叮嚀、抑或聆聽自己隨著朝拜者人來人往、進進出出的呼吸聲，寧定地享受這份沉靜……

● 臥佛殿內的佛陀雕像，佛足下方是信眾隨喜供養之處。

● 臥佛殿正門有兩棵娑羅樹，用以標示佛陀在此入滅之意。圖中前方磚塔，據說是國王與人民禮敬瞻仰如來遺體之處。

● 大涅槃塔（Mahaparinirvana Stupa）

臥佛寺正後方，有一座巨大的米白色覆鐘式佛塔，即為大涅槃塔，也稱為主塔，這座塔標示了佛陀入滅的確實地點。

在挖掘過程中，考古學者曾在這附近發現了一件西元五世紀、鳩摩羅笈多時代的銅器，與一些刻有銘文的銅盤，刻文的內容大約是：「這是哈利巴拉‧斯伐彌（Halibala Svami）的獻禮，這個銅盤是放在大涅槃塔內。」這篇刻文證明了這座大塔和涅槃寺內的人

🔵 蓮花、香茅與浮萍，此地點是傳說中摩耶夫人哭泣佛陀入滅之處。

🔵 一片綠意水澤間，米白色大涅槃塔和臥佛殿顯得特別搶眼。

🔽 大涅槃塔後方，有一座四方型的磚造建築遺蹟，從殘餘的基臺可以看出這原本應是一座佛塔，駐寺比丘說，這就是佛陀確實的入滅之處，因此後人曾在此建有高塔以為標記。

臥佛像是同一個施主所捐贈，而玄奘前來朝聖時所看到的「阿育王所造之塔」，應該就是這座塔的前身。

其大磚精舍中作如來涅槃之像，北首而臥。傍有窣堵波，無憂王所建，基雖傾陷，尚高二百餘尺。前建石柱，以記如來寂滅之事。

——玄奘《大唐西域記》

可見在西元七世紀時，這裡不但有寺院、大塔，塔前還有阿育王的正字標記——阿育王石柱。然而，不久之後，這座塔寺即遭到廢棄，想來也是因為回教徒入侵致使佛教急速沒落的關係。

總之，這裡有很長一段時間都是荒山野林中的廢墟瓦礫，直到印度政府終於發現它的歷史價值與觀光利益，才開始進行挖掘工作。當時，一位緬甸的佛教徒吳波開（音譯），籌募了近2萬盧比在此建造一座新塔，於1927年完工，後來他又花費1萬1000盧比，為新塔全身鍍金，並在塔頂布置了精緻的傘蓋。

然而，隨著歲月如流水般地奔逝，這一座曾經閃耀著亮眼金光的大塔，又在時光的摧殘之下日漸斑駁毀壞，終於風采全失，再度荒蕪，直到最近幾年，才又重新翻修整理，整座大塔被漆以米白色，簡單的覆鐘造型，表面光滑，全無雕刻，僅在塔頂上建了三層小小的傘蓋，非常的樸實單純，如同佛陀一向的教法行止。

當地比丘說，大塔之下、地底約六公尺處，埋藏著佛陀的舍利。這個說法很值得懷疑，畢竟這裡曾經歷過多次的破壞荒廢。然而，真偽如何其實並不那麼重要，因為佛陀所留下最珍貴的寶物並非遺骨，而是

法教遺言。只要佛弟子們都不忘失世尊最後的教示：「以法為依、以戒為師」、「自洲做自依、法洲作法依」，那麼，「法」在何處被彰顯，那裡就是佛陀生命延續的地方！

●其他塔寺景點

　　或許是有比丘駐錫的緣故，拘尸那羅的遺蹟公園整理得相當清幽寧靜，整體環境優美整潔。雨季時，水澤豐潤，生出整片荷葉浮萍，各色蓮花處處挺立，不時傳來的蟬唱蛙鳴，為寂寞的殘磚頹牆注入一股生命力。若有時間，不妨在此散散步、靜靜心，將旅途中的疲累瞬間放空。

　　臥佛殿前種了兩棵瘦高的娑羅樹，但這並不是蔽護佛陀入滅的兩棵樹，地點也不是在這裡，只是因為原始的娑羅樹早已消失，因此管理當局又重新種植，以便告訴世人，佛陀就是在這種樹下安詳入滅。這兩棵樹的樹齡看來應有二、三十年了，雖然它不像菩提樹那麼有名並受到崇敬，但不妨拾一片樹葉作個紀念吧！畢竟佛陀入滅時的教言和正覺時的智語，是一樣真實不虛值得佛弟子千年追思的啊！

　　整座臥佛殿和涅槃塔周邊，尚有許多後人流傳的，有關世尊入滅時的事件或神蹟發生之地點，原本都造有小塔紀念，如今均只餘基座。例如，在面對臥佛殿的右手邊，有一座磚造遺蹟，是佛陀入滅後，停棺七天供各國王族與百姓前來瞻仰禮敬之處；而在左手邊，又有一座小小的佛塔殘基，是佛陀的生母摩耶夫人聽到佛陀入滅後，從天上下來哀痛哭泣的地方。

　　史實與神話摻雜原本就是印度歷史的一貫風格，也無須太在意。只是這些遺蹟多散見在大片殘基之

周邊景點

　　距離大涅槃塔遺蹟公園約三、四百公尺的道路轉角處，有一座瑪塔庫聖殿（Mathakuar Shrine），據說佛陀曾在這裡做了最後的教示，因此建殿以茲紀念。

　　幽暗的聖殿中，供奉了一座約西元五世紀左右、黑岩雕造的坐佛，以降魔觸地印代表成等正覺。聖殿門口有一潭水池，似乎是當地人汲水沐浴之處。聖殿的看守者一見到觀光客或朝聖者接近便會問說，如果你願意奉獻香油，可以為你打開鐵門，讓你進去照相。

　　除了這座小聖殿，這條主要道路上，還密布著世界各佛教國家新建的精舍與寺院，如西藏寺、日本寺、中華佛寺，以及日本和斯里蘭卡合力建造的十大弟子寺等，有時間可以一一參訪。

🔽 瑪塔庫聖殿就在轉彎處，從路邊就可看得很清楚，有興趣可入內一看。

❶涅槃遺蹟園區一景。

❷拘尸那羅的中華佛寺。

❸安迦羅塔入口大門。

❹安迦羅塔曾被人在最上方挖下一個大洞並盜走古物，幸有考古部門維修才恢復成現在的模樣。

❺日本寺院沿襲世界和平塔風格，簡約卻莊嚴。

❼佛陀的火化之地就在安迦羅塔。這座高約十公尺直徑四十公尺的「蘭巴爾塔」，其建立年代應不會早於西元三世紀，塔下發現有孔雀王朝時期的小僧院與祠堂殘跡，可見這是後世在更早期的佛塔上，再加蓋重建的紀念建築。朝聖者來到此地，建議可繞塔數圈，以示對佛陀的思念。

中，若想詳細了解確實位置，不妨請教駐寺比丘或當地人民，他們會很樂意為你解答。只是這些說法都沒有出土文物可供考據，因此可能每個人所說的都不一樣，聽聽有趣就好，倒不必一定要探究真偽。

安迦羅塔（Angara Chaitya）

從遺蹟公園再往下走一公里半左右，會遇到另一座小小的花園，裡面有一座十多公尺高的紅磚土丘，靜靜地站在鋪設整齊、花木扶疏的繞園小徑中央，這就是現在被當地人稱為「蘭巴爾塔」（Rambhar Stupa）的安迦羅大塔。

據說，這就是當初大迦葉尊者引燃葬禮柴堆、火化佛陀遺體的地方，而當遺體火化儀式完成的時候，各國王族還為了爭奪佛陀的舍利遺骨，差點兒在這裡引發了戰事，這便是佛教史上著名的「八分舍利」事件。

安迦羅塔中曾供奉安置著許多貴重物品，但如今早已被盜墓者洗劫一空。所幸印度的考古

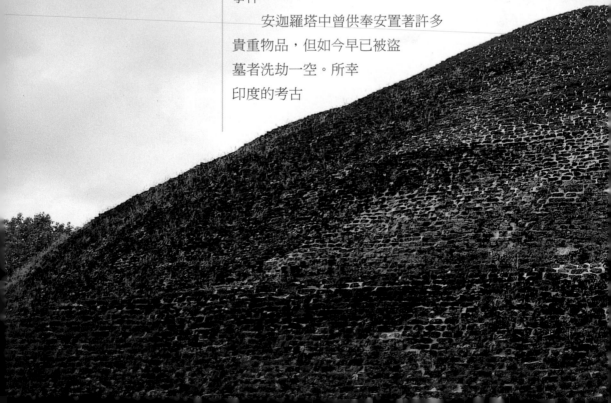

部門現在已開始著手保護這座極具歷史價值的宗教遺產，使它不致繼續受到更大的傷害。

目前，當地政府已清除掉盤根錯節在塔上的雜草與樹林，並設置圍欄將之包圍保護起來。不過，同時卻又用現代的紅磚去修補塔身破損的地方，並且在磚塔旁搭建了一些現代的人工建築，使得整座花園的氣氛有些新舊交雜。這樣的維護方式對古蹟而言，究竟是幸亦或不幸，實在值得討論。

拘尸那羅──過去與發現

法顯《佛國記》這樣説：（距今約1620年，距佛陀過世約890年。）

　　城北雙樹間希連河邊，世尊於此北首而般泥洹。及須跋最後得道處，以金棺供養世尊七日處，金剛力士放金杵處，八王分舍利處。諸處皆起塔，有僧伽藍，今悉現在。其城中人民亦稀曠，止有眾僧民戶。

玄奘《大唐西域記》這樣説：（距今約1385年，距佛陀過世約1120年。）

　　城西北三、四里，渡阿恃多伐底河，西岸不遠，至娑羅林。其樹類槲，而皮青白，葉甚光潤，四樹特高，如來寂滅之所也。其大磚精舍中作如來涅槃之像，北首而臥。傍有窣堵波，無憂王所建，基雖傾陷，尚高二百餘尺。前建石柱，以記如來

寂滅之事，雖有文記，不書日月。

西元1880年拘尸那羅的佛陀大般涅槃畫像，繪畫者羅摩納拉揚・巴加特
（Ramnarayan Bhagat）。

拘尸那羅被認為是佛陀去世的城鎮，在此畫中表現出磚造的火葬塔和大般涅
槃寺中右脅而臥的佛陀。雕像上方的匾額上刻有銘文：

「發現這座著名的佛陀涅槃像和廟宇（註：指臥佛殿），並將其與相鄰的佛塔一
起挖出，雕像（被發現時已破碎並散落成無數碎片）完全重建與恢復，廟宇也得
到修建並由印度考古研究所助理考古測量師卡萊爾（A. G. Carlleyle）蓋了屋頂。
拘尸那羅，1877年3月。」

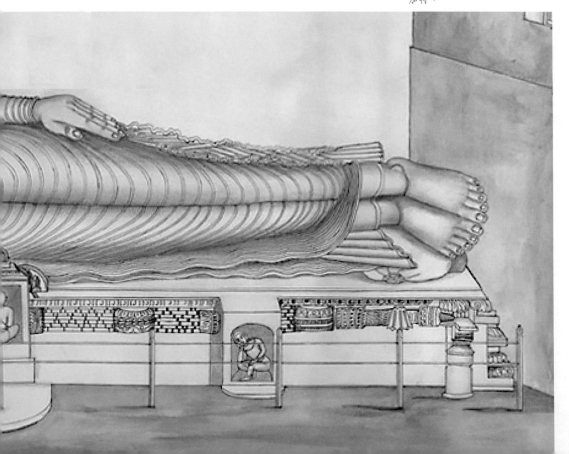

▼拘尸那羅的佛陀大般涅槃畫
像，繪畫者為羅摩納拉揚・巴
加特。

藍毗尼 *Lumbini* —— 佛陀誕生

迦毗羅衛 *Kapilavastu* —— 大出離

菩提迦耶 *Bodhgaya* —— 成等正覺

鹿野苑 *Sarnath* —— 初轉法輪

王舍城 *Rajgir* —— 弘法之域

那爛陀 *Nalanda* —— 佛學大城

舍衛城 *Sravasti* —— 祇園之聲

憍賞彌 *Kausambi* —— 法盡之地

僧迦施 *Sankisa* —— 天上人間

巴特那 *Patna* —— 孔雀之心

吠舍離 *Vaishali* —— 生命之旅

拘尸那羅 *Kushinagar* —— 大般涅槃

菩提迦耶
區域地圖
（p55）

菩提迦耶
BODHGAYA

N
NOT TO SCALE

TO GAYA
13KM

蘇嘉塔橋

GHAT

帕爾古河（古尼連禪河）

TO MAGADH UNIVERSITY

BODHGAYA ROAD

七葉石窟 縮製

1. Bus Stand;Burmes Monastery
2. Hotel Deep
3. State Bank of India
4. Shankaracharya Math
   (Hindu Temple)
5. Hospital
6. Om cafe(Winter Open)
7. Fujia Green Restaurant
8. Tibetan Monastery
9. Sri Lanka Guest House
   Mahabodhi Society
10. Auto-Rickshaw Stand
11. Main Post Office
12. Lotus Pound
13. Mahabodhi Temple
14. Bank of India
15. Chinese Monastery
16. Archaeological Museum
17. ITDC Hotel Bodagaya Ashok
18. Hotel Sujata
19. Hotel Shanti Boddha
20. Hotel Shashi International
21. Thai Monastery & Temple
22. Hotel Buddha Vihar
23. Hotel Siddarth Vihar
24. Bhutanese Monastery
25. Tibetan Karma Temple
26. Indosan Nipponji Temple
27. Japanese Daijokyo Monastery
28. Sakya Tibetan Monastery

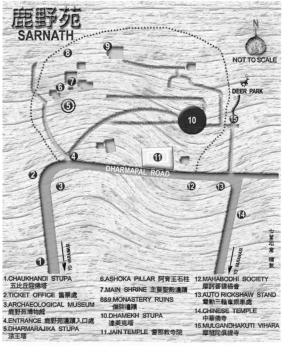

鹿野苑
區域地圖
（p83）

鹿野苑
SARNATH

N
NOT TO SCALE

DEER PARK

DHARMAPAL ROAD

TO VARANASI

TO VARANASI

七葉石窟 縮製

1.CHAUKHANDI STUPA
　五比丘迎佛塔
2.TICKET OFFICE 售票處
3.ARCHAEOLOGICAL MUSEUM
　鹿野苑博物館
4.ENTRANCE 鹿野苑遺蹟入口處
5.DHARMARAJIKA STUPA
　法王塔
6.ASHOKA PILLAR 阿育王石柱
7.MAIN SHRINE 主要聖殿遺蹟
8&9.MONASTERY RUINS
　僧院遺蹟
10.DHAMEKH STUPA
　達美克塔
11.JAIN TEMPLE 耆那教寺院
12.MAHABODHI SOCIETY
　摩訶菩提協會
13.AUTO RICKSHAW STAND
　電動三輪車乘車處
14.CHINESE TEMPLE
　中華佛寺
15.MULGANDHAKUTI VIHARA
　摩犍陀俱提寺

257

王舍城
區域地圖
（p109）

王舍城
RAJGIR

TO NALANDA

王舍城

Vaibhara Hill

Vipula Hill

Chatha Hill

Ratnagiri Hill

上茅宮城

〔舊王舍城〕

Sona Hill

Udayagiri Hill

TO GAYA

1. JIVAKAMRAVANA
   耆婆芒果園精舍
2. VISHWA SHANTI STUPA
   多寶山和平塔
3. GRIDHAKUTA HILL
   靈鷲山
4. BIMBISARA JAIL
   頻婆娑羅王牢房
5. MANIYAR MATH
   摩尼耶摩達古塔
6. SONBHANDAR CAVE
   松班達石窟
7. AJATASHATRU STUPA
   阿闍世王塔
8. VENUVANA VIHARA
   竹林精舍
9. HOT SPRING
   溫泉
10. PIPPALA STONEHOUSE
    畢波羅石室
11. SAPTAPARNI CAVE
    七葉窟

七葉石窟 繪製

舍衛城
區域地圖
（p159）

舍衛城
SRAVASTI

MAHET

JETAVANA
祇樹給孤獨園

SAHET

LUCKNOW

BALRAMPUR

1. TICKET OFFICE
   售票口
2. ANANDABODHI TREE
   阿難菩提樹
3. KOSAMBAKUTI
   拘賞波俱提精舍
4. GANDHAKUTI
   犍陀俱提精舍
5. TEMPLE & MONASTERY
   僧院遺蹟（最大的）
6. JAIN TEMPLE
   香那寺
7. PAKKI KUTI（Angulimala' s stupa）
   央瞿利摩羅塔
8. KACHCHI KUTI（Sudatta' s stupa）
   給孤獨長老故居

七葉石窟 繪製

吠舍離
區域地圖
（p226）

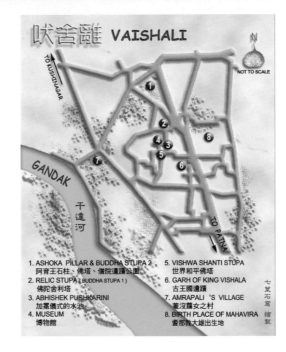

VAISHALI 吠舍離

TO KUSHINAGAR

N
NOT TO SCALE

GANDAK

干達河

TO PATNA

七葉石窟 繪製

1. ASHOKA PILLAR & BUDDHA STUPA 2
   阿育王石柱、佛塔、僧院遺蹟公園
2. RELIC STUPA (BUDDHA STUPA 1)
   佛陀舍利塔
3. ABHISHEK PUSHKARINI
   加冕儀式的水池
4. MUSEUM
   博物館
5. VISHWA SHANTI STUPA
   世界和平塔
6. GARH OF KING VISHALA
   古王國遺蹟
7. AMRAPALI 'S VILLAGE
   菴沒羅女之村
8. BIRTH PLACE OF MAHAVIRA
   耆那教大雄出生地

拘尸那羅
區域地圖
（p247）

GORAKHPUR

N
NOT TO SCALE

1. MAHAPARINIRVANA TEMPLE
   大涅槃寺
2. MAHAPARINIRVANA STUPA
   大涅槃塔
3. RAMBHAR STUPA
   佛陀火化塔
4. CHINESE TEMPLE
   中華佛寺
5. HOTEL PATHIK NIWAS
   帕西尼瓦飯店
6. MATHAKUAR SHRINE
   瑪塔庫聖殿
7. LOTUS NIKKO HOTEL
   日光蓮花大飯店

KUSHINAGAR
拘尸那羅

七葉石窟 繪製

朝聖行程規劃 *Plan Your Journey*

　　所有與佛陀一生關係密切的聖地，大都位在德里到加爾各答這條火車線以東的地區，因此主要的交通工具也就是這條鐵路線。

　　初步估計十二個聖地走下來大約需要十多天，由於聖地交通大都十分不便，因此若是數人同行或經濟許可，建議租一輛車，最為省時省力！

　　如果不想租車，天數可能還會增加，因為每一地的交通轉運站都相當複雜（例如，要前往拘尸那羅和舍衛城，得在哥拉浦換車，而前往迦毗羅衛和藍毗尼園，則必須在邊境城市蘇諾里落腳），而且彼此之間也都有相當的距離，因此通常會需要在轉運點度過一夜，這些時間都必須計算在裡面。

　　我們在排定行程時，會把最近的轉運站也排入，下面行程中用括弧【】標示的地點，即表示是轉運站而非聖地，可供旅行者在自行設計行程時作為參考。

　　在參考行程中的阿格拉，是世界著名的七大建築奇景之一的泰姬瑪哈陵（Taj Mahal）所在地，如果有時間和興趣，不妨順道前往。

　　此外，在安排行程時，基本上是以加爾各答和德里作為出入點，不論是由加爾各答入境、一路往北走到德里出境，或是從德里開始，往南到加爾各答出境均可。不過，若是自助旅行的生手，又是第一次到印度，建議以加爾各答作為起點會比較好，因為德里的小販、掮客和車伕太過強勢，經驗不足者常常難以拒絕而受騙上當。

　　對於不知該如何安排行程的自助旅行新鮮人，可參考下面列出的幾條基本行程：

行程**A**

　　加爾各答Kolkata →【伽耶Gaya】→ 菩提伽耶Bodhgaya → 王舍城Rajgir → 那爛陀大學Nalanda → 巴特那Patna → 吠舍離Vaishali → 拘尸那羅Kushinagar →【哥拉浦Gorakhpur】→【蘇諾里Sonauli】→ 藍毗尼園Lumbini → 迦

毗羅衛Kapilavastu → 舍衛城Sravasti →【瓦拉那西
Varanasi】→ 鹿野苑Sarnath →【阿勒哈巴Allahabad】
→ 憍賞彌Kausambi →【阿格拉Agra】→ 僧伽施
Sankisa → 德里Delhi

　　這是一條最順暢、最省時省力的路線，非常適合
以租車的方式巡禮！

　　因為它是以逆時鐘方向繞一圈，按照順序次第
拜訪各個聖地，因此，不論是依照本書安排的順序走
訪，或是反過來從德里入境，從加爾各答出境，都相
當的順手，只要在接駁轉運點上稍作調整即可。這點
很簡單，只要記得，若是靠近邊境，就以哥拉浦或蘇
諾里作為據點，靠近中部則以巴特那和瓦拉那西為轉
運站，這樣基本上就不會有太大的問題了。

行程 B

　　加爾各答Kolkata →【伽耶Gaya】→ 菩提伽耶
Bodhgaya → 王舍城Rajgir → 那爛陀大學Nalanda
→ 巴特那Patna → 吠舍離Vaishali → 巴特那Patna
→【瓦拉那西Varanasi】→ 鹿野苑Sarnath →【瓦
拉那西Varanasi】→【阿勒哈巴Allahabad】→ 憍
賞彌Kausambi →【阿勒哈巴Allahabad】→【哥拉
浦Gorakhpur】→ 拘尸那羅Kushinagar →【哥拉浦
Gorakhpur】→【蘇諾里Sonauli】→ 藍毗尼園Lumbini
→ 迦毗羅衛Kapilavastu → 舍衛城Sravasti →【哥拉
浦Gorakhpur】→【阿格拉Agra】→ 僧伽施Sankisa →
【阿格拉Agra】→ 德里Delhi

　　這個行程是以瓦拉那西和哥拉浦為轉運點，分別
前往各個聖地。

　　雖然大部分的聖地都有巴士到達，但是有些地點

△ 在僧侶帶領下參訪菩提迦耶的
小學生們。

△ 漂亮的推車賣的是現做沙拉。
攤子前方堆的是發芽埃及豆，
超健康。

◁ 左頁：印度人們喜歡為牛角塗
上各種裝飾色彩，為平凡農村
街景增添許多味道。

可能只有電動三輪車、或甚至只有四輪馬車（Tonga）可以利用，這端視各地的落後程度以及交通狀況來決定。

行程 c

【加德滿都Kathmandu】→【貝拉瓦Bhairawa】→ 藍毗尼園Lumbini →【蘇諾里Sonauli】→ 迦毗羅衛Kapilavastu → 舍衛城Sravasti →【哥拉浦Gorakhpur】→ 拘尸那羅Kushinagar →【哥拉浦Gorakhpur】→ 巴特那Patna → 吠舍離Vaishali → 巴特那Patna → 王舍城Rajgir → 那爛陀大學Nalanda → 菩提伽耶Bodhgaya →【伽耶Gaya】→【瓦拉那西Varanasi】→ 鹿野苑Sarnath →【瓦拉那西Varanasi】→【阿勒哈巴Allahabad】→ 憍賞彌Kausambi →【阿勒哈巴Allahabad】→【阿格拉Agra】→ 僧迦施Sankisa →【阿格拉Agra】→ 德里Delhi

這條路線的難度又更高了！它是由尼泊爾入境，以藍毗尼園作為參訪聖地的第一站，先將邊境的幾個聖地朝禮完畢之後，再往南以順時針方向依序參訪其他的聖蹟，一路往北走，在僧迦施為聖地之旅畫上句點。

對於想要同時遊歷尼泊爾和印度的人，這個行程是相當合適的。它的優點是可以順道看看加德滿都和尼泊爾其他地區，而且以佛陀出生的藍毗尼園作為聖地的第一站，有其象徵意義。不過它的缺點也不少，包括：

● 較為麻煩：要辦兩國的簽證，入境後還得分別匯兌兩國的貨幣等。

● 一進入印度，面對的是沉寂的邊界小鎮蘇諾里，和混亂的邊境大城哥拉浦，挑戰性相當高。

● 只能選擇從德里出境，如此將會錯過亞洲規模最大的加爾各答印度博物館，相當可惜。

上面三種行程是基本的路線安排，但是它們並非唯一的選擇，各人仍然應該依照自己的興趣和條件（時間、旅費、體力……），自行安排最適合的行程。

或許有人會說：「我最滿意的行程，是順著佛陀的生平，從出生──藍毗尼、成長──迦毗羅衛、正覺──菩提

迦耶、初轉法輪——鹿野苑、遊化四方——吠舍離、王舍城、舍衛城一直到最後寂靜涅槃——拘尸那羅，以這樣的順序走訪聖地，可以嗎？」

只要把地圖攤開，就會知道這是一個不可能的任務！因為佛陀一生中有四十五年都在恆河流域的廣大平原上弘法遊化，其法輪輾過之範圍非常遼闊，如果一定要依著佛陀生平重大事蹟的發生順序來朝禮聖地，勢必會淪於不停的南北折返跑，這是既費事又費時、費力、費錢的作法。不如事前先熟讀佛陀的生平歷史，再以較實際而方便的方式參訪聖地，才是較為可行的方法。

⚉ 印度教聖城哈里德瓦的傳統甜品店，總是大排長龍。

⚉ 獨自在月台等待火車的婦女。

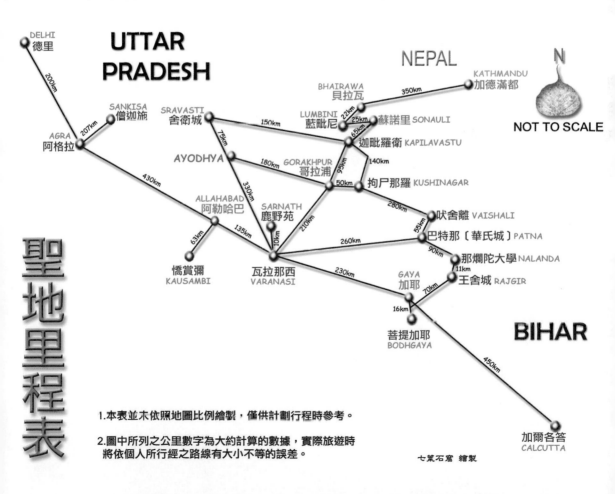

聖地里程表

DELHI 德里
UTTAR PRADESH
NEPAL
KATHMANDU 加德滿都
N
NOT TO SCALE

SANKISA 僧迦施
SRAVASTI 舍衛城
BHAIRAWA 貝拉瓦
LUMBINI 藍毗尼
蘇諾里 SONAULI
AGRA 阿格拉
AYODHYA
GORAKHPUR 哥拉浦
迦毗羅衛 KAPILAVASTU
拘尸那羅 KUSHINAGAR
ALLAHABAD 阿勒哈巴
SARNATH 鹿野苑
吠舍離 VAISHALI
巴特那〔華氏城〕PATNA
那爛陀大學 NALANDA
憍賞彌 KAUSAMBI
瓦拉那西 VARANASI
GAYA 加耶
王舍城 RAJGIR
菩提加耶 BODHGAYA
BIHAR
加爾各答 CALCUTTA

200km
207km
430km
75km
150km
22km
25km
65km
350km
99km
140km
180km
50km
280km
330km
55km
210km
63km
135km
10km
260km
90km
230km
11km
70km
16km
450km

1.本表並未依照地圖比例繪製，僅供計劃行程時參考。

2.圖中所列之公里數字為大約計算的數據，實際旅遊時將依個人所行經之路線有大小不等的誤差。

七葉石窟 繪製

印度旅行小提醒

1.檢查護照效期：距離到期日至少要有六個月，若是即將到期或是已過期，儘早辦新護照。

2.旅遊旺季（10月到翌年3月）時，請提早訂機位。盡量以信用卡付機票，以獲得刷卡所附贈的旅行保險。

3.辦理簽證、結匯：美金現鈔比較好用，但是旅行支票較保險（可掛失，不易被盜用）。

4.準備國際提款卡，提高信用卡額度，並記下信用卡、金融卡與旅行支票的全球掛失電話。

5.護照、機票、簽證、身分證、旅行支票等影印一份隨身備用，並多帶幾張照片以備不時之需。

6.印度境內所有親朋好友的電話地址，不管熟不熟或認不認識，只要能扯上關係就好。出門在外，也許他們就是你唯一的求助管道了。

7.可以帶輕便的防身物品如哨子等，若帶防身用噴霧器則須注意登機規則，避免發生意外。

8.辦理旅行平安及醫療保險。

9.留一份旅遊計劃行程在家中，並交辦出國期間國內的日常待辦事項。

10.最後一次檢查行李及證件：

●盥洗用具（毛巾、牙膏、牙刷）、梳子、刮鬍刀……

●個人藥品（盡量不要帶粉狀的醫藥，以免被誤認是毒品）。

●生理用品、保養品、眼鏡、太陽眼鏡、防曬油、乳液……

●換洗衣物、雨具、貼身腰包、外套或風衣……

●旅遊資料（地圖、中英文印度資料等，可別忘了您正在看的這本書喔！）

●小紀念品（送給協助你的外國友人做國民外交）……

●手機＋充電器、相機、電池、指北針、水壺、金屬安全鎖（鎖門及行李）、衛生紙、睡袋、針線包、小手電筒、多用途瑞士刀、電湯匙、手錶、備用沖泡糧食……

●機票、護照、信用卡、兩吋照片幾張……

　　漫長的旅途中，這件行李就靠你來背著走遍大江南北了！不過，為了你的脊椎健康著想，盡量減輕行李重量！

　　11.各種重要電話及號碼集中在一張小紙條上與手機分開存放：海外急難救助電話、回程確認機位的航空公司電話、信用卡與旅行支票的全球掛失電話、旅支及護照號碼、保險理賠手冊以及本國駐外單位地址資料等。

　　12.出發前請不要太興奮，維持生理時鐘的正常作息，早睡早起身體好！

　　最後，祝福每一位旅人都能有一趟豐富而難忘的心靈之旅！

◗ 許多恆河邊的城鎮都以小舟為主要交通工具。

◖ 油燈祭儀結束後，人們圍著祭祀的燈火祈福。

◗ 熱情的笑容、異國的文化，等著旅人們踏出探索的第一步。

參考書目

中文書目

◎大正藏，阿含部、律部，新文豐出版公司
◎雜阿含經論會編，釋印順/會編，正聞出版社
◎長部經典，江鍊百/譯注，新文豐出版公司
◎中部經典，沙門・芝峰/譯注，新文豐出版公司
◎小部經典，夏丏尊/譯注，新文豐出版公司
◎南傳大般涅槃經，巴宙/譯，慧炬出版社
◎原始佛典選譯，亨利・克拉克・華倫/著，顧法嚴/譯，慧炬出版社
◎新譯大唐西域記，唐玄奘/著，陳飛、凡評/注釋，三民書局
◎大唐西域記校注，季羨林等/校注，新文豐出版公司
◎南海寄歸內法傳，唐義淨/著，華濤/釋譯，佛光出版社
◎佛國記，東晉法顯/著，吳玉貴/釋譯，佛光出版社
◎真理的語言—法句經（巴利文原典），淨海/譯，正聞出版社
◎長老偈、長老尼偈（巴利文原典），鄧殿臣等/譯，圓明出版社
◎釋迦牟尼與原始佛教，于凌波/著，東大圖書股份有限公司
◎佛陀的啟示，羅　羅・化普樂/著，顧法嚴/譯，慧炬出版社
◎佛典成立史，水野弘元/著，劉欣如/譯，東大圖書股份有限公司
◎摩奴法典，（法）迭朗善/譯，馬香雪/轉譯，台灣商務印書館
◎佛教典籍百問，方廣錩/著，佛光出版社

◎印度宗教哲學百問，姚衛群/著，佛光出版社
◎印度佛教思想史概說，莊春江/著，圓明出版社
◎印度古代文明，R・塔帕爾/著，林太/譯，淑馨出版社
◎印度佛教史概說，佐佐木教悟等/著，釋達和/譯，佛光出版社
◎印度教與佛教史綱，查爾斯・埃利奧特/著，李榮熙/譯，佛光出版社
◎印度—知性之旅系列，台灣英文雜誌社
◎舍利弗的一生，向智尊者/著，香光書香編譯組/譯，香光書香出版社
◎印度國立博物館，錦繡出版事業股份有限公司
◎佛教美術，李玉珉等/著，東華書局股份有限公司
◎史念原始佛法，希爾伯列克/著
◎佛陀，麥克爾・凱里澤/著，孟祥森/譯，時報文化出版公司
◎佛陀，Jean Boisselier/著，蕭淑君/譯，時報文化出版公司
◎印度河文明，辛島昇、桑山正進、小西正捷、山崎元一/著，林煌洲/譯，國立編譯館
◎世界風物誌2-印度與南亞諸國，地球出版社
◎世界文明史8-印度文化圈，地球出版社
◎世界博物館全集-印度國立博物館，日本講談社，錦繡出版有限公司
◎佛學大辭典，丁寶福/編，佛教出版社印行
◎漢梵英泰佛學辭典，The Chinese Buddhist Order of Sangha in Thailand Bangkok，1976

日文書目

◎梵和大辭典，荻原雲來博士/編纂，新文豐出版公司
◎地球の歩き方－インド，ダイヤモンド社
◎パーリ語典，水野弘元/著，春秋社

英文書目

◎Indian Art，Roy C. Craven，Thames And Hudson
◎Walking With The Buddha，Swati Mitra，Dehejia，Eicher Goodearth Limited
◎Unseen Presence，Vidya MARG Publications
◎The Monuments of Sanchi，Sir John Marshall＆Alfred Foucher Swati Publications. Delhi
◎The Art of Ancient India，Susan L. Huntington，Weatherhill,inc
◎Holy Places of The Buddha，Dharma Publishing，1994
◎The Ancient Geography of India，Sir Alexander Cunningham，Indological Book House，1975
◎India，Lonely Planet Publications Pty Ltd，1997
◎Let's Go :India & Nepal 1999，ST. Martin's Press
◎部分英文旅遊資訊from Government of India Tourist Offices（G.I.T.O）
◎Property:Excavated Remains of Nalanda Mahavihara
◎Report on Kumrahar excavations vol.III

網路資源

◎Archaeological Survey of India
◎the British Library